新时代中小学班主任教育丛书

小学班主任

第3版

黄正平　潘　健
主编

南京师范大学出版社

图书在版编目(CIP)数据

小学班主任 / 黄正平，潘健主编. — 3 版.—南京：南京师范大学出版社，2024.8
（新时代中小学班主任教育丛书）
ISBN 978-7-5651-5950-3

Ⅰ.①小⋯　Ⅱ.①黄⋯　②潘⋯　Ⅲ.①小学－班主任工作－师资培训－教材　Ⅳ.①G625.1

中国国家版本馆 CIP 数据核字（2024）第 002405 号

丛 书 名	新时代中小学班主任教育丛书
书　　名	小学班主任
主　　编	黄正平　潘　健
策划编辑	徐　蕾　张　春
责任编辑	秦　月
出版发行	南京师范大学出版社
地　　址	江苏省南京市玄武区后宰门西村 9 号（邮编：210016）
电　　话	（025）83598919（总编办）　83598319（营销部）　83598332（读者服务部）
网　　址	http://press.njnu.edu.cn
电子信箱	nspzbb@njnu.edu.cn
照　　排	南京开卷文化传媒有限公司
印　　刷	江苏中山印务有限公司
开　　本	718 毫米×1000 毫米　1/16
印　　张	17.25
字　　数	282 千
版　　次	1997 年 12 月第 1 版　2024 年 8 月第 3 版
印　　次	2024 年 8 月第 1 次印刷
书　　号	ISBN 978-7-5651-5950-3
定　　价	58.00 元

出版人　张　鹏

南京师大版图书若有印装问题请与销售商调换

版权所有　侵犯必究

新版序

愿新时代更多孩子遇见最好的班主任

南京师范大学出版社这套"新时代中小学班主任教育丛书",既包括2007版班主任培训丛书的修订版,又涵盖新开发的班主任系列图书。丛书总序本应由班华先生撰写。丛书修订工作启动时,时任出版社总编辑徐蕾向班先生征求修订意见,先生欣然同意。遗憾的是,两周后班先生带着他对中小学班主任工作的挚念"离去"了。出版社希望我作为班先生的学生,承续这项任务。我没有理由推辞。

"班主任"是社会生活的"热词",因为班主任在未成年人的学校生活中占有特殊地位。据教育部最新统计,当下全国有2.01亿中小学生。[1] 他们的身后有着数亿名牵挂着他们的父母辈、祖辈,大约关联了全国一半人口。可见,班主任在我国社会生活中的分量。

中小学班主任的重要性和影响力,不只体现在上述数据,更重要的是,今天的班主任是新时代的班主任,面对新时代的学生。新时代的学生"是未来实现中华民族伟大复兴的主力军",而教师是打造这支中华民族"梦之队"的"筑梦人"。[2] 处在这样一个新时代,可以说"天降大任"于教师,尤其是教师队伍中的中小学班主任。中国特色的班主任制度,打造了中小学教师队伍中的这支特殊团队,他们

---

[1] 教育部召开新闻发布会介绍2023年全国教育事业发展基本情况[EB/OL].(2024-03-01)[2024-03-03]. http://www.moe.gov.cn/fbh/live/2024/55831/.

[2] 习近平.做党和人民满意的好老师——同北京师范大学师生代表座谈时的讲话[N].人民日报,2014-09-10.

肩负着对中小学生进行"全人生指导"①的任务,并经营着中小学生家庭生活之外最重要的班级生活。因此,中小学班主任在"筑梦"团队中肩负着特殊的责任。

"全人生"就是全面发展的人生,是学生德智体美劳全面发展的人生。中小学生全面发展的人生,要在学校班级全面发展的教育中起步、成长;中小学生今天的班级生活,是他们未来社会生活的演练。中华民族伟大复兴之梦,在民族危难之时孕育,今天更激励着我们的奋斗实践,已成为我们民族的精神谱系。中国梦是精神传承,也是中华民族的文化基因。文化基因的传承,靠学校教育,更应根植于学校的班级生活中。负责中小学生班级生活的班主任,对此负有重大的责任!

中华民族伟大复兴之梦,不仅是民族的,也是个人的;它既是全体人民的幸福之梦,也是每一个人的幸福之梦。一个孩子,在学校班级中成长,成长为中华民族"梦之队"的成员,是幸福的,这个成长过程也应当是幸福的。这种成长幸福一定来自培养他的人。习近平总书记说:"一个人遇到好老师是人生的幸运。"一个人在中小学阶段的成长过程中,会遇见许多老师。我们相信,孩子们和他们的父母长辈们希望每一个遇见的老师,都成为他们的幸运,都是给他们带来人生幸运的导师。这里有"经师"与"人师"相统一的问题。中小学里的学科任课教师"术业有专攻",虽然学科任课教师也应当将"经师"与"人师"相统一,但受限于学科视野,总会有所局限,也难以驾驭多方学科任课教师介入的班级生活,班主任的重要性由此就显现出来。全面发展的人,全人生发展的人,要在班级的全面生活中成长,班主任就是班级全面生活、班级学生全人生发展的责任者,是班级学生的"首席"人生导师。如此看来,一个孩子在中小学的班级中成长,遇见好班主任必定是最幸运、最幸福的事!

那么,什么是"好班主任"?

好班主任,当然首先应当是习近平总书记倡导的"四有好老师",即有理想信念、有道德情操、有扎实学识、有仁爱之心的老师。"四有好老师"具体到班主任,有特定的要求。

其实,很多准班主任、在岗班主任都有当"好班主任"的愿望,但是,中小学

---

① 潘懋元,等.杨贤江论"全人生指导"文选[M].北京:光明日报出版社,2005.

班主任工作中仍然存在的经验主义观点,会在一定程度上对他们的专业发展形成阻碍。好班主任不会一日"炼成",需要向有经验的班主任取经,需要自己实践经验的积累;更重要的是,中小学班主任工作,作为一种学校的"专业性"工作,并非人人可为,而是需要"专门"的扎实学识,需要"专门"的基本功;同时,中小学班主任工作,又是在一个班级里专门围绕"人的成长"来开展的,对班主任的专业人格修养因此就有特别的要求。

好班主任要将自己对学生的人生指导,同自身的专业人格修养结合起来;要将班主任专业知识的系统学习,同专业实践智慧的积累结合起来;要将自己对这一专业工作的热爱,同持续的、终身的专业发展结合起来。

班主任作为班级学生的"首席"人生导师,要将学生引向为实现中国梦而奋斗的人生之路,自己首先就要具有"追梦人"与"筑梦人"的专业人生修养。"追梦人",是指班主任要不断提升自身的人生观修养;"筑梦人",是指班主任能够将梦想的种子植入孩子的心田,经过一天天精心的"滋养",使其生长起来。班主任在育孩子之心的同时,也在育自己之心。

班主任是班级学生全人生发展的助力者、指导者,需要掌握全人生发展的一般知识,特别要掌握自己所负责班级特定年龄段孩子全人生发展特点的相关知识,同时又要在实践中发展起自己指导班级学生全人生发展的能力。

班主任的工作对象,不只是单个的学生,更是由个体构成的一个"班"的学生,是特定年龄阶段上一个"班"的学生。"班"这个字眼太平常了,一般人不会想到,也不认为"班"字的背后深藏学问。然而,"班"与"班级",作为一种社会组织、作为一个群体的生活,包含着教育学、管理学、组织学、社会学、社会心理学、人类学等非常丰富的知识,对其探求永无止境。

班主任是班级学生评价的责任者,班级学生评价涉及教育评价知识,学生评价是学问,是智慧;班主任的工作需要同各方面的人沟通,特别是与各种类型的家长沟通,这也是学问,是智慧;班主任专业是一个不断发展的专业,需要在专业研究中发展,专业研究同样是学问,是智慧……

如此看来,一位好班主任的确不是天生的,而是确信自己的工作是一种专业,需要一定的专业素养,这种专业素养必须经历一个系统的专业知识学习过程,并主动结合自己的专业实践。专业的好班主任,一定是将专业知识、实践智慧融入自己的情感体验,并在自己的心灵之"炉"中"淬炼",才能修炼成!

在中小学的班主任中,还有一定数量的班主任,职前没有系统学习过有关班主任的课程,或者即使学过可能也没有真正进入这门专业知识的门槛。而要成为专业的好班主任,系统地学习班主任专业知识是前提。这套丛书的出版,正是期望能够更好地提升中小学班主任的专业化水平。

一套班主任专业知识的丛书,并不能解决新时代班主任专业化的全部问题——班主任专业知识在发展中、班主任专业智慧也需要在实践中发展,但是,一套系统论述班主任专业知识并结合了中小学班主任实践案例的书,会给中小学班主任一张专业发展的认知地图,从而帮助更多的班主任明确自己的专业发展路径,找到需要深入探究的课题,促进并实现专业成长。

中国特色社会主义建设新时代,期待着好老师、好班主任。理想的状态是:让所有孩子都遇见好班主任,甚至遇见"最好"的班主任。但是,好班主任要成长起来,达到"最好"更不易,要给予班主任们成长的时间。所以,我愿新时代有更多的孩子遇见"最好的班主任"!

李学农
2024 年 3 月 3 日

2007 版总序

我们根据教育部颁发的《全国中小学班主任培训计划》的要求,编写了这套班主任培训教材。班主任对班级学生的教育管理应当遵循一般的教育原理,但班主任的特殊性决定了对其培训应不同于对非班主任教师的培训。因此,本套教材的编写力求以体现班主任的特殊性为指导思想。班主任的特殊性主要表现在两个方面。

(1) 班主任角色的特殊性。班主任是班级教育的主任教师或主要教师,是负责组织、教育、管理班级学生,引导、帮助、促进班级学生全面发展的主要责任人。所有任课教师都应当全面负责学生德、智、体等各方面的发展,但班主任是全面关心和负责学生的主任教师,是主要责任人。在学生的发展中,学生的思想、价值观、道德心理的发展是根本,因此,在关心学生全面发展中,关心学生的精神生活、精神发展是班主任教育工作的核心内容。所有的教师都应当关心学生的精神发展,他们都是学生的精神关怀者;但班主任是学生主要的精神关怀者,并在与学生的相互关怀中共同成长。与其他任课教师相比,班主任与学生的关系更密切,班主任对学生的影响可能更大,班主任最有可能成为学生发展的"重要他人";但能否成为学生发展的"重要他人",是受多方面条件制约的。就班主任自身而言,要努力提高自己的专业化水平,真诚地关怀学生,切实地承担起教育责任,以人格影响人格,以智慧启迪智慧。

(2) 班主任对学生的教育有自己的特殊操作系统,即"发展性班级教育系统"。班主任对学生的教育主要是通过班级组织即班级教育系统,当然也通过自己所承担的学科教学对学生实施教育影响。班级教育系统是以班主任为主导，由相互联系着的班级目标、班级教学、班级集体、班级活动、班级文化、班级管理、班级教育合力、学生发展评价等子系统有机构成的班级教育系统整体。这个系统整体不是各子系统的简单相加，而是以一定的关系、一定的方式组合而成的有机整体，每个子系统都是系统整体的一个侧面、一个维度，都有整体性，有各自的教育功能。各子系统在整体中的相互关系可以简单表示为：

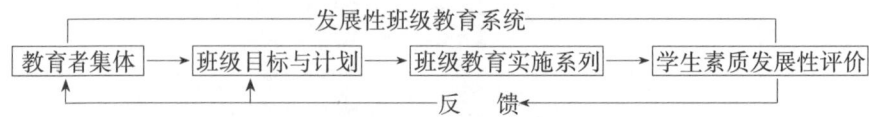

其中，教育者集体包括以班主任为主导的班级教育合力，含学校教育力量、家庭教育力量、社区教育力量；班级目标与计划是指班级教育应达到的要求；班级教育实施系列包括班级集体、班级活动、班级文化、班级管理、班级教育合力等；学生素质发展性评价是指有激励作用、导向作用的评价。

评价结果反馈给教育主体，主体依其情况修订其教育目标。这里没有说到"班级教学"，因为教学是所有任课教师都参与的，而我们说的是班主任特有的操作系统。

班级教育系统前特别标明"发展性"，意在突出"人"，突出"人的发展"，即该系统以促进学生的发展为本。

小学、初中、高中不同阶段学生身心发展特点不同，对他们的教育要求、教育管理方式也不同，因此，培训教材分为《小学班主任》《初中班主任》《高中班主任》《职业学校班主任》；在此基础上，我们又根据文件中强调推进素质教育和加强未成年人思想道德教育的要求，结合当前全国中小学生发展的实际，为提高、加强班主任的教育理论和操作水平，分别编写了《班级心理健康教育理论与操作》《班级德育理论与操作》《班级活动组织与设计》《农村学校班主任》等分册，供班主任培训时选用。

作为套书，我们在内容架构上大体分为以下三大块。

第一大块：班主任特殊的角色地位、职责范围，发展性班级教育系统。

第二大块：班级教育的基本内容。即班主任指导、帮助、促进学生身心和谐发展教育的几个基本方面；与其他老师指导、帮助、促进学生发展不同，体现班主任的特殊性,包括班主任对学生在体(心理健康)、智、德、美等方面的教育。

第三大块:班主任的自我发展。包括班主任专业化要求以及如何提升专业化水平两大内容。

教材每一章从一个具体教育情境开始,联系实际提出问题,文中阐述与问题相关的理论、知识,书中设一些相关资料链接。每一章(节)最后均设计思考、讨论、操作性作业,全书最后介绍阅读文献。教材后面板块的每一部分都分别体现出是前面板块的逻辑发展。

由于时间仓促,以及理论研究本身的不足,这套供中小学班主任培训用的教材难免存在舛错之处,望学界同行和广大中小学班主任批评指正,以便我们不断修订完善。

班 华
2007年2月

目　录

新版序 …………………………………………………………………… 001

2007 版总序 ……………………………………………………………… 001

第一章　懂比爱更重要——正确认识小学生 ………………………… 001
　一、涵育童心,走近小学生 ……………………………………… 002
　二、深入堂奥,认识小学生 ……………………………………… 009
　三、趋于澄明,理解小学生 ……………………………………… 025

第二章　我们拥有一个家——小学班集体建设 ……………………… 030
　一、班集体建设与小学生发展 …………………………………… 031
　二、班集体的形成与发展 ………………………………………… 035
　三、班集体建设的基本内容 ……………………………………… 041

第三章　把牢生命的依托——小学班级活动组织 …………………… 058
　一、班会活动组织 ………………………………………………… 059

二、少先队活动组织 ········· 069

三、文体活动组织 ········· 078

四、社会实践活动组织 ········· 083

第四章 营造灵动的环境——小学班级文化建设 ········· 098
一、以"家"一样的教室文化陶冶人 ········· 099

二、以人文的制度文化规范人 ········· 105

三、以高尚的精神文化净化人 ········· 111

第五章 奏响和谐旋律——小学班主任沟通与合作 ········· 120
一、师生沟通与合作 ········· 121

二、教师沟通与合作 ········· 125

三、家校沟通与合作 ········· 130

四、社区沟通与合作 ········· 135

第六章 权,然后知轻重——小学生综合素质评价 ········· 142
一、品德发展评价:儿童成长的支点 ········· 144

二、学业发展评价:支持儿童思维远征 ········· 150

三、社会实践评价:彰显生命丰富样态 ········· 155

四、艺术素养评价:打开与美相遇的大门 ········· 158

五、身心健康评价:守好"绿色指标" ········· 160

六、劳动素养评价:锻造幸福的"清单" ········· 162

第七章 循循然善诱人——小学生发展指导 ········· 166
一、理想指导 ········· 168

二、学习指导 ········· 173

三、生活指导 ········· 184

四、生涯指导 ………………………………………………… 189
　　五、心理指导 ………………………………………………… 194

第八章　涓涓细流润心田——小学班主任工作艺术 …………… 200
　　一、谈话说理的艺术 ………………………………………… 200
　　二、分类指导的艺术 ………………………………………… 206
　　三、表扬与批评的艺术 ……………………………………… 212
　　四、处理偶发事件的艺术 …………………………………… 220

第九章　教,然后知不足——小学班主任的专业发展 …………… 226
　　一、激发专业自觉:班主任专业发展的基础 ……………… 227
　　二、增强专业自信:班主任专业发展的保证 ……………… 235
　　三、实现专业自强:班主任专业发展的关键 ……………… 244
　　四、班主任专业化:一个辩证的发展过程 ………………… 250

后　记 ………………………………………………………………… 259

第一章

懂比爱更重要

——正确认识小学生

我无法忘记，我钻进茂密的森林，在一片硕大的梧桐叶子下屏住呼吸，因为一只金色的小鸟正在叶子上唱歌，我们相距不足一尺。我紧紧捂住自己的胸口，怕怦怦心跳的声音把它惊飞。

我无法忘记，在皎洁的月光下，我一手提着嘎斯灯，一手握着钢叉，走进冰冷的大海。在波光粼粼中，追踪着闪电般游动的鱼儿和急速横行的螃蟹，而我需要以更快的速度和精确的计算来击中目标。

我无法忘记，在清清的溪水边，采摘了一篮红艳艳的野草莓，又逮住几只翠绿的大肚子蝈蝈，与伙伴历尽艰险爬上高耸入云的崂山余脉——浮山，那种成功的体验激发我生出欲展翅飞翔的强烈梦想。

我无法忘记，炎热的夏天来临的时候，我们是多么急切地奔向大海。可是，当我们趁着退潮走进大海深处，归来时却赶上涨潮。当发现一个伙伴不慎走进海沟渐渐沉没，我们虽然吓得魂飞魄散，却紧紧拉着他的手，直到脱离危险。那是我第一次体验到生命与责任，我为此骄傲至今。

在我的儿童时代，大自然是我真正的课堂。我的生命在大自然中自由奔放，接受高山和大海的洗礼与考验，而我也在这个过程中得以学习与成长。时至今日，我始终对生活充满了热爱，对未知充满好奇，这不能不感谢童年的经历。[1]

这是著名儿童教育专家孙云晓20世纪60年代在家乡青岛读小学时的经历，那个时代尽管物质贫乏，文化荒芜，但许多孩子却有着"富足"且幸福的童年，他们自由惬意，天性奔放，活出了孩子应有的样子；反观当下，很多成人以爱孩子

---

[1] 孙云晓,李文道,赵霞.拯救男孩[M].北京:作家出版社,2010:65.

的名义,去教育孩子,结果却让孩子丢失了天性,丢失了童年。

奥地利心理学家阿德勒说过,幸福的人用童年治愈一生,不幸的人用一生治愈童年。丢失童年所造成的心理伤害会在人生的每一个阶段反复"自动播放",许多人用一生的时间也往往难以"救赎"。懂孩子是对爱孩子的超越,懂比爱更重要。

小学班主任是儿童世界的文化使者,应对儿童具备充足的认识和理解。卢森堡曾说:"一个匆忙赶往伟大事业的人没心没肺地撞倒一个孩子是一件罪行。"班主任在赶往伟大的教育事业的路上,也不可避免地会发生"撞倒孩子"的情况,其原因就是对于儿童在哪里、儿童是谁的问题理解得不够深入。俄国教育家乌申斯基曾说:"如果教育家希望从一切方面去教育人,那么就必须首先从一切方面去了解人。"因此,小学班主任的工作应从走近小学生、认识小学生、理解小学生开始。

一、涵育童心,走近小学生

要懂学生,首先必须走近他们。有的班主任非常愿意与学生交往,但学生往往"心门"紧锁;有的班主任尽管与学生朝夕相处,但并不真正了解学生。在当下这个新时代,班主任走近学生的角色、姿态、路径其实是一门艺术。

(一) 让我轻轻靠近你

《轻轻告诉你》这首歌的歌词内容和意蕴用来描摹班主任走近学生的姿态特别贴切:让我轻轻地告诉你/天上的星星在等待/分享你的寂寞你的欢乐/没有什么不能说/让我慢慢地靠近你/伸出双手你还有我/给你我的幻想我的祝福/生命阳光最温暖/不要问我太阳有多高/我会告诉你我有多真/不要问我星星有几颗/我会告诉你很多很多。

这其中,有真真切切的喜爱、欲言又止的征询、小心翼翼的试探、蹑手蹑脚的靠近。

小学生是发展中的人,他们幼小、脆弱、易感,容易受到伤害。在小学生的心目中,身边的亲人和班主任是他们的依靠,但又都是闯入他们世界的"入侵者",小学生的世界是独特的,有着太多大人无法熟知的秘密,这个秘密包含着他们生命成长的"密码",在保守自己秘密的过程中,小学生形成了一种自我感,从而开始学习走向独立。拥有并保守秘密是儿童走向成熟和独立的标志,与自己最亲近的人分享秘密更是儿童成长和成熟的表现。我们要抱着敬畏的态度尊重孩子的秘密,保护孩子的秘密,探寻孩子的秘密,从而逐渐走进儿童的世界。

陶行知说:"我们要知道儿童的能力需要,必须走进小孩的队伍里去体验而后才能为小孩除苦造福。"班主任无疑应当谨慎地靠近与走近学生,就像苏霍姆林斯基比喻的那样:要像对待荷叶上的露珠一样,小心翼翼地保护学生幼小的心灵。小学生的心灵,需要老师的加倍呵护。

(二) 做长大的儿童

以适合的角色走近学生,是班主任走进学生心灵世界的关键。李吉林,是一位从中国大地上走出来、富有世界影响力的儿童教育家,她一辈子研究儿童,研究情境教育,其研究过程经历了情境教学、情境教育、情境课程、情境学习四个阶段,提炼了一系列独树一帜的教育教学主张,构建了完整的理论框架和操作体系,形成了具有中国特色的教育范式,为中国教育理论宝库增添了一笔宝贵财富,为素质教育的实施提供了一条有效路径,为中国教育对话世界赢得了一席之地。她写过一篇自述短文,展示了她的人格特征和学术个性,对我们扮演好班主任角色、走进学生的心灵深处有所启发。

我,长大的儿童[①](节选)
李吉林

上了小学的孙女儿对我说:"奶奶,我发现您像个小孩子,我喜欢和您玩。"听罢孙女的话,我是何等的惊喜! 因为儿童说我像儿童,大概我是真的有点像儿童了。我认定这对当小学老师的我来说,是一种赞誉。其实,在我的内心,自我评价便是:长大的儿童。

眼下,我已是年过花甲的人了,不要说是儿童,就是青年、中年,我都沾不到边了,岁月已经无情地把我推到了老人的行列。但是,我感觉到我的心仍然是年

---

① 改编自:李吉林.我,长大的儿童[J].人民教育,2003(17):39-42.

轻的，真正领悟到什么叫"赤子之心"。我总感到世界还是那样的美好，一切都是那么新鲜，仿佛是第一次看到。

我仍然像孩子一样，怀着强烈的求知欲望，什么都想知道，什么都想学。《学习的革命》，"建构主义"的丛书，科学精神与人文主义结合的新论，有关课程的书、脑科学的书，我都想学。即使中国"神舟号"上天了，4号、5号，什么时候载人，我都关心。美国"哥伦比亚号"为什么会失事，俄罗斯"太平号"又怎能准确地在预定地点解体、降落。世界这么大，新知识像浪潮一样向我涌来，我永远只能抓一点芝麻，大西瓜是搬不动了。但能抓一点芝麻，总比两手空空要好得多。我十分警惕老人的封闭，封闭就停滞，停滞就萎缩。只要像孩子那样，憧憬着未来，敞开自己的心怀，便能不断地呼吸到新的空气，吮吸新的营养，而这一切都是教孩子所必需的。

我仍然像儿童一样，常常睁大眼睛看着这多彩的世界，用儿童的心灵去感受，去体验，心里想着许多问题。外出坐在车上常常从田边驶过，看着田野里开着黄花的向日葵，看着同样开着黄花的丝瓜花、南瓜花、西瓜花、黄瓜花，又想到麦子、稻子成熟了，都是金黄色的，这是为什么呢？多少回没有想出答案。有一次似乎顿悟了，啊，莫非它们都是太阳的孩子！太阳用金色的阳光给人类和世界万物带来温暖和光明，又用它的金色哺育了瓜果谷黍，奉献给人类。

当我站在高处看到大树时，我都希望能意外发现一只鸟窝，那里一定会有鸟妈妈和它孵出来的孩子，说不定还有几枚可爱的鸟蛋。我家院子里有一棵大槐树，小鸟仿佛知道我这个老小孩的心思，去年居然造访我家，两只小鸟不停地飞来飞去，衔着树枝枯草在枝叶间搭窝造房。我像孩子那样兴奋极了，不断地提醒小孙子蹑手蹑脚地从树下轻轻过去，千万别惊动小鸟，让它们在这小小的庭院里安家落户。啊！我们的家，不就成了小鸟的家了吗！小鸟是令人羡慕的，它们都有一对翅膀，蝴蝶、蜜蜂也让孩子想入非非，我甚至在心里说："花蝴蝶，小蜜蜂，你们能把翅膀借给孩子吗？"天真地做着孩子的美梦。

夏天又来了，我仍然像往年一样，从街上买回两只蝈蝈，听着蝈蝈的歌声，挑逗起蝉的鸣叫，哈，它们对歌了，它们都是夏日的"歌手"，倘若没有它们，夏天似乎寂寞多了。冬天了，我总是像孩子一样巴望着下雪，倘若早晨起来看到屋上一片白，我会情不自禁地大声报告家人："下雪了！"马上赶到学校，雪战早已经开始,真希望孩子的雪团扔在我的脸上、我的身上,让银白色的粉末沾着我的眉毛,沾在我紫红的棉袄上,那该多带劲儿!于是,我想到雪花是"冬爷爷"给孩子带来的礼物。我围着一条白色的围巾走进教室,我成了"冬爷爷",装着粗声粗气的嗓子,向孩子们问好,孩子们也向"冬爷爷"问好。一堂观察说话课,在充满童话色彩的师生对话中别有情趣地进行着。

我常常就是这样,像孩子般怀着一颗好奇心去设计教学,童心帮助我想出许多好办法,那是最受孩子欢迎的好办法,它让我不止一次地获得成功,享受到当语文老师,从事小学教育的快乐。教学《捞铁牛》,我想孩子一定要知道怀丙究竟是怎么捞起铁牛的,我就和孩子们在沙坑里做起了"实验"。一个个圆圆的脑袋聚在一起,其中也有我,这时我显然不像老师,而是孩子王,是他们的伙伴,津津有味地操作,看着浮力把埋在沙里的"铁牛"捞起来。教学《鱼和潜水艇》,孩子对仿生学一定感兴趣,人类的进一步发展也少不了仿生学。我找来大大小小的十几只瓶子,专心致志地模拟潜水艇和潜水艇中的"柜子",大瓶子,小瓶子,装进水,又倒掉。这一组沉下去,浮不起来;那一组浮起来,又沉不下去,几十次地调试,我不厌其烦做得津津有味。哈!终于成功了!这一种劲头或者是一种痴情,我自己也觉得和我的年龄十分不相称。

儿童的眼睛,儿童的情感,儿童的心理,构筑了我的内心世界。是的,正是儿童,是童心,给了我智慧。我想说:爱会产生智慧,爱与智慧改变人生。

我爱儿童,一辈子爱。如今我已不是儿童,但喜似儿童,我只不过是个长大的儿童。我多么喜欢自己永远像儿童!

"长大的儿童"亦是蒙台梭利说的"作为教师的儿童",这是一种隐喻,意在强调教师应富有童心。古代老子早就说过,"常德不离,复归于婴儿",这里说圣人的精神状态往往是回归到婴孩般纯真的状态。陶行知说:"我们必须重生为小孩,不失其赤子之心,才能为儿童谋福利。"马克思说:"一个成人不能再变成儿童,否则就变得稚气了。但是,儿童的天真不使他感到愉快吗?他自己不该努力在一个更高的阶梯上把自己的真实再现出来吗?"李吉林老师的可贵之处就在于,她根本就没有考虑过该不该走向儿童的问题,也没有考虑过谁该主动的问题,她认为教师与学生之间是没有界限的,因为她也是个"儿童",她与学生的交往就是"儿童"与儿童的交往,因此,她与学生的心都不设防,都向对方开放。李老师可以"随心所欲"地进入学生心田,学生的所思所想、学生的言行举止、学生的身心变化,她都能尽收眼底,随时把握。"长大的儿童"是在更高的程度上再现儿童的本质,其旨意是更好地发现儿童、理解儿童,进而更好地引领儿童、发展儿童。

教师富有童心,意味着教师要做到如陶行知所说的"三到":眼到、心到、手到,用童眼来观察世界,观察儿童;用童心来体验自然,体验社会;用童手来触碰当下,触碰未来。意味着教师把儿童置于课程、课堂、师生关系、班级建设的正中央,让儿童成为教育教学过程的主体,既把他们视为教育教学的对象,又把他们视为发展需求的发出者和教育教学的参与者、创造者。意味着教师将像孩子一样,不断探索未知,研究儿童,研究教育,成就幸福的教育人生。

苏霍姆林斯基说:"童心使我们能够和孩子融为一体。"富有童心的老师从来不会嫌弃孩子的吵闹,好像永远有旺盛的精力和热情与孩子们玩在一起;富有童心的老师见到孩子眼睛就发光,总会用欣赏的眼光看待孩子,总能够找到孩子的亮点,并真诚地向孩子学习;富有童心的老师会花费时间和精力去研究孩子,愿意倾听孩子的声音,愿意和孩子聊支离破碎的故事,并想办法引领儿童悄悄地思考、成长。只有童心未泯的人才会读懂孩子心中的故事,教师只有成为"长大的儿童",才能与发展、成功、幸福和光明的未来为伴。

教师怎样才能富有童心呢?也许可以从以下三个方面去"修炼"。一是把儿童置于心中。在生活和工作中,如果经常想着儿童,经常为儿童谋划,甚至"时时放心不下",我们的所思所想就会与儿童的世界融通。二是激发好奇心。儿童为什么刚哭完,就能破涕为笑,是因为他们对世界充满着好奇,他们的心灵始终关注着新奇的事。我们需要像儿童一样,始终让自己的心灵处于开放状态,不断探索未知,感受快乐,体验幸福。三是与儿童成为玩伴。与儿童一起游戏,一起活动,耐心观察与倾听,尊重与接纳他们的情绪情感,做儿童快乐童年的"守望者"与陪伴者,与儿童共同成长。

(三) 懂得放低身段

一个好教师懂得放低身段,蹲下身子观察儿童,善于与儿童交流,向儿童学习。

蹲下身子,有利于班主任深入到学生的内心世界。经常蹲下身子,就能与学生面对面地平视,缩短与学生的交往距离,从而捕捉到学生的微妙心理,洞察学生的动态变化;经常蹲下身子,就会自然而然地用儿童的思维来思考,用儿童的情感来体验,不由自主地成为一个"长大的儿童",用儿童的视角观察、研读儿童,从而获得对小学生的准确感知。

蹲下身子,有利于班主任调整对学生的认知判断。有一位著名的节目主持人,在一个谈话节目中,设置了这样一个情境:一架飞机满载乘客,飞行途中没油了,可飞机上只有一个降落伞。他问参与节目的孩子:"你看这伞给谁用?"孩子几乎不假思索地回答:"给我自己用。"这时,台下一阵骚动,很多观众想:多么自私的孩子啊!可是主持人没有急于评论,而是蹲下身子,耐心地问孩子:"为什么呢?"孩子清晰地说道:"我要跳下去,找到油后,回来救飞机上的人。"这位主持人是善于倾听的人,由于他的细腻,让大家听到了一个幼小躯体里高尚灵魂的独白,也让那些急于批评孩子的人感到惭愧。孩子的思维、情感是异于成人的,因此,班主任不应做拔苗助长似的牵引,不要急于把孩子引向成人的世界,不能用成人的标准去"修剪"儿童,否则就不可能真正、全面地认识儿童。

放低身段,蹲下身子,不是自我"矮化",而是人格升华;不是"迁就"儿童,而是为了了解儿童、发展儿童;不是故作姿态,而是真情流露。李吉林老师的学生之所以没有仰视她,而是无拘无束地在她面前展示多彩的童年、坦诚的心灵,就是因为她敢于、善于蹲下身子,充当儿童生活的参与者、倾听者、引领者,这种风范值得我们班主任好好学习。

(四)掌握工作方法

1. 查档

学生的档案主要是学生报名入学时家长填的家庭基本情况表,以及孩子在幼儿园时身体发育、交往学习、行为习惯等的情况记录。对于起始班的班主任来说,通过查阅学生档案中的家庭基本情况表,可以了解学生的姓名、出生年月、性别、民族、爱好特长、住址、家庭成员构成及家长的职业、文化程度、联系方式等基本情况。虽然这张表反映的内容有限,但对班主任开展新班工作非常重要。有经验的班主任总是在入学前就开始认真研究这张表——记住学生的姓名,通过照片熟悉学生的相貌特征，把握每个学生的一两项特殊情况。这样，当学生入学后，班主任就能更游刃有余地创造与学生良好沟通的氛围，消除学生对老师的陌生感，缩短师生间的心理距离。同时，可以把学生放到特有的家庭背景、社区背景、文化背景中去认识，做好相应的教育准备工作。通过查阅孩子在幼儿园时身体发育、交往学习、行为习惯等的情况记录，班主任可以了解学生身体、心理、行为方面的发展情况和所受教育情况，以便做好幼小衔接和针对性的教育工作。

对于中途接班的班主任来说，学生的档案还包括每个学期的鉴定、原班主任记录的班级日志、学生的作业本等，这些都直接或间接地反映了学生某些方面的表现。

除了查阅现有档案资料外，班主任还应确立档案意识，积极为学生建立成长档案，积累资料，作为日后教育的依据。

2. 访问

访问的对象有学生的家长、同学、现在和过去的老师等，其中主要是学生家长。访问的目的主要是了解学生在班主任视野之外的生活环境，以及学生在这些环境中的表现，同时通过访问，对家庭、社区施加影响，协调多方面的教育力量，使学校、家庭、社会形成教育合力。访问的方式可以是面对面，也可以是电话、网络等。访问应分为常规访问和重点访问。常规访问应在每个学期初做出计划，按计划执行，争取访问到每一个学生家庭。重点访问主要是针对那些问题较突出或急需安排家校衔接事宜的学生。除了在计划中多安排访问的次数外，应根据学生的表现随时访问。访问时一定要做好记录，一是方便以后查找，二是便于通过比较，看到学生的变化。

有必要说明的是，现在不少班主任的家访工作步入了误区，表现出这样几个倾向：一是有事才家访，缺乏常规访问，致使学生、家长一遇家访就意识到事态严重，莫名紧张；二是过于倚重电话、网络访问，缺乏面对面交流，访问难以深入，人情也显得淡漠；三是访问变被访，动辄通知家长来校，心不诚，脚不勤；四是访问即"告状""训斥"，捎带家长一起训，致使家长视家访为畏途，或羞愧难言，或敢怒不敢言。班主任应将家访视为教育的手段而非发泄的工具，把家长视为合作的伙伴而非教育的对象。2023年1月，教育部等13个部门联合发布《关于健全学校家庭社会协同育人机制的意见》，其中明确要认真落实家访制度，班主任每学年对每名学生至少开展1次家访。因此，班主任要根据新形势新任务，力戒形式主义,认真贯彻落实家访工作。

3. 交谈

与学生面对面地交谈,是班主任走进学生心灵世界的主要途径。为此,班主任应养成与学生交谈的习惯,不要等到出现问题,才去找他们谈话。交谈可以是一对一的个别谈话,也可以找三五个同学一起谈;话题可以不必太集中,场合也不必太正式,既要以倾听为主,又要适时引出话题,谈得越放松,越能真实地了解学生的思想实际。

用交谈的方式了解学生,有利于将通过其他渠道了解到的信息进一步综合化、形象化。

4. 观察

观察学生的关键点有两个:一是要明确观察目标,在一段时间内,目标可以定两到三个,不宜太多,等有了一定的结果时,再做进一步的调整。二是要勤于记录,只有将学生点点滴滴的表现积累起来,才能从"偶然"中发现"必然"。记录既要有量的表述,如制作坐标曲线或量化表,也应有具体的个案。

5. 问卷

针对某些特殊的问题,可以编制问卷让学生回答,通过分析答卷的情况,了解学生对这一问题的看法。使用这一方法时应注意,问卷的编制一定要以心理科学为依据,以保证学生的回答真实有效。

二、深入堂奥,认识小学生

作家维克多·雨果说过一句非常富有诗意和哲理的话:世界上最广阔的是海洋,比海洋更广阔的是天空,比天空更广阔的是人的胸怀。思想家、教育家卢梭说过:世界上有一门学问是最重要的,但是这门学问最不完备,这门最重要却又最不完备的学问是什么?是关于人的学问。人生的意义,无法"定制",对人的认识永远是个过程,没有尽头。假如我们把卢梭的这句话进行适当的延伸和改造,可以表述为:在教育世界里有一门学问是最重要的,但是这门学问最不完备,这门最重要却又最不完备的学问是什么?应当是关于儿童的学问。关于儿童的学问是一门大学问,一门真学问,一门深学问,一门最难做的学问。

(一) 认识儿童的本质

1. 回到哪里去认识儿童

不同的学科对儿童的定义是不同的,站在不同角度的人对儿童本质的理解也不一样。当前儿童教育对儿童的认识和发现很不完整,具体表现在以下三个方面:一是理论中的儿童和实践中发现的儿童很不一致,理论中的儿童让人感觉很伟大,实践中的儿童让人感觉很无奈,人们要么以理论遮蔽实践,要么无视理论的存在;二是现实中的儿童与理想中的儿童有着巨大落差,我们要么以理想中的儿童代替现实中的儿童,要么只盯着儿童现实中的学业成绩、就业等;三是在对儿童可能性的认识与把握上,注重其积极、光明的一面,忽略其消极、灰色的一面。上述三个方面的脱节和分离,既说明理论需要修正,又说明实践需要调整,还说明我们并没有真正认识和发现儿童。

回到哪里去认识与发现儿童呢? 一是回到儿童原本的意义中去。现实中,"儿童"的概念被吞没在无边无际的成人世界的海洋里,儿童的本义被肆意延伸和曲解,儿童已不是儿童。我们必须回到儿童的本义,还儿童本来面目。二是回到儿童最伟大之处去。儿童的最伟大之处就是具有可能性与未来性。三是回到儿童完整的生活中去。有学者认为,儿童生活在三个世界里——现实的世界、理想的世界、虚拟的世界。在这三个世界里,儿童的生活方式、价值取向是不同的,如果只看到了儿童现实的世界,忽略了儿童理想的世界,更不关注儿童虚拟的世界,那就无法解开儿童在三个世界里"游移"所造成的价值困惑,以致无法真正引领儿童发展。四是回到儿童的生活方式和游戏方式上去。做到以上四点,才能真正触摸到儿童,不然,我们对儿童的认识都是理念的、想象的、经验化的。

2. 儿童是谁

对"儿童是谁"这一根本性问题的不同回答,反映了不同的儿童观。探析儿童的概念、定义,追溯儿童的本源和本质,可以帮助我们正确认识儿童,思考"儿童需要什么"和"我们应给予儿童什么"。

在西方,最初儿童被视为氏族部落未来的成员,学习狩猎、采摘等生存技能,"儿童"的概念在这一时期尚未被分化出来。古希腊时期,留存下来的塑像没有一尊是儿童的,国家对杀害婴儿的行为也没有任何道德或者法律上的约束,这体现了"儿童"地位的低微,由此可以看出"儿童"的价值并未被社会所认可,但是,希腊人建立了"学校",出现了属于儿童的"儿童期"的曙光。古罗马时期,人们开始把成长中的孩子同羞耻观念相联系,关于"儿童"的观念有了显著进步。后来,随着印刷术的发明和普及,童年被"发明"出来,印刷术创造了成年人与儿童的定义——成年人是有阅读能力的人,儿童则是没有阅读能力的人。成年人与儿童被初步区分开来。15、16世纪的文艺复兴时期和18世纪的启蒙运动中,"个性解放,平等自由"与"理性"的呼声影响了人们的儿童观念,继而涌现出一批关注儿童的教育家,新的儿童观诞生,如洛克的"白板说"、卢梭的自然主义教育思想等。承认儿童期具有其独特价值的儿童本位观敲开了现代教育的大门,福禄倍尔与蒙特梭利继承发展了卢梭的观点,提倡"以儿童为中心",杜威提出"儿童即目的",等等。尼尔·波兹曼在《童年的消逝》中认为,19世纪中期至20世纪中期是童年的黄金时代,而到了20世纪中后期,电子技术的发明与普及又让儿童自如地进入到成人的世界,成人与儿童的界限再次被打破,"童年"开始消逝。中国的近现代涌现出一批杰出的教育家,他们力图打破陈旧的儿童观,推动中国教育的发展。周作人在其作品《儿童的文学》中呼吁"应把儿童看作儿童"。陶行知继承和丰富了卢梭的"儿童本位"思想,认为儿童是"活"的人。陈鹤琴也指出,儿童是独特的、发展的,应受到尊重的人。综观东西方历史,"儿童"与"童年"概念的发展漫长而曲折,随着生产力水平的不断提高,社会分工日益细化,人们的关注逐渐从自然界、宗教信仰转向人本身的价值,成人对儿童的认识日益加深,"儿童"的地位也在曲折中不断发展。如今,生物学、心理学、教育学等众多学科综合发展,新的儿童哲学正以恢宏的气势出现在教育现场,对于"儿童是谁"的问题也有了较为清晰的答案。

儿童是自由者、探索者、游戏者。在拉丁文中,"儿童"意味着儿童是自由者,自由是儿童存在的本质,自由是创造的"保姆",儿童只有自由才会有创造。还儿童自由,是让儿童成为真正的儿童。剥夺儿童的自由,不仅是剥夺了儿童的权利,更是剥夺了儿童的本质。儿童还是探索者。苏霍姆林斯基说:"儿童从天性上说,他就是一个探索者。"蒙台梭利也说过:"儿童是上帝派来的密探。是上帝把儿童派到我们成人世界里来,看看成人世界是什么样子,一看非常糟糕,成人世界那么复杂,充满着功名利禄、好斗、喧嚣。"于是,泰戈尔写了一首诗:"孩子们,到他们中间去吧!带着你们的纯洁,带着你们的生命。你来到他们中间,他们就立即安静下来了,停止了争斗,停止了喧嚣。"儿童也是游戏者。席勒说:"只有当人充分是人的时候,他才游戏;只有当人游戏的时候,他才完全是人。"儿童更是如此。有鉴于此,我们要尊重儿童的游戏权利,发展儿童的游戏方式,让儿童成为快乐的游戏者。

儿童是儿童本身。无论成人如何作答"儿童是谁"这个问题,都会受到自身视角的限制。卢梭曾表示自然教育的目标是培养"人":"他既不是文官,也不是武人,也不是僧侣,他首先是人。"这种站在儿童的角度思考"儿童是谁"的主张,无疑给教育思想变革历程上添上了浓重的一笔。卢梭在《爱弥儿》一书中清晰地指出:"在万物的秩序中,人类有他的地位;在人生的秩序中,童年有他的地位;应当把成人看作成人,把孩子看作孩子。"用课外补习班填满孩子的假期,不顾儿童身心发展规律教授超前内容的现象,背后折射出的是成人对儿童的控制与对儿童权利的剥夺,其本质是将儿童作为成人的附属品,不承认儿童是独立的个体和童年期的价值,然而,脱离了儿童身心发展规律的教育是没有意义的。儿童应当被视为独立的个体,有其独特的想法和选择,有其专属的童年期与童真。

儿童具有无限的可能性。康德说:"人是一个有限的理性存在,但有无限的可能性。"人之所以为人,就是因为人的内心世界的丰富和由此产生的无限能量,这种能量让人存在种种发展的可能。可能性是人的最伟大之处,更是儿童的最伟大之处。马克斯·范梅南在《教学机智》中指出:面对儿童就是面对一种可能性。什么是儿童的可能性?其内涵一是指儿童的无限潜能,指向儿童的生成性、创造性和发展性。陶行知诗云:"人人都说小孩小,谁知人小心不小,你若小看小孩子,便比小孩还要小。"这是确认、坚信儿童的无限潜能和可塑性。二是指儿童是发展中的人,尚未确定、尚未成熟,不确定才有希望和未来,才需唤醒和开发,不成熟才要尊重和等待。教育自然要关注儿童的现实,更要关注儿童的可能性。开发儿童发展的优质可能性,防止不良可能性,是教育的应然使命。

儿童是存在于社会文化中的人。除了生物学意义之外,儿童还具有社会学意义。儿童自出生来到世界上,生活无不受到社会的影响:向监护人和教师学习所处的社会文化,遵守班级规章制度,遵守国家法律,等等。儿童的世界属于社会文化的领地,他们无时无刻不受到社会文化的浸染,又在社会文化的影响下发挥主观能动性,建设自己的精神世界。因此,成人不能强制地向儿童灌输成人的观念和社会规范,剥夺儿童的人生体验;儿童也要逐渐接受社会文明的道德原则,学会道德自律。我们应在成人良性引导与发挥儿童主观能动性之间寻找平衡点。

(二) 把握小学生的特征

从心理学的角度来划分,小学生所处的阶段(6～12岁)属童年期或学龄初期。

1. 意义非凡的转折时期

在儿童的发展过程中,人们较多关注少年期和青年期的意义,这是因为少年和青年期的儿童处在"暴风骤雨"的矛盾旋涡之中,波动性大,两极性强。而小学儿童的身心发展比较平稳,很少表现出突变和激荡,但若因此忽视它的发展意义则是错误的。这种发展虽然是渐变的,但它既有量的积累,也有质的转变。在小学低年级学生"背着书包上学堂"的时候,他们的一只脚还逗留在幼儿期的童车里,但五六年后,他们就迈出了童年期的小车,踏上了青春期的快速列车。我国著名的儿童心理学家朱智贤教授认为:学龄初期是儿童发展上的一个重大转折时期。

一是学习与游戏的分化。对于幼儿来说,游戏是他们的精神食粮,游戏就是学习,学习就是游戏。如果从幼儿的活动中去掉游戏,那他们的心理就很难有健康的发育。游戏在小学生的生活中也没有消失,特别是低年级学生对游戏有着浓厚的兴趣,这对于他们的心理发展仍起着重要的作用。游戏能锻炼、培养和提高小学生的认知能力,加深他们对客观世界的认识;能增强小学生的组织纪律性和集体主义精神;能提升体力;等等。但是,小学生的游戏与幼儿的游戏有很大的不同:幼儿对游戏过程本身感兴趣,而小学生则往往对游戏的结果感兴趣;幼儿主要是玩有规则的运动性游戏,而小学生则喜欢进行有组织的竞赛性游戏。小学生对有规则的智力游戏有更浓厚的兴趣,小学生的游戏比幼儿的游戏范围更加广泛、更加复杂。进入小学后,正规的、系统的学习逐步成为儿童的主导活动。学习和游戏是不同的,学习是在教师的指导下有目的、有系统、有计划地掌握科学文化知识和技能并培养行为规范的活动过程,这是一种社会义务;而游戏则不具备这种社会性。游戏的目的包含在游戏活动的本身之中,学习则不是这样。在学习活动中,教师首先要教育学生明确学习目的、端正学习态度,并在学习过程中随时检查学习目的的实现情况。对于游戏虽也要指导,但在学习活动中,这种指导的组织性要求更高,也更复杂。例如,为达到教学目的和提高教学质量,教师要有计划地组织学生进行感知、想象、思维和记忆等活动。学习活动与游戏最大的不同在于学习带有强制性。一般来讲,游戏可以凭自己的爱好参加或不参加,而学习就不是这样,学习是社会向学生提出的要求,是学生必须做的,不但要学自己感兴趣的内容,也要学自己不感兴趣的内容,这是一种严格的社会义务。学习和游戏的分化,是儿童心理发展的一个重大转折。

二是由口头语言和具体形象思维向书面语言和抽象逻辑思维过渡。幼儿也能掌握书面语言,但主要还是口头语言;幼儿也能初步进行逻辑思维,但占主要地位的还是形象思维,这样就限制了幼儿掌握人类知识经验的深度和广度。进入小学后,学习成为儿童的主导活动,而学习的主要任务是掌握读、写、算这些最基本的知识和技能,因此,书面语言成了儿童学习的主要对象和手段。儿童在识字、阅读、写作、数学等学科中,掌握了书面语言,扩大了知识范围,为进一步掌握人类知识经验打下了基础。同时,学习不仅要求儿童掌握知识,还要用获得的知识去思考和解决问题,并关注思考和解决问题的过程,这就促使儿童的抽象思维逐步发展起来;同时也促使其有意注意、有意想象和意义记忆等心理过程的发展。尽管对小学生来说,书面语言和抽象逻辑思维的发展是初步的,但却是一个全新意义的良好开端,它标志着儿童开始驶入认识世界和改造世界的人生征途的快车道。

三是从"自我中心"到集体观念的产生。在幼儿的世界里,只有"自我"而没有他人。尽管他们意识到父母的存在,但那主要是出于保护和撒娇的需要;尽管他们身边也有同伴,但可以置之不理,而沉浸在自己的世界里;尽管他们也交朋友,但却以是否靠近自己、是否为自己做过事为择友标准;尽管他们也参加集体生活,但却不能很清楚地意识到自己与集体的关系。总之,幼儿还没有从"自我"的圈子里走出来,他们无法真正认识自我,意识不到集体生活的目的要求,意识不到自己在集体中的地位和任务。进入小学后,小学生的行动就会受到约束,要按一定的时间睡眠、起床和学习,"学习"也不像以前那样就是"玩",在学校要按时上课,不能迟到,课堂上要端坐静听,作业要认真完成;与同学发生矛盾要自我检讨;做得好,就能得到表扬,否则就会受到批评。在这一过程中,小学生逐步认识到世界并不是围绕自己运转的,做"小学生"与做"小朋友"大不一样。于是,他们渐渐学会自我要求、自我分析,并从他人和集体的角度来"设计"自己。小学生的这种关于集体生活的意识,标志着他们迈出了走向社会"大家庭"、投身集体"熔炉"的可贵一步。

四是步入青春期。到了五六年级,不少小学生身体快速发育,个子长高了,体型向大人迫近,出现了第二性征。特别是一部分女孩子,有了初潮,性成熟的速度很快。在心理上还没有做好充分准备的情况下,他们就进入青春期了。低年级同学在他们眼里是小孩子,因而,当大人称他们是小孩子时,他们就特别反感;伴随着生理的巨大变化,他们的心理出现了许多难以描述的体验,如新奇、苦恼、羞耻,等等。这时他们会认为:我不是小孩子,我已经长大了。于是,责任感、使命感便油然而生。虽然他们远没有成熟,但这种"成人感"的出现,是儿童脱离幼稚、走向成熟的关键一步,在儿童的发展过程中具有重要意义。

2. 稳中有变的身体发育

小学生在幼儿期生长发育的基础上,进入学龄期这个新的生长发育阶段。这时,身体结构出现了诸多特点,功能也在不断分化、增强。

一是新陈代谢旺盛。整个儿童时期,新陈代谢都比成人要旺盛得多。新陈代谢包括同化作用和异化作用两个方面。人体将从外界摄取的营养物质变为自己身体的一部分,并且贮存为能量,这种变化叫同化作用。与此同时,构成身体的一部分物质不断氧化分解,释放出能量,并且将分解的产物排出体外,这种变化叫异化作用。小学生的同化作用大大强于异化作用。因此,他们要从外界摄取更多的营养物质,为身体发育奠定物质基础。

二是体格发育,快速增长。小学生的体格发育基本上是平稳的,身高一般每年增长4~5厘米,体重每年增长2~3千克。10岁以后,随着青春期的到来,他们进入快速增长阶段,身高每年可增长6~8厘米,体重可增长3~6千克,甚至更多。

三是骨骼逐渐骨化,肌肉力量尚弱。小学生的各种骨骼正在骨化,但尚未完成。这时,骨骼的可塑性很大,不正确的运动姿势或长期不正确的坐、站、走的姿势,容易引起骨骼变形。小学年龄阶段,肌肉虽然在逐渐发育,但主要是纵向生长,肌纤维比较细,力量也较弱。因此,不宜做长时间的静力运动,写字、绘画的时间也不宜太长。

四是乳牙脱落,恒牙萌出。小学年龄期,学生的乳牙逐个脱落,恒牙相继萌出,咀嚼力量大大加强,这有利于食物的消化吸收。但这时是龋齿(蛀牙)的频发时期,因此要特别注意保护牙齿。

五是心率减慢,呼吸力量增强。新生儿的心率为140次/分,学龄前儿童的心率下降到90次/分左右,而小学生的心率约为70~85次/分。小学六年期间,学生的肺活量有明显增加,抵抗力不断增强。

六是脑细胞分化基本完成。6岁儿童大脑的重量已达成人的90%,12岁时接近成人水平。小学年龄期脑细胞体积增大,树突和轴突分支逐渐发育完全,细胞功能的分化基本完成。分析、抑制能力有所加强,但兴奋性不能持久。因此,同一性质活动的时间要短些,以便使相应部位的脑细胞及时得到休息。

七是生殖器官开始发育。在10岁以前,生殖器官的发育非常缓慢,几乎处于停滞状态。随着生活水平的普遍提高,到了小学年龄期的后期,有相当一部分学生,特别是女生,开始出现第二性征,进入青春发育期(女生比男生早两年左右)。

总之,小学生身体的各方面处在发育过程中,各种组织、器官都比较娇嫩,尚未成熟。因此,组织他们参加各种活动,都要注意适度。

3. 多姿多彩的精神成长

儿童的心理发展是有阶段性的,前后相连的阶段有规律地更替着,前一阶段内准备了向后一阶段的过渡。在童年期这段时间内,小学生总会表现出与其年龄相对应的相对稳定的、一般性的、典型的心理特征。

一是趋于完成的认知结构。小学生的认知是从感知开始的。但他们的感知比较笼统,不够精确,常把字母"p"与"q"、"b"与"d",数字"6"和"9",汉字"休"与"体"等混淆。他们不能把握事物的主要特征和各部分之间的联系,只能抓住个别细节。例如,在画"葫芦和苹果"时,葫芦不像葫芦,苹果不像苹果,甚至把苹果画得比葫芦还要大。但是,他们感知的有意性和目的性正在发展。小学生在感知的选择性上,从兴趣出发向目的出发发展;在感知的持久性上,由短暂向持久发展;时间知觉和觉察物品大小、远近、平面、立体、静止、运动的空间知觉也在发展。小学生的注意往往是由外界事物的新颖刺激而引起的无意注意占优势,有意注意则随着年级增长而增长。但总体上讲,他们的注意不稳定、不持久,很容易分散;注意范围比较小,常用手指指读图书;注意的分配能力差,常常顾此失彼,很难同时从事多种活动;生动、具体、形象以及感兴趣的事物,容易引起他们的注意。小学生的记忆力不断发展。从记忆目的看,随着年级的增高,学习目的逐步明确,有意记忆逐渐取代无意记忆占主导地位;从记忆方法看,低年级学生更多采用机械记忆的方法,随着知识的增长、理解能力的提高,中高年级学生多采用先理解后记忆的方法,意义记忆逐渐占主导地位;从记忆的内容看,低年级小学生具体形象记忆占主导地位,但随着年龄的增长和知识的不断丰富,抽象逻辑记忆逐渐发展起来。小学生处在以具体形象思维为主要形式向运用语言、概念的抽象逻辑思维过渡的时期。他们的抽象逻辑思维在逐步发展,但仍带有很大的具体性;自觉性在提高,但不自觉的成分仍较大。据我国心理科学工作者研究,实现思维形式"飞跃"或"质变"的关键时期应在 9～11 岁之间。小学生想象发展的一般趋势是由没有目的的无意想象向有目的的、需要努力进行的有意想象发展;由根据别人介绍的材料进行想象的再造想象向自己做出新的形象的创造想象发展;由远离现实、脱离实际的想象发展到更富于现实性的想象。总之,小学生的认识是一个由具体向抽象、由低级向高级发展的过程,到小学阶段终了时,智力结构趋于完成,但仍有待完善。

二是走向深刻的情感表现。小学生的情绪容易激动而不容易稳定,但由弱变强的趋势很明显,稳定性在不断增长。伴随学习内容的丰富、生活范围的扩大,小学生情感的内容也丰富和扩大了。例如,少先队和班集体的荣誉感、同学间的友谊、学习成功的愉快和失败的痛苦等情感都在不断发展。不但情感的内容丰富了,而且也更加深刻了。中高年级学生的道德情感也逐步发展起来。这时候他们的爱和恨不只是停留在表面上,而且也显得更加深刻。比如,学习了英雄的光辉事迹后,开始用英雄的标准要求自己,指导自己的行动。他们的爱国主义、集体主义情感都有了一定的发展。

三是有所提高的意志力量。小学生高级神经活动的过程是兴奋强于抑制,表现在行为上是容易冲动,自制力比较差。特别是低年级的小学生容易兴奋、激动,不善于控制自己的行动。在课堂上,他们也知道要端坐静听,注意力要集中,不随便说话,不做小动作,但很快有些学生就管不住自己的行为了。随着年级的增高，他们的自制力也在逐渐增强。小学生很容易受外界的暗示，不加选择地模仿他人的行为，而不考虑这种行为是否正确、适当。如看了电影后，往往喜欢模仿电影中反面人物的动作、语言。这和他们缺乏知识、社会经验不足、是非观不完善有关系。高年级学生的自觉性得到发展，明显比低年级学生强。小学生精力充沛，乐于参加各种活动，但不能较长时间地支配活动，做事往往虎头蛇尾，有始无终。通常，小学生的毅力不足，而高年级学生的坚持性则有较大的发展。有些小学生还比较任性、执拗、固执己见，而家庭的不良教育和影响是造成这种现象的主要原因之一。

四是潜力无限的个性特征。从我国心理学工作者所做的调查材料来看，随着年级的增高，小学生的需要由低层次向高层次逐渐发展，其动机的发展则从直接的、较短近的、较狭隘的逐步变为间接的、更为自觉的、具有原则性的、远大的。在小学阶段，虽然直接兴趣占优势，但随着抽象思维的发展和知识经验的增长，他们产生了对活动结果的间接兴趣。从内容和社会价值看，小学生的兴趣倾向往往"泥沙俱下""良莠不辨""鱼龙混杂"，高尚、积极的兴趣要靠外界的着力引导。从广度来看，小学生的兴趣逐渐扩展，但往往缺乏中心兴趣。从稳定性来看，小学生的兴趣往往不够稳定，"朝三暮四""朝令夕改"。到高年级，这种情况大有改观，有的小学生的兴趣达到相当稳定、持久甚至可以持续一生的程度；同时，信念的种子也开始在小学生的心田里萌芽。从小学生的能力水平来看，他们尽管存在诸多差异，但绝大多数都属正常儿童。他们在学习读、写、算的过程中，独立学习的能力得到了迅速发展。从调查研究中可以看出，小学低中年级是性格发展相对稳定的时期；到了高年级，尤其是毕业班，小学生处在诸多因素促成的性格发展骤变期。这一时期的学生求知欲快速发展，情绪的强度、持久性迅速增长，对人、对事敏感，但是自制力相对下降，不善于自我宽解，其性格处于某种矛盾和不平衡中。小学儿童的性格，男女生之间也略有差别。总的来说，男孩的外倾性、活动性和倔强性高于女孩；女孩的情绪性、内倾性高于男孩。我国现代儿童的性格特征具有和过去显著不同的特点，如普遍具有广泛的兴趣爱好，思想开放，主动性、自主性强，社交活跃等。我国小学生普遍遵守学校纪律，关心集体，能够团结合作，富有同情心，不伤害他人，不欺侮弱小等，这反映了我国学校道德教育对儿童性格形成的积极影响。

需要强调的是,以上描述的是小学生整体的、抽象的、共性的特征,但在教育过程中,班主任面对的不是"整体的人",也不是"抽象的人",更不是"共性的人",而是一个个"具体的人"。20世纪70年代初,以提出"终身教育"理论闻名于世并被载入教育学发展史册的法国教育家保尔·朗格朗在《终身教育引论》一书中就曾犀利地指出:"现代的人是抽象化的牺牲品,各种因素都可以分割人,破坏人的统一性";他指责教育中对某一方面的强调和把这一方面"专横地孤立起来","用数量代替质量",导致"个人才华的枯萎";他大声疾呼:"教育的真正对象是全面的人,是处在各种环境中的人,是担负着各种责任的人,简言之,是具体的人",是具有"作为一种物质的、理智的、有感性的、有性别的、社会的、精神的存在的各个方面和各种范围。这些成分都不能也不应当孤立起来,他们之间是相互依靠的"。[①] 因此,把握了小学生的整体特征,只是为了解一个个具体的小学生提供了基本的背景资料,班主任必须确立"具体的人"的意识,把每个学生都视为独特的不可替代的个体,从"抽象"到"具体",从"类"到"个体",这样才能真正把握小学生的特征。

(三) 新时代新儿童新走向

教育工作如同一段旅程,我们不仅要懂得儿童是谁,儿童从哪里来,而且要知道儿童往哪里去,到达的位置是什么,还要捕捉路途中的风云变幻、世事变迁。古希腊哲学家赫拉克利特说过:"唯一不变的就是变化。"时代在变,环境在变,一切都在变,而且变化速度非常快,稍不留意,就会让人产生恍若隔世、"洞中方一日,世上已千年"的感觉。在这样的背景下,儿童在变,儿童教育也得变。认识儿童,认识小学生,视角不能单一,视野不能狭隘,思维不能静止,应置于时代的大格局中,主动应变,与时俱进。

1. 儿童发展的新环境、新挑战

一是儿童处在"两个大局"的时代交织中。"两个大局"是指中华民族伟大复兴战略全局和世界百年未有之大变局。中华民族伟大复兴战略全局是国内大局,即要实现"两个一百年"奋斗目标;世界百年未有之大变局是国际大局,即新

[①] [法]保尔·朗格朗.终身教育引论[M].周南照,陈树清,译.北京:中国对外翻译出版公司,1985:87-88.

兴行为体的强势崛起引发的国际格局和国家关系的洗牌与重塑。国内大局和国际大局同步交织、相互激荡,你中有我,我中有你,既互相影响又互为机遇。世界的多变、不确定性,必然影响儿童的发展和未来。

二是儿童处在多重的生成中。以往,家庭教育、学校教育是儿童生成的主渠道,而今社会教育已进入儿童生成的框架中;以往,课程、教科书是儿童生成的主要载体,而今新媒体、新技术已成为自选的课程和教科书;以往,把课程、教科书当作一个大大的世界,而今偌大的世界已成为课程、教科书。多重生成,让儿童视野更开阔,心胸更开放,渠道、方式更多元,有利于儿童的全面发展。但多重生成中也会有陷阱和诱惑,可能会生成不健康、负面的东西。

三是儿童处在新技术的包围中。新技术让世界变得更易触及了,儿童可以用技术进入丰富多彩的世界。儿童对新技术有特别的喜好和特别的使用、操作欲望,而且上手很早、很快。据《2021年全国未成年人互联网使用情况研究报告》统计,大部分未成年人在上小学时或上小学前就开始使用互联网,而且年龄越小该比例越高,小学生在上小学前首次使用互联网的比例达到28.2%;2021年我国小学生互联网普及率达95%,较2020年(92.1%)提升2.9个百分点。[1] 科技永远是双刃剑,有可能给儿童发展带来便利,也可能撕裂儿童发展的完整性。怎样让儿童在使用新技术过程中正确进行价值澄清和选择,是一个需要解决的难题。

四是儿童处在多元价值的困惑中。多重的生成、多变的技术、多元的文化带来多元的价值。成人面对多元价值尚且难以辨别、区分、选择,对正处在价值启蒙期的儿童进行价值教育,自然更是一件难事。

2. 儿童发展的新趋势、新特点

当代小学生的新特点[2]

当代小学生特点一:求知欲强

当代小学生的父母,都是具有一定知识文化的年轻人,他们普遍重视优生优

---

[1] 孙文轩.去年中国小学生互联网普及率达95%,较2020年提升2.9%[N].新京报,2022-11-30.

[2] 改编自:吕建英.当代小学生的新特点及其对教师的新要求[N].平顶山日报,2018-5-31.

育,重视孩子的学前早期教育和合理膳食。所以,当代小学生接受新鲜事物的能力更强,面对未知的事物,他们更愿意去探索。

当代小学生特点二:多才多艺

现在的中国已经是世界第二大经济体,国民人均收入已经超过4000美元,人民生活相对富裕。加上中国人向来有望子成龙、望女成凤的传统,所以家长愿意拿出钱来让学生上各种各样的辅导班,以增加孩子的才艺。当代的孩子中歌声甜、舞姿美、善书法、懂绘画、会主持,有才艺的孩子比比皆是,这在"六一"文艺汇演和各种活动中可见一斑。

当代小学生特点三:缺少运动

当代的小学生由于家庭生活条件比较优裕,肉、蛋、奶等食品从不缺乏,家长们又比较注重食物搭配,所以,孩子们从不缺乏营养,因此,他们的身高、体重、胸围等部分身体指标不断上升。同时由于小学生长期不注意学习姿势,加上爱玩手机、电脑,看电视的时间过长,造成视力不断下降,跑、跳等运动能力在一定程度上降低。

当代小学生特点四:追求自我

当代的小学生由于很多都是独生子女,或者是在相当长的时期内是独生子女,家庭中长辈多、孩子少,造成孩子成为家庭的中心。有些父母因为工作忙,或者长期在外务工,把孩子托给爷爷奶奶、外公外婆帮助照管。长辈们由于过度溺爱孩子,几乎满足孩子们的一切需要,造成当代的小学生在生活中以自我为中心,很少考虑别人的感受。

当代小学生特点五:抗挫折能力弱

优裕的生活条件,家长的过度宠爱,聪明的头脑,造成孩子们的成长道路顺风顺水,几乎没有遇到过波折,所以孩子们抗挫折的能力较弱,抗失败的能力更弱。遇到生活中的不顺心问题,易采取过激行为。

当代小学生特点六:自主支配时间少

当代小学生一方面要完成大量的作业,另一方面还要忙于上各种各样的辅导班,真正可自主支配的时间非常少,用于和同伴交流、游戏的时间就更少了。

这是一个一线教研员在观察的基础上总结提炼出的当代小学生的特点,环境的变化会导致儿童发展特点的变化。这些变化是悄悄的,却是显而易见的。

一是儿童对成人的依赖性降低。儿童发展需要成人的关心、帮助,需要成人提供必要的条件,包括物质的、心理的、思想的、精神的,随着儿童的发展,他们对成年人的依赖性会逐渐降低。当下的状况是,依赖性降低的年龄提前了,所依赖的要求更趋向情感、精神层面,依赖的方式也更直截了当。当然,这也是好事。问题是,儿童开始与成人疏离,而与网络及网络中的虚拟人亲近,儿童的真实情况,成人并不清楚,甚至根本不了解,教育的盲目性增加了。

二是儿童的异质性增大。长期以来,教育工作者习惯于把儿童概念视为一个类的概念,更多依据儿童的共性、群性来开展教育,这当然需要改变和调整。但是,当下儿童个性越来越鲜明,差异性不断增大,已成为异质性的群体。需求、价值取向、发展方式等方面的迥异,使得儿童越来越具体,教育越来越细致,对因材施教的要求越来越高。

三是儿童发展的非连续性成分不断增加。教育的连续性,可以让我们根据规律,做好规划,使儿童发展越来越完善。当下非连续性成分的不断增加,使得依据规律、做好规划越来越难,儿童发展经常出现波折甚至中断,不确定性随之增加。德国教育人类学家博尔诺夫提出了"非连续性"教育理论,所谓非连续性,主要指关注和正确处理那些阻碍和干扰教育的因素,那些"令人不愉快的偶然事件"。[①]"非连续性"教育理论更重视儿童发展中的非规划性、非功利性、非刻意性,促使儿童发展处在自然状态,从塑造性教育和外在设计中跳出来。我们应当把非连续性教育和儿童的非连续性发展当作一个课题来研究。

3. 儿童发展新规划新使命

确定儿童发展的方向和到达位置,能影响甚至左右儿童发展和儿童教育的走向、实施和评价,这也能从另一个角度让我们进一步认识和发现儿童。党和国家高度重视儿童事业,既从儿童发展规律出发,又体现国家意志,制定、发布了一系列纲领性文件和研究成果,擘画新时代儿童发展和儿童事业。其中,以下三个文件和成果尤为关键。

---

① [德]O.F.博尔诺夫.教育人类学[M].李其龙,等译.上海:华东师范大学出版社,1999:13.

(1)《中国儿童发展纲要(2021—2030年)》。这是国务院制定并颁布实施第四个周期的中国儿童发展纲要,从健康、安全、教育、福利、家庭、环境和法律保护七个领域提出了到2030年儿童发展应当达到的总体目标。其亮点和创新之处主要体现在以下三个方面:以习近平新时代中国特色社会主义思想作为指导思想;以坚持党的全面领导作为首要基本原则,首次提出坚持促进儿童全面发展;丰富儿童发展领域新内涵,更加突出强调立德树人、儿童友好和家庭生育养育教育支持。

(2)《中国学生发展核心素养》。该成果是教育部委托北京师范大学,联合国内高校近百位专家成立课题组,历时3年完成,于2016年9月发布。学生发展核心素养指学生应具备的,能够适应终身发展和社会发展需要的必备品格和关键能力,是关于学生知识、技能、情感、态度、价值观等多方面要求的综合表现。明确核心素养,一方面可通过引领和促进教师的专业发展,改变当前存在的"学科本位"和"知识本位"现象;另一方面可帮助学生明确未来的发展方向,激励学生朝着这一目标不断努力。该成果所指的核心素养,以培养"全面发展的人"为核心,分为文化基础、自主发展、社会参与三个方面,综合表现为人文底蕴、科学精神、学会学习、健康生活、责任担当、实践创新六大素养,具体细化为国家认同等18个基本要点(见图1-1)。

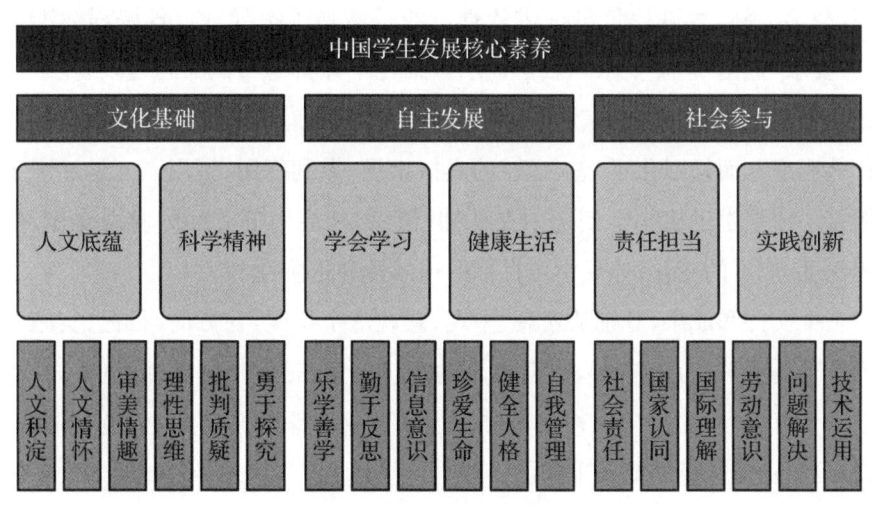

图1-1 中国学生发展核心素养

（3）《义务教育课程方案和课程标准(2022年版)》。新版义务教育课程方案和课程标准自2019年启动修订，历时3年，于2022年秋季学期开始执行。在课程方案方面，一是完善了培养目标。全面落实习近平总书记关于培养担当民族复兴大任时代新人的要求，结合义务教育性质及课程定位，从有理想、有本领、有担当三个方面，明确义务教育阶段时代新人培养的具体要求。二是优化了课程设置。整合小学原品德与生活、品德与社会和初中原思想品德为"道德与法治"，进行九年一体化设计；改革艺术课程设置，一至七年级以音乐、美术为主线，融入舞蹈、戏剧、影视等内容，八至九年级分项选择开设；科学、综合实践活动开设起始年级提前至一年级；落实中央要求，将劳动、信息科技及其所占课时从综合实践活动课程中独立出来。三是细化了实施要求。增加课程标准编制与教材编写基本要求；明确省级教育行政部门和学校课程实施职责、制度规范，以及教学改革方向和评价改革重点，对培训、教科研提出了具体要求；健全实施机制，强化监测与督导要求。在课程标准方面，一是各课程标准基于义务教育培养目标，将党的教育方针具体细化为本课程应着力培养的学生核心素养，体现正确价值观、必备品格和关键能力的培养要求。二是优化了课程内容结构。基于核心素养要求，遴选重要观念、主题内容和基础知识技能，精选、设计课程内容，优化组织形式。三是研制了学业质量标准。引导和帮助教师把握教学深度与广度，为教材编写、教学实施、考试评价等提供依据。四是增强了指导性。各课程标准针对"内容要求"提出"学业要求""教学提示"，细化了评价与考试命题建议，注重实现教、学、考的一致性，增加了教学、评价案例，不仅明确了"为什么教""教什么""教到什么程度"，而且强化了"怎么教"的具体指导，做到好用、管用。五是加强了学段衔接。依据学生从小学到初中在认知、情感、社会性等方面的发展变化，把握课程深度、广度的变化，体现学习目标的连续性和进阶性。

三个文件和成果，分别从宏观、中观、微观三个角度，在方向、目标、实施三个层面上互为关联、互相支撑，有着清晰的逻辑关系，是对中国之问、世界之问、人民之问、时代之问的科学回答。这样的规划不仅会深刻影响儿童的发展方向和方式，更昭示着儿童的光明未来。

三、趋于澄明,理解小学生

澄明,即清澈明洁。古往今来,无数佛家、道家、哲人、文人都把澄明之境作为毕生追求。走向澄明之境,就是摆脱羁绊、走向自由,就是登高望远、看穿识透,就是宁静致远、修身养性。班主任在认识小学生的基础上理解小学生,也要内心澄明,有大格局、高境界、远识见。

(一) 坚守儿童立场

"立场"的本义是站立的场地、设定的基点、存在的境域,可以引申为认识和处理问题时所处的地位和所抱的态度。班主任进行的是培养人的事业,自然应有自己的教育立场,这个立场就是儿童立场。

我们所说的儿童立场,不是指传统的以成人为中心看待儿童的成人立场,也不是儿童自己的立场(这当然要尊重),而是指基于儿童的立场,即教师站在儿童角度,珍视儿童价值,尊重儿童个性,依据儿童特征,遵循儿童规律,正确看待儿童、理解儿童、引领儿童、发展儿童的立场。儿童立场与成人立场、教师立场并不对立,我们反对的是一味以成人为中心、以教师为中心、忽视儿童、脱离儿童的倾向,如果我们成人和教师的教育活动,都能基于儿童、抵达儿童、理解儿童、发展儿童,儿童立场就能与成人立场、教师立场统一起来;儿童立场更是国家立场的体现,儿童是有祖国的人,是有民族文化之根之魂的人,是国家战略的受益者、践行者,《中国学生发展核心素养》的提炼、发布,正是对国家意志和国家核心价值观的遵循和落实;儿童立场也不排斥国际视野,儿童是一个世界性概念,是全人类的宝贵财富和未来希望,是人类命运共同体的成员,我们为这个世界留下什么样的儿童,世界就有什么样的明天。

发现儿童是坚守儿童立场的起点。探索儿童的成长秘密,把握儿童作为独立生命体的内在发展逻辑,永远是教育的前提和依据。

理解儿童是坚守儿童立场的关键。理解不只是一个认识的过程,也包含情感沟通。相信儿童发展的无限可能,并把儿童置于课程、课堂和班级管理的正中央,这是我们的理解,但任意拔高儿童、吹捧儿童,也不符合儿童发展的根本利益,很可能葬送他们的未来①。

发展儿童是坚守儿童立场的根本。发展是第一要务,离开了儿童的发展,儿童的本质——快乐和可能性都不复存在,或没有意义。但离开了成人的引导和支持,儿童的良好发展同样是难以实现的。教师永远不能被边缘化,教师对学生发展的指导至关重要。

(二) 专注学生成长

从社会价值的角度而言,专注学生成长,是国家、社会和家庭对教育、教师的一种期待。范梅南说过:教育学是迷恋他人成长的学问。教师作为社会派往儿童世界里的文化使者,学生成长就是教师的职业制约和使命所在;从主体价值而言,专注学生成长,既是尊重儿童,催发生命的绽放,又是教师享受教育幸福的不二选择。只有专注学生成长,教师才能更好地发展。

专注学生成长,需要处理好学生成长和教师发展的关系。当然,这是一种相互促进、共生共荣的关系,教师发展有利于学生成长,学生成长会反哺教师发展,教师在学生成长中发展,学生在教师发展中获益,似乎谈不上孰先孰后、孰主孰次。但是,从发生学的角度来看,教师的存在是因为学生的存在,教育的发生是因为学生的需要,教师的发展自然也是学生成长需要的产物,从这个意义上说,学生成长具有在先性、统领性和动力驱动性,教师发展要为学生成长服务。教育实践中,还是有个别教师,迷恋自身发展,忽略学生发展,这是错误的。我们应当厘清关系,涵育情怀,专注学生成长,在学生成长中提升自己。

专注学生成长,还要处理好学科专业与教育专业的关系。教师都有两个专业:学科专业和教育专业。现实中许多教师理解的教师专业,仅仅只是学科专业,专业发展也只是在学科专业里深耕、发力,囿于学科专业无法超越,发展视野跳不出,发展通道展不开,发展进程走不远,最终很可能造成素质结构不合理,文化背景不丰厚,专业水平难提升,甚至最终放弃专业发展。无论从儿童是教育对象、教育主体的角度看,还是从教学即儿童研究的教学发展趋势看,儿童研究都具有宏大性、在先性和统领性,因此,有专家把儿童研究视为教师的"第一专业",

---

① 吴永军.我们需要正确对待"儿童立场"[J].教育发展研究,2018(22):1-6.

提升教师专业水平,必须提升教师的儿童研究水平。如果教师都能理解学科专业与教育专业的关系,都能体认儿童研究的重要,专注学生成长自然水到渠成。

(三) 尊重等待唤醒

坚守儿童立场,专注学生成长,需要班主任树立正确观念,具备扎实态度。

1. 尊重

张慧莉老师在《尊重儿童——一线教师访英见闻》中写道:"在财富公园儿童中心(Fortune Park Children Center)的操场上,有一圈高高低低的木桩。老师们曾经想拆除它,可是最终还是保留到现在。是什么促使她们改变了初衷呢?原来在一次活动中,老师请孩子们记录下在儿童中心里自己最喜欢和不喜欢的地方。经过交流和讨论,大家发现这圈木桩居然有很多孩子喜欢。因此,大家就决定留下它了。"

卢梭曾提出,尊重天性,顺其自然。他说:"天性的最初冲动永远是正当的,教育应以天性为师,而不是以人为师,是天性造人,而不是人来造人。"这句话的意思是说,孩子的老师是他自己的天性。父母和老师的责任不过是尊重孩子的天性,给他创造有利于天性发展的环境和条件。受传统儿童观的影响,成人往往会更多地关注孩子的生理、安全、归属与爱的需要,而可能忽略孩子希望得到尊重、认可与自信、自尊的迫切要求,人为地为孩子人格的和谐发展设置障碍。

尊重儿童包括尊重儿童的天性和禀赋,尊重儿童的人格和自由,尊重儿童的生活和想象,尊重儿童的权利和隐私,尊重儿童的独特和多样,尊重儿童的试误和困顿,等等。没有尊重,就没有教育,更谈不上教育的成功。

2. 等待

儿童的成长可分为三方面:植物性的成长,主要表现为身体的发育;动物性的成长,即本能和无意识的成长;人独有的精神(意识)生命的成长,这主要靠文化熏陶来完成。第三方面建立在前两方面的基础上。而儿童主要完成的是植物性和动物性成长的任务。但是,这两种成长是内在的、自发产生的,不需要人为的干涉。正如蚕结蛹成蛾,从外表上看,蛹是静止休眠的,其实它的内部正在发生着生命的变化。儿童其实也正处于"理性的睡眠期"(卢梭语),蚕在成蛹的时候,暂时不需要外力的介入,只需要等待就能看到生命的奇迹。同样地,儿童教育也需要等待。

卢梭在《爱弥尔》中这样写道:"大自然希望儿童在长大以前就要像儿童的样子。如果我们打乱了这个次序,我们就会造成一些早熟的果实,它们长得既不丰满,也不甜美,而且很快就会腐烂,我们将造成一些年纪轻轻的博士和老态龙钟的儿童。"面对儿童的成长,大人应该有耐心,不要太功利化,学会等待,等待儿童完成内在成长,不去打扰其破茧的过程,这是一种教育的智慧。苏联教育家苏霍姆林斯基当年要招收一批6岁的孩子对他们进行10年的教育。而一个孩子的母亲说:"小孩子还来得及去坐教室,先让孩子去过一过他的日子吧,不忙上学。"这朴素的话,却道出了深刻的思想,引起了苏霍姆林斯基的深思。还未完成内在成长的儿童有他们自己的世界,蓝天、草地、池塘皆是儿童的乐园。于是,苏霍姆林斯基尊重儿童天性,创办了一年的"蓝天下的学校",看晚霞、摘葡萄等都是课堂内容。他那一年的学前教育,充分满足了那些6岁儿童的成长需求。

"好雨知时节,当春乃发生。"班主任应当了解儿童发展的状况和时机,及时促进儿童的当下发展。好的儿童教育应是守候和陪伴儿童成长的教育。

3. 唤醒

等待,并不是无所作为,而是有所为有所不为。对儿童的教育不能强制灌输,拔苗助长,而应"随风潜入夜,润物细无声",不露痕迹,重在唤醒。

据说,苏格拉底小时候,有一次看他父亲雕刻狮子,便问道:"怎样才能成为一个好的雕塑师?"父亲说:"以这只石狮子来说吧,我并不是在雕刻它,我只是在唤醒它。""唤醒?"苏格拉底不解地问。"对,狮子本来沉睡在石块中,我只是将它从石头监牢里解救出来而已。"苏格拉底从父亲的话中得到启发,日后成了一位唤醒人们心灵的大师。

德国教育家第斯多惠说过:"教育的本质不在于传授的本领,而在于激励、唤醒和鼓舞。"教育就是一种心灵的唤醒。儿童的成长是其心灵中真、善、美的种子不断生长、自主发展的过程,任何人都无法替代他们。班主任的教育应该是用一个灵魂唤醒另一个灵魂的工程,是对学生学习、创造潜能的唤醒,是对学生自信心和奋进精神的唤醒,更是对学生尊严、人格的唤醒,做人力量的唤醒。"唤醒未被知晓或沉睡中的能力",这是我们教育追求的理想境界。

问题与思考

1. 李镇西在《教有所思》一书中说:"人不可能永远处于儿童时代,但他却可以永远拥有一颗童心。"小学班主任拥有一颗童心有什么价值?

2. 苏霍姆林斯基《给教师的一百条建议》中的第一条就是"没有也不可能有抽象的学生"。请谈谈你对这句话的理解。

3. 为什么要确立儿童立场?能否寻求到儿童立场与教师立场、国家立场的统一?

4. 现在小学里出现了越来越多的"少年老成族"的成员,你觉得原因何在?作为班主任,应做出怎样的观念建构?

拓展阅读

1. 成尚荣.儿童立场[M].上海:华东师范大学出版社,2018.

2. [加]马克斯·范梅南,[荷]巴斯·莱维林.儿童的秘密[M].陈慧黠,曹赛先,译.北京:教育科学出版社,2014.

3. 潘健.小学班主任专题研究[M].南京:南京大学出版社,2009.

第二章

我们拥有一个家
——小学班集体建设

【学生日记】

下午读报课时,李老师跨进了教室,照例给我们读小说《青春万岁》。突然,陈晓蕾站了起来:"李老师,请您出去一下,好吗?"李老师莫名其妙地跟着她出了教室。戏剧般地,班干部潘芳奕迅速走上讲台,向同学们讲了一个秘密计划,大家一致赞成。几分钟之后,李老师又莫名其妙地被请回到了教室,迎接他的是神秘而兴奋的笑声……

紧接着的几天,同学们暗中忙碌起来……

5月17日,那一天终于到来了。语文课的铃声一响,李老师便走了进来。

值日生罗晓宇用清脆的声音喊道:"起立!敬礼——"

顿时,一阵春潮般的声浪从每一位同学胸中涌出,回荡在教室里:

"祝——李——老——师——生——日——快——乐!"

李老师惊愕了,还没等他回过神来,前排的谈俊彦走上讲台,双手捧着一封信:"李老师,这是全班同学的祝贺信!"班长彭艳阳捧着一束还带着露水的玫瑰花从后排跑到讲台前,庄严地向老师敬了一个队礼:"李老师,这是全班同学献给您的鲜花!"

李老师完全不知所措了。又有十几位同学拥上了讲台——霎时间,讲桌堆满了鲜花、蛋糕、影集、笔记本、生日卡……兴奋和得意在每个同学心中荡漾着:让辛勤的老师惊喜,让尊敬的老师幸福,正是我们的心愿!掌声有节奏地响着,伴着笑声。

"今天,并不是我的生日啊!"呆了半晌,李老师这么说。可同学们七嘴八舌地嚷道:"肯定是的,5月17日,没错!""老师,要诚实哟!"

【老师日记】

我当然是诚实的,不过当时我又不敢向学生坦白我的生日应该是9月29日。学生为何错把5月17日当成我的生日呢?至今是个谜。直到今天,当我抄录这篇作文时,我耳边好像还回响着学生们那热烈、真诚而又带着几分顽皮的掌声和笑声,因而禁不住心潮澎湃!当时,面对童心,激动的我用颤抖的声音说了几句肺腑之言:"我并不是一位好老师,可同学们对我这么好,我实在受之有愧啊!但是,从此以后,我将竭尽全力做一位好老师,用我的童心来报答同学们的童心。"

……说这话绝非我在学生面前故作谦虚,但是从那时起,"用童心报答童心"却成了我真诚的誓言,并为之努力实践。[①]

上面这则故事改自著名教育家李镇西老师《用童心报答童心》一文。从中我们可以看出洋溢在师生间的诚挚情感。这种情感维系着班级的运转,使得班集体充满凝聚力,充满着家的温情与和谐。把班级建设成一个融洽的家,师生成为相亲相爱的一家人,是许多班主任的基本工作目标。

班集体的建设是一项复杂的系统工程,良好班集体的形成与发展是班主任工作的终极任务。班级管理的最终目标是促使班级组织成为理想中的发展性班集体,促使学生综合素质不断提高,实现学生全面发展与个性发展。也只有转变成发展性的班集体,班级组织才能真正实现育人的目标。班级教育的特点是在集体中进行教育,通过集体活动教育学生,在集体生活中影响学生。班集体是促进小学生德智体美劳全面发展以及个性社会化的一个理想的"家"。

一、班集体建设与小学生发展

(一) 班级与班集体

现代学校普遍实行班级授课制。班级是学校的基层组织,是学校根据一定任务、按照一定制度,把年龄和知识水平程度相近的、有共同学习任务的同一年

[①] 李镇西.做最好的班主任[M].桂林:漓江出版社,2014:9.

级的学生编制成固定人数的正式小群体。从教学的角度看,班级编制与"个别教学"相对,是群体的一种教学组织形式。

班集体与班级之间有区别,也有联系,班级是形成班集体的组织基础,班集体是班级群体发展到高级阶段的表现形式。因此,并不是所有的班级都是班集体。班集体是一个以儿童和青少年为主体的社会心理共同体,是一个寓德智体美劳于一体的综合化、整体化的组织,是一个具有崇高的社会目标、以亲社会的共同活动为中心、以民主平和与合作的人际关系为纽带,并促进其成员的个性得到充分发展的有高度凝聚力的共同体。[①]

一个良好的班集体应具备以下五个方面的基本要素。一是集体目标明确,有正确的政治方向、共同的奋斗目标和为实现这一目标而进行的共同活动。二是组织机构完善,有健全的组织机构和一定数量的有威信的、工作能力强的班干部组成的坚强领导核心,并有一支积极分子队伍。三是人际关系和谐,有人人努力学习、个个讲究文明的良好班风,有平等和谐、互敬互爱的人际关系和有利于个性和谐发展的丰富多彩的集体活动。四是规范舆论健全,有严格的组织纪律、健全的规章制度和正确的集体舆论。五是集体心理积极,集体心理是集体的本质属性,它是指集体成员围绕社会主义核心价值观而形成的所共有的知识、价值观、信念、态度及行为方式的复合体。集体心理是集体的目标、组织机构、人际关系、规范舆论的积淀和结晶。一个良好的班集体,它的全体成员都处在和谐相处的生活状态、积极进取的学习状态中,都有一种向上的意识,整体上给人一种朝气蓬勃、充满活力、愉悦安全的心理氛围。团结和谐、奋发进取、积极向上是这种班集体的特点。

(二) 班集体促进小学生发展的功能

班集体既是教育的对象和目的,又是教育的力量和手段。良好的班集体是促进小学生个体社会化的重要环境,是帮助小学生全面和谐发展的熔炉,也是激励小学生自我教育的巨大力量。对于培养小学生社会主义核心价值观、陶冶爱国主义情感、传承中华优秀文化、形成优良道德品质、增强自我教育能力和发展

[①] 唐云增,王增龙,周再斌.班主任专业化读本[M].桂林:漓江出版社,2006:276.

个性心理品质都具有重要意义。小学生在班集体中学习、生活、交往、处事,有助于他们长大成人步入社会后尽快地适应社会,参与社会生活,履行社会角色,成为合格的社会公民。

班集体作为一个良好的微观社会环境,是社会与小学生交互作用的中介,对小学生的成长产生着直接而巨大的影响,具有教育功能、社会化功能、个性化功能、组织功能和保护功能。

1. 教育功能

教育家马卡连柯很重视集体教育的力量,并提出了平行教育原则。他指出:"教育了集体、团结了集体、加强了集体,以后集体自身就成为很大的教育力量。"[1]"只有当一个人长时间地参加了有合理组织的、有纪律的、坚忍不拔的和有自豪感的那种集体生活的时候,性格才能培养起来。"[2]因此,班集体一经形成,就成为教育的主体,蕴含着巨大的教育潜能。班集体的教育功能具有以下特点:① 班集体作为一个独特的教育影响源,是社会影响和教师影响的折射。② 班集体有利于促进学生知识的学习和智能的发展。按照学习的集体性原则,充分发挥课堂教学活动中人际交往、协作、竞争等社会心理因素的教育潜能,有助于提升学生的学习效能。③ 只有在集体教育和集体活动的背景中,教师才有可能在更大范围和多种活动中充分运用多种教育因素,构成教育方法的系统,给学生以积极深刻的影响。④ 集体对个人的教育影响是通过模仿、感染、暗示、从众、认同等社会心理机制实现的,具有潜移默化的特征。⑤ 班集体是一个以儿童、青少年学生为主体的亚文化群。由于同辈文化为青少年学生提供了一种新的价值观与准则,并提供了作为一个独立自主的人参与活动、交往的社会情境和角色体验,因此,班集体建设不仅是一个以正式课程为媒体的教育过程,而且也是一个以学生文化为媒体的自我教育过程。

2. 社会化功能

小学班集体是一个高度组织起来的儿童集体,是学生赖以学习、生活和交往的主要环境,其目标、机构、规范等都是宏观社会环境的折射和反映。它沟通了

---

[1] [苏]马卡连柯.马卡连柯教育文集[M].北京:人民教育出版社,2004:1.
[2] 雷玲.教师要学马卡连柯[M].上海:华东师范大学出版社,2015:10.

学生与宏观社会环境的联系,又置身于家庭、社区、校外同辈群体、大众媒介等多重社会化机构之中。因此,一方面,它为学生的社会化提供了一个有目的、有计划、定向可控的良好的微观社会环境,通过教育教学各种方法,对小学生传授生活经验、指导生活目标、教习社会规范、培养行为习惯、明确生活角色;另一方面,它又具有调控社会、家庭、学校多重教育影响的独特功能。正如陶行知先生所说的,教育就是"教人学做事和学做人",可以说班集体是帮助学生认识社会、学做社会人的重要途径。

3. 个性化功能

马克思说过,只有在集体中,个性才能获得全面发展其才能的手段,也只有在集体中才可以有个人自由。这说明班集体是满足个人需要的场所,小学生的个性发展离不开班集体。在班集体中,教师可以全面深入地研究班级学生的个性,小学生都有表现自己的欲望、获得集体承认的愿望和在集体中取得一定地位的要求;可以在班集体的活动交往中发展学生个性,班集体内角色的多样性和活动的广泛性为小学生个性和才能的发展提供了广阔的舞台;可以帮助每个学生精心设计个性发展路线,让每一个小学生根据各自的兴趣、爱好和特长以及班集体的需要,都能在集体中找到一个适合自己活动和工作的角色与位置,并在集体的要求和鼓励下,使自己的兴趣、爱好和自治自理能力等在实践中不断得到锻炼和发展。

4. 组织功能

班集体是为了教育目的而专门组织起来的教育集体。它既是学校的基层教育组织,又是学生集体学习、劳动、游戏等社会活动的基本组织形式。研究表明,班集体在教育过程中的组织功能主要表现在三个方面:① 集体目标在组织共同活动中的指向、激励作用;② 人际关系在组织共同活动中的沟通和凝聚功能;③ 集体的规范作为统合集体中个体行为的规则,在组织共同活动和校正人际关系中,具有调控功能。

5. 保护功能

社会发展需要身心健康的社会成员,班集体的教育归根结底是为了社会发展和学生发展的需要。从马斯洛需求层次论看,儿童进入小学,首先需要获得安全与快乐的情感,才能在学校学习、生活中找到归属感,从而得以发展。班集体是学生在学校的"家",因此,班集体自然而然地要发挥保护功能,维护学生的身心健康,帮助学生满足最基本的情感需求。

二、班集体的形成与发展

(一) 班集体形成和发展的阶段

班集体的形成和发展是一个复杂的过程。了解和把握班集体的形成与发展阶段,对于促进班集体建设具有重要的指导意义。一个良好的班集体的形成发展大致可分为以下三个阶段。

1. 班集体组建阶段

一年级新生来自不同的家庭、不同的幼儿园,情况各异,再加上学习环境的变换,学生忐忑不安,新鲜感和好奇心更强,同学、师生之间都是陌生的,彼此都需要了解,需要建立情感联系。而同学之间的关系常常是由一些偶然因素决定的,如同桌、邻居等,这种关系还不是集体的关系。班主任刚接到一年级新班,首先要考虑和进行的工作是如何将一群天真幼稚的儿童组织起来,帮助他们获得安全感、归属感、愉悦感,这时,每个小学生都有各自不同的愿望,而他们的综合能力还不足,无论是班级环境的布置、班级制度的制定,还是班级小干部的安排,都需要班主任亲力亲为,并督促全班学生去做。这一阶段是小学班主任最繁忙的时期,这个阶段也称松散群体阶段。

有经验的班主任一方面会抓紧时间,摸清班情,全面了解学生,寻找、选择积极分子并加以培养;另一方面则确定班级目标,形成制度,向全班学生提出明确、切实可行的要求,让积极分子响应与支持。同时,根据目标设计活动,将学习、劳动、游戏进行整体安排,指导学生开展各种丰富多彩的活动,增加小学生交往频率,促进其相互了解,逐步提高班集体的吸引力,为开展下一步工作打好基础。这一阶段主要由班主任引导班级前进。

一年级的小朋友都是从不同的幼儿园聚集到一起形成了一个个新的班级。班主任陈老师为了能使一(2)班尽快形成一个良好的班集体,在开学第一天开展了"看谁记性好"游戏,通过游戏帮助孩子们记住班级中更多老师和同学的名字,一下子拉近了彼此之间的距离。第二天的班会课上开展了一个"我们拥有一个家"为主题的班级活动。在活动中,组织一年级学生表演"夸夸我"、游戏"找朋友"、舞蹈"我们的生活多么愉快"等丰富多彩的节目后,陈老师拿出一张大白纸,在中间画了一个圆,并引导学生展开想象:圆像太阳,像月亮,像小朋友的脸……圆真美。然后她别具匠心地在圆内点了个点,在圆上用简笔画勾出40个小朋友手拉手围成圆状。她深情地说:"同学们,你们看,这圆还像……"师生(齐):"像我们的班级。""对了,这个圆就像我们40个小朋友手拉手组成了我们班,再和中间的老师一起组成了我们的家——一(2)班。以后我们一(2)班的小朋友就是一家人了,我们要为我们的家增光添彩。"

2. 班集体形成阶段

通过数周的了解之后,哪些学生可以成为班干部,哪些学生是班级中的积极分子,班主任已心中有数。同时,经过前一阶段的活动,学生在交往中开始彼此熟悉,产生感情,各种人际关系也初步形成,崭露头角的积极分子在同学中具有了一定的威信。这时,班级骨干力量已较明显,班干部人选可以确定了。在班主任的指导下,通过民主选举评议,将一些有号召力而又热心为集体服务的学生选入班委会,班集体核心初步形成。班级的凝聚力较前一阶段增强,但班级的奋斗目标与行为规范尚未完全变成小学生的自觉行为动机,教育要求仍多是外因在起作用,班集体的教育能力处于初级阶段。这一阶段也称联合群体阶段。

这时,班主任应一方面加强对班干部的教育、指导,给他们提建议、教方法,逐步从直接指挥班级活动状态中解脱出来,由班干部自己来组织开展班级工作,开展集体活动,使他们逐渐懂得自己是集体的代表,有权、有责任约束全班同学维护集体利益,遵守班上的各项规章制度,同时自己要以身作则,努力成为同学的榜样;另一方面继续发现积极分子,帮助班干部把这些人团结到班委会周围,以增强班级的骨干力量。通过实践,班委会在同学中威信逐步提高,各种教育功能开始发挥,班委会就能有效地协助班主任引导班级前进。

3. 班集体发展阶段

班级从联合群体发展为班集体,是一个质的飞跃过程。这个阶段有以下几个主要特征：① 以集体主义价值导向为集体中的每一个成员设计个性发展的蓝图，要使班级中的每一个人都能在共同目标中寻找到自己独特的坐标，抬起头来走路；② 每个学生都能在集体活动中开拓自己独特的领域，并在某一方面积极表现自己的个性和才能；③ 集体中的每个成员都能在班级中获得满意的地位，扮演成功的角色；④ 每个学生愿意积极承担集体工作，认真参加班级各项活动，争当积极分子；⑤ 集体的目标、规范、价值标准作为个体的行动指南，成为努力照办的准则，集体中的每个成员都能在集体期望的基础上对自己提出自我教育的要求和习惯；⑥ 整个班级洋溢着一种平等、和谐、上进、合作的心理气氛，优良班级个性已经形成。总之，集体与个性的和谐发展是班集体建设的高级阶段。

实践反复证明，要想把班集体发展水平往前推一步，必须重新提出班集体建设的近期目标，并根据新的近期目标开展新的活动，根据综合评价，确定完成目标后，这就组成了创建班集体的第二个阶段。班集体建设的第二个阶段之后，紧接着是班集体建设的第三个阶段。如此螺旋发展，直到班集体形成，并在形成集体后不断地向更高的发展阶段——优秀班集体推进。每个发展阶段，班主任要提出更高层次的班集体目标，进一步提高班干部的素质，扩大积极分子队伍，提高各项活动的质量，充分发展小学生的个性特长。

(二) 班集体形成和发展的条件

每位班主任都向往建设一个凝聚力强、朝气蓬勃、纪律严明、自主管理的优秀班集体。班集体的形成和发展是有规律可循的，掌握这些规律，可以有效地促进班集体建设。

1. 集体主义教育是班集体形成的基础

要形成优良的班集体，必须对小学生进行集体主义思想教育，培养小学生的规则意识、责任意识和集体荣誉感，营造民主和谐、团结互助、健康向上的集体氛围，使每个小学生都自觉地关心集体、热爱集体，把自己的一言一行与集体荣誉联系起来，自觉为集体出力做贡献。班集体建立在集体主义精神基础之上，集体主义精神是班集体建设的灵魂。

下面的一则实例，成功地运用了集体主义教育的方法来激发学生积极向上的内驱力，从而促进了班集体建设。

今天是学生拿成绩单的日子,为了给大家一个惊喜,我给每个学生预备了奖状和奖品。我在办公室里开始写奖状了。一开始写得很顺利,可是越往后面越感到吃力,有的学生我搜肠刮肚一番,才能把奖状完成。直到最后剩下8个,我实在想不出颁奖的理由了。于是,翻开班级记事本,期待能从中发现被我遗忘的东西。可是,一张一张看下去:

×月×日,张华爬树,折断树枝。

×月×日,于杰没写作业。

……

怎么办呢?难道这几个学生没有一处优点吗?眉头一皱,计上心来。我拿起奖状和奖品走进教室。

学生们看着各种各样的奖品,激动万分,随着我宣读奖状内容,奖品被一个个领走,教室里洋溢着成功的快乐。没有被叫到名字的8个学生,睁大眼睛望着讲台上剩下的奖品和奖状,流露出渴求和期待的神色。

我清了清嗓子说:"老师还有8个奖品要奖给剩下的8个同学,但有一个小小的作业,如果做对了就能拿到奖品,请大家做评委。"我的话让全班静了下来,个个充满好奇地等待着。"作业很简单,只要他们说出拿这个奖品的理由并得到大家的赞同,就可以了。"在热心同学的催促下,有一个学生胆怯地站起来,低声地说:"我,我帮班上的饮水机上水,算不算优点?"同学们一听纷纷点头:"就数他力气大,能搬动水。""热心班级事务,值得奖励,通过!"全班响起了热烈的掌声。他喜滋滋地从我手里接过我当场书写着"关心集体"的奖状和奖品,开心地回到座位。

在他的影响下,其余几个学生也纷纷站起来,说着自己的优点……就这样,他们一个个顺利领走了奖品。最后只剩下张华,无论大家怎么提醒催促他,他就是一言不发,最后索性就埋着头趴在桌子上。

我看着张华自卑排斥的样子,心里也担心今天的表彰活动会进入死角,更担心张华心中留下阴影。幸亏我做了两手准备。

面对同学们焦急热心的样子,我顺势说:"既然张华谦虚不肯自己说,那我们就来一个优点大轰炸吧,大家来说说。"孩子们一听,就皱着眉头拼命想着,一个孩子说:"老师,学校外的可以吗?"

我一听,有戏!连连点头。

"我上次去吃喜酒,看见张华帮他妈妈布置舞台,又是搬花球,又是吹气球,我觉得他很能干。"

"对,他妈妈是开婚庆公司的,他经常帮他妈妈布置会场。"知道的学生们纷纷点着头。

张华不是没有优点,而是我们没有发现。我端端正正地写上"奖给孝敬母亲的好学生"。看着张华故作镇定,但又掩饰不住嘴角笑容地领走了奖品,我带头鼓起掌,为他喝彩。

我们相信,每一个孩子都渴望赞美,我们期待,每个孩子都会赞美。赞美是班集体生活中的一泓甘泉,能够滋养他们枯竭的自信心,他们会懂得,也会珍惜。①

2. 科学管理是班集体形成的关键

班集体的形成一靠教育,二靠管理。《教育部关于进一步加强中小学班主任工作的意见》明确提出,班主任"要做好班级的管理工作,加强班级的日常管理,维护班级良好的教学和生活秩序",并对做好班级管理工作提出了具体要求。班级管理是以班级为载体的教育管理,是班级一切工作的前提和基础,也是保证良好教育教学秩序的需要。班级管理是班主任最基础的工作,也是班主任的一项重要专业技能。科学管理既包含着规范,更要求尊重班集体每个个体,调动每个小学生积极性,期待他们的成长。

要让班主任既不做"管理班级的老妈妈",又不做"完成任务的机器人",班集体科学化管理就显得尤为重要。首先,应当掌握具有科学的管理理念,按照一定的原则,运用科学的方法,为建设良好班集体,实现共同的目标而不断进行协调;其次,通过对班集体组织、班级日常(教学常规、行为常规)、班级制度、班级活动、班级安全、班级文化等方面实施系统科学的管理,实现班集体最优化管理。

班主任、科任教师的管理方式直接影响着班集体能否顺利形成,民主型的管理方式通常优于专制型的管理方式。

民主型的管理方式把管理建立在尊重学生的基础之上,让每个小学生都

---

① 陈海宁.左手责任,右手爱[M].北京:海豚出版社,2015:84.

成为班集体建设的主人。管理者和被管理者在人格上是平等的,在关系上是亲密的。民主型管理注重相信学生,不是什么事情都包办代替,而是根据班集体形成的各个不同阶段、小学生身心发展的不同水平,逐步采取"扶着走""半放手"到"放开手",让学生自治自理。总之,既有效地发挥教师的主导作用,又十分重视学生的主体作用,从而推进班集体形成与发展。

3. 开展活动是班集体形成的基本途径

集体主义思想不是自发产生的,班集体不是在静态中形成的。开展丰富多彩的集体活动是小学生接受集体主义思想教育和班集体形成与发展的主要途径。

(1) 落实集体主义思想教育。

一个班集体能够把几十个互不熟识、个性各异的学生个体联合成一个有机整体,并且产生强大的合力,靠的是什么呢?是集体活动,要在集体活动中培养学生的集体主义精神。集体主义以其强大的凝聚力,将个体思想情感和目标升华为集体共同的思想情感和目标,从而强有力地支撑起班集体这座"大厦"。

要在集体活动中有效进行集体主义思想教育,必须培养学生的集体意识和集体荣誉感。应引导更多学生懂得什么是集体,懂得个人与集体的关系,正确认识自己在集体中的位置和作用,认清自己对集体的责任和义务,从而自觉关心集体、爱护集体,并把自己融入集体,将自己的言行与集体荣誉联系起来,最终把集体目标内化为个体目标。而这一切都离不开班级集体活动。

(2) 实现班集体奋斗目标。

班集体的形成与发展,是一个完成班集体奋斗目标的过程。开展班级活动,是实现班集体建设目标的重要措施。班主任要根据班集体建设的近期、中期、长期目标,设计并开展丰富多彩、形式多样的班级活动。在参与活动过程中,学生能不断明确班集体目标,并为实现目标而努力。每成功开展一次活动,都能增强班集体的凝聚力,从而向班集体目标迈进。

(3) 形成正确的舆论导向。

正确的舆论导向是班集体形成和发展的巨大力量。很多犯错误的学生并不怕班主任的批评,而是怕集体舆论的谴责。正确的舆论导向会令班主任工作占据主动,事半功倍。反之,会给班主任工作造成极大的困难,难以形成班集体,甚至一盘散沙。具有正确的舆论导向是班集体形成的重要标志之一,而这一切都离不开班级集体活动。

(4) 培养班集体的良好风气。

班主任要特别重视培养优良班风。班风是一个班集体的作风,是其中大多数人的思想觉悟、道德品质、意志情感、精神状态的一种共同表现倾向。班风发端于舆论。一个班集体的舆论持久地发生作用,就会形成班风。班风的形成同样需要班主任较长时间的教育和培养。优良的班风是一种无形的教育力量,可以潜移默化地影响全班学生的思想行为,对巩固和发展班集体起着重要作用,而这一过程也需要班级集体活动。

(5) 培养学生良性情感。

每个人在社会中生存、生活、处事,都有丰富的情感。著名情感教育专家朱小蔓教授指出,一个班级就是一个情感世界,一个活动就是一个情感世界。[1] "情感"的核心是"精神",精神的核心是"价值观",那么价值观的核心就是"社会主义核心价值观"。班集体每次活动都是催生情感共鸣的时机,师生之间、生生之间产生问候、祝福、鼓励、合作、信任等情感,情感得以体验,情感得以彰显,情感得以调控,情感得以交流,都能促进良性情感的培养。

三、班集体建设的基本内容

班集体不是单单聚齐在一起的学生群体,班集体的建设应包括以下内容:有成员认同的班集体建设目标,有坚强的班集体组织机构,有正确的班集体舆论氛围,有健全的班集体规章制度,有科学的班集体评价机制。班主任需要按照班集体形成的条件,通过各种途径方法促进班集体从松散阶段、联合阶段到形成阶段,再到成熟阶段,这样逐步螺旋发展,从而打造出一个优秀、有特色的班集体。

(一) 确定班集体建设目标

班集体的形成、发展和巩固是以共同奋斗目标为前提的。确立班集体共同

---

[1] 朱小蔓.情感教育论纲(第3版)[M].南京:南京师范大学出版社,2019:9.

目标,就是使班级全体学生有共同的努力方向,并为实现这一方向而组织统一的行动。正确的班集体奋斗目标是维系师生情感的共同纽带,是班集体前进的动力。每一个集体目标的实现,都是全体成员共同努力的结果。在实现目标的过程中,小学生能够享受并分享集体的欢乐和幸福,从而形成班集体的荣誉感和责任感。

1. 班集体目标类别

(1) 长期目标。

长期目标,也可以称作远景目标。小学班集体建设的长期目标可以理解为小学六个(或五个)学年度的班级努力方向,应具有概括性、全局性、根本性的特征。通过长期目标,有计划地开展各种教育活动,使班集体的组织系统、规章制度、班风舆论发挥整体功能,帮助集体成员不断提高自我、完善自我、发展自我,从而成为德智体美劳全面发展的社会主义接班人和建设者。具体表现为以下几方面的内容:① 理想信念方面。贯彻《中小学德育工作指南》精神,加强中国近现代史教育、革命文化教育、中国特色社会主义宣传教育、中国梦主题宣传教育、时事政策教育,引导学生深入了解中国革命史、中国共产党史、改革开放史和社会主义发展史,继承革命传统,传承红色基因,深刻领会实现中华民族伟大复兴是中华民族近代以来最伟大的梦想,培养学生对党的政治认同、情感认同、价值认同,不断树立为共产主义远大理想和中国特色社会主义共同理想而奋斗的信念和信心。② 思想品德方面。把社会主义核心价值观融入班集体建设整个过程。引导学生牢牢把握富强、民主、文明、和谐是国家层面的价值目标,深刻理解自由、平等、公正、法治是社会层面的价值取向,自觉遵守爱国、敬业、诚信、友善这些公民层面的价值准则,将社会主义核心价值观内化于心、外化于行。能正确处理个人与集体、他人之间的关系,具有乐于助人、甘于奉献的优秀品质,养成勤劳、俭朴、文明、礼貌、遵纪守法、保持环境整洁等良好道德行为习惯和较强的生活自理能力。③ 身体素质方面。认识自我、尊重生命。懂得健体的意义和常识,学会科学的健体方法,形成坚持锻炼身体的品质和习惯,拥有健康的体魄,为以后的学习、工作和生活奠定基础。④ 审美能力方面。增强审美意识,形成正确的审美观念,具有基本的审美鉴赏力和创造力,能够在学习和生活中学会发现美、享受美、创造美。⑤ 心理素质方面。树立正确的社会观念和自我观念,形成正向的情感、态度、价值观,着重提高小学生的耐受挫折能力、自我排解能力、社会认知能力等。培养学生健全的人格、积极的心态和良好的个性心理品质。⑥ 学习品质方面。具有正确的学习态度、科学的学习方法、良好的学习习惯,形成"勤学、善思、好问、进取"的学风。

(2) 中期目标。

中期目标,也可以称作中景目标。中期目标相对于长期目标而言,可以理解为一个学年度或一个学期的班级努力方向。中期目标可以体现在班级学年或学期工作计划中,在班集体建设方面,可以是建设一个书香班集体、文明班集体、科技班集体、爱心班集体等。在学生个体行为方面,包括养成某种良好的行为习惯、有较强的生活自理能力、会进行学习时间规划等。在师生个体智力培养方面,包括形成正确学习态度、掌握科学学习方法、养成良好学习习惯等。显然,同一班级在不同年级阶段的中期目标必然会有程度不同的要求,同一年级几个班的中期目标也会由于各班实际情况和班集体建设水平的差异而有明显的区别。

(3) 近期目标。

近期目标,也可以称作近景目标。近期目标可以理解成班集体每阶段教育(两至三周内)所要达到的目标,体现在每次精心设计的教育活动之中,如做好课前准备、搞好班级卫生、落实餐饮礼仪、杜绝危险游戏等。近期目标具有具体性和可操作性的特点。制定班级近期目标,要注意把握班级教育契机,提出具体可操作的要求,引导学生落实到具体行动中,让近期小目标的实现成为班集体前进道路上发生的小量变,激励班级发生根本性变化,实现团结友爱、奋发向上的班集体总目标。

长期目标是班集体建设的最终目标,但它的实现有赖于中期和近期目标的达成。因此,班集体建设工作的重点,应放在中期目标和近期目标的设置与实现上。

2. 确立班集体目标的原则

班集体目标是班集体建设的发展规划,应遵循以下原则。

(1) 方向性原则。

目标犹如航标,指引着航船沿着正确的方向到达彼岸。《中小学德育工作指南》(教基〔2017〕8号)在总目标中提出:"培养学生爱党爱国爱人民,增强国家意识和社会责任意识""了解中华优秀传统文化和革命文化、社会主义先进文化"，"养成良好政治素质、道德品质、法治意识和行为习惯，形成积极健康的人格和良好心理品质，促进学生核心素养提升和全面发展"。该指南总目标是班集体目标的方向指引，班集体的奋斗目标是对这一总目标的具体落实。是全班师生共同努力的方向，是全班统一认识和行动的纲领。它应是国家培养目标、学校教育目标以及学生个人成长目标在小学班集体建设中的正确反映。

(2) 激励性原则。

班集体目标是小学生为之奋斗的动员令。它在书面表达上应鲜明具体，生动感人，催人奋进，并不断根据班集体建设的新发展予以充实，不断展现出新的前景，以吸引班上的所有学生，激发他们产生责任心、荣誉感，鼓舞大家为达到这一预定目标孜孜以求，使班级始终朝气蓬勃，不断前进。

(3) 中心性原则。

班集体目标是全班师生为之努力的方向，也是班级工作的出发点与归宿。因此，班级的一切工作都要以它为中心，使大家感到目标不是空的，而是与日常的学习、工作、活动密切联系的。同时，还要经常用它来检查督促班级的各项工作，使之真正成为推动班集体建设不断前进的巨大动力。

(4) 渐进性原则。

近期目标是依据中期、长期目标而设计的，中期、长期目标又是通过近期目标的不断达成而逐渐实现的。实现奋斗目标不能操之过急，要注意它的渐进性，即一个近期目标实现之后，经过认真总结，及时根据中期、远期目标提出新的近期目标，使之成为一个前后衔接、循序渐进、不断提高、不断深化的螺旋上升过程。

(5) 可行性原则。

确立班集体目标必须实事求是，要求过高会挫伤小学生的积极性，产生消极作用。只有那些符合小学生身心发展特点和班集体发展水平的实际情况并经过努力能达到的目标，才能产生激励作用，并有效调动小学生实现目标的主动性和积极性。

(6) 民主性原则。

班集体建设目标的确定，不应该是班主任个人意愿的表达，而是遵循民主性原则,尊重班级学生意愿,得到全班同学的认可、理解和接受,在全班同学心中树立起较强的目标意识。班主任首先要全员发动,帮助小学生理解什么是班集体目标,班集体目标的重要性,获取全班同学的支持。然后通过班会进行研讨确定班集体目标。再通过各种形式和科任老师、学校相关领导,以及家委会取得联系,得到他们的帮助和支持。同时要制订行动计划、规章制度,培养骨干,树立榜样,发挥典型示范作用。还要不断检查督促,及时总结经验,提出改进措施,保证目标得以实现。

3. 确定班集体目标的主要方法

(1) 班主任定夺法。

班主任定夺法是指在确定班集体目标时,由班主任根据班级实际情况独自做出决断,向全班提出要求并以此作为实现班集体目标的方法。这种方法有很大的局限性,突出表现为不利于调动学生的主动性和积极性,一般只有在一年级新建班或乱班中才能使用。并且在班主任做出决断之前,也必须深入到学生中去进行细致的调查研究,尽可能地了解和吸收学生的愿望和要求,并在确定目标以后进行反复讲解、动员,使目标逐步转化为学生自觉的努力方向。

(2) 师生共商法。

对于一个发展状况良好的班级,一般宜采用这种方法。一是它可以集思广益,使目标的确立更切合于班级和小学生实际,增强可行性;二是它可以满足学生的情感需要,增强激励性;三是可以使学生和班主任沟通情感,增强师生之间的合作,形成很强的凝聚力;四是共商的过程就是学生自我教育的过程,从中可以培养小学生自我调整、自我教育的能力。

(二) 建立班集体组织

在小学里,班集体组织有正式组织和非正式群体两类。

1. 正式组织中的班干部选拔与培养

班集体中的正式组织主要是班委会和少先队中队组织。班队干部是班集体的核心,在班集体建设中,他们是班主任的有力助手。因此,班主任要重视班干部的选拔和培养,形成一支具有为同学服务的精神和活动能力强的班干部队伍,从而有效发挥他们在班级中的作用,带动全班同学和班集体不断前进。

(1) 班干部的选拔。

选拔班干部的方法主要有以下几种。

① 任命:由班主任推荐并任命。

这种形式在低年级班级刚刚组建时比较多见。在接班时,班主任应进行深入的调查研究,摸清本班学生总的情况和每个学生的具体情况,并加以分析,选拔那些德智体美劳全面发展、在同学中有一定的威信、具有一定工作能力的学生担任班干部。如果班主任接的是一年级新班,可通过各种渠道进行了解,指定有一定工作能力而又热心班集体活动的学生担任临时班干部,在实践中加以考验和锻炼,经过一段时间后再进行民主选举,选拔出班干部。

② 选举:通过学生提名和投票民主选举产生。

具体可根据学生的年龄特点采取多种多样的选举方式,比如中低年级学生可采用贴"大拇指"活动,给每个孩子发若干"大拇指"贴图,把"大拇指"贴在自己信任的同学名字后面,看谁的名字后面"大拇指"贴图最多,谁就当选班干部;高年级学生可举行候选人竞选演讲,鼓励学生自荐,同学投票选举,获选票多者当选,选出新班委后,举行就职宣誓等活动,为学生施展才华创设公平竞争的平台,有助于培养学生的竞争意识、民主意识和公民意识。

③ 轮换:根据一定的规则,班级干部轮流担任。

这种形式的优点在于使更多的学生有参与班级事务的机会,有锻炼才干的机会,也能培养班干部能上能下的优良作风,增强服务意识。这种方法一般宜结合选举选出班级干部,实行短期改选或轮流,同时还要完善班级规章制度,让轮岗"有法可依";指导班级管理方法,让轮岗"有事可做";进行适时适度考核,让轮岗"有责可行";对表现优异的学生进行奖励,让轮岗"有奖可期"。

(2) 班干部的培养。

在小学班级管理中,优秀的班干部是班主任日常工作的得力助手。

一年级时,小嘉由我直接任命担任常务班长,她平时表现良好,成绩优异,颇得老师喜爱,自信十足。如今当了五年的班长,是班主任身边的得力干将。自从当上班长后,小嘉对自己的要求很严,渐渐地,也在同学中树立了一定的威信。连续五年担任常务班长,也让"常务班长"这几个字,成了小嘉的专属。

一次班主任例会后,当我回到班级,发现同学们没有安静地上自习课,说话的、不在自己座位的学生很多。于是我生气地让常务班长小嘉说出不认真上自习的学生,并对他们进行了相应的班规惩罚。放学时,一部分女生红着眼圈来找我,纷纷表示自己很委屈,问其原因,才发现他们对常务班长很抵触,甚至对着干,才发生刚才的"事件"。我问他们:"为什么对你们进行班规惩罚时你们没有说,而是等班长走了再说?"此时他们彼此看着对方,但没有回答我。众多学生抵触班长这件事已经存在一段时间,因为班长平时的严厉,导致很多学生不敢向老师汇报。也许他们在心里认为只有班长才是老师的"亲人",即使班长犯错误,老师也会一带而过。[1]

从案例中可以发现,如果老师没有及时发现问题,时间越长,普通学生和班干部,学生和老师之间的隔阂就会越大,学生的抵触情绪就会越深,班级的向心力和凝聚力也会逐渐削弱。那么对班干部的培养就显得尤为重要。

对班干部的培养,应注意以下几个方面。

第一,加强对班干部的教育引导。首先要教育班干部树立为同学服务的思想,使他们认识到担任班级干部工作是光荣的、艰巨的,要做好工作应该任劳任怨;懂得班干部应该是同学的表率,自己处处要以身作则。其次要对班干部进行团结友爱教育,班干部之间要互相支持,共同协作,彼此信任,齐心协力搞好工作,团结全体同学共同去完成各项任务。

第二,培养班干部的工作能力。集体活动是培养班干部的重要途径,无论是主题班会、节日庆祝会、各种文娱体育活动,还是春游、社会实践等活动,都是小学生展现其才干的舞台。在这些活动中,让学生们自己去组织、去设计,让他们在"台前"亮相,班主任在"后台"指导,在实际工作中予以指导,是培养班干部的主要方法。学生在展现才干的过程中,会不断增强自己当班干部的积极性和为集体服务的热情,从而提高参与班级管理、为班级服务的能力。

第三,帮助班干部处理好各种关系。班主任要经常关心、了解班干部的工作情况和思想动态,帮助他们解决工作中遇到的各种困难和问题,处理好各种关系。一是帮助班干部处理好管理与服务的关系。班干部在班集体中处于管理者

---

[1] 倪牟双,郝淑霞.怎样带班不累人[M].北京:中国轻工业出版社,2017:178.

的位置,担当着计划、组织、监督的集体任务,班主任要帮助他们认识到自己在管理中的地位,相信自己的管理能力,愿意去管理创建班集体的各项工作。同时,更要帮助他们明确责任,树立为集体服务、为同学服务的意识,知道同学们之所以服从管理,并不是服从于他们的"干部"身份,而是服从班干部所代表的集体责任。所以,班干部要发扬民主作风,与同学平等相处,不能用"干部"身份欺侮同学,谋求私利。二是帮助班干部处理好学习与工作的关系。指导班干部合理支配时间,做到学习、工作两不误。对一些学习上确实存在困难的班干部,班主任要发挥班级科任教师的作用,进行个别辅导,帮助他们闯过学习上的难关,坚定当好班干部的信心。教育他们通过工作,学习管理方法,开阔视野,活跃思想,锻炼独立思考能力和处理问题、解决问题的能力。三是帮助班干部处理好与同学、老师的关系。班干部既是学生的一员,也是集体的管理者。要树立乐于为同学服务的思想,不要有"高人一等,盛气凌人"的错误态度。既要有高度的组织纪律性,服从教师的安排,也要充分发挥主观能动性,创造性地开展工作。

第四,保护班干部的积极性。对他们为班级所做的有益工作,要及时给予充分肯定;对偶尔出现的问题和错误,班主任要主动予以解决,并承担责任。这样,班干部就不会因工作中遇到困难和挫折而打退堂鼓。

第五,建立班干部激励机制。班干部的言行对同学的影响很大,班干部应时时处处起带头作用。因此,班主任对班干部要严格要求,定期考核,奖罚分明,才能激励班干部的工作热情和积极性,才能进一步规范班干部工作行为,保障班干部权力,维护班干部工作的积极性和主观能动性,也可以让班级同学了解班干部工作内容与工作状况,更加支持班干部工作,落实班集体目标实施,促进班集体良性发展。

总之,对班干部既要交给任务,又要教给方法;既要大胆使用,又要小心扶持;既要热情鼓励,又要严格要求。总之,要在培养中使用,又要在使用中培养。

下面展现了上述案例中班主任培养班干部的具体做法。

我首先及时分析原因,找到症结所在。① 嫉妒心理在作怪。班里大部分抵触常务班长的是女同学,这些女生随着年龄及生理的发育,对班长的看法由最初的崇拜、信任到现在的分歧;班长的优秀、班主任对其的看重,也导致女生们出现嫉妒心理;大家对班长的期望很高,在同学们心中,班长有不亚于教师的地位,可是班长毕竟是和他们同龄的孩子,不能够面面俱到,所以难免会让他们产生失望。② 居高临下惹争议。通过观察发现班长对老师而言是尽心尽责的好帮手,但对同学而言,她常常越俎代庖,将其他班干部的职能独揽于一身,招致同学们的反感甚至反对,不利于班级的团结和发展。③ 教师放手要有度。我也反思了自己在培养和使用班干部方面的问题。长期以来对班长的器重滋养了班长的傲慢心理,以自我为中心。对班长过度信任,把班级工作都交给班长去做,班长习惯了独断专权。

其次,迅速转变培养班干部的策略。① 调整心态,倾听学生心声。我在班级进行了一次不记名调查,调查班干部的工作状况和学生的反馈。调查表明,班长的工作能力和责任心得到同学们的肯定,而有时发脾气也是显而易见的。② 架设一座桥梁——召开主题班会。鼓励班干部和同学们开诚布公地发言,班干部说说自己工作的困难,学生说说对班干部的建议。我自己也进行了检讨与反思,拉近同学和班长之间、同学和老师之间的情感距离。③ 经营一次活动——合作中显默契。我设置了一次野炊活动,在活动中,指导班干部发挥民主作风,选择地点,安排分工,一起合作,帮助班干部和同学们认识班集体的力量是巨大的,形成积极的班级氛围。④ 寻找一个创意——换位中再思考。在接下来的班级管理中,开始推行"班干部轮换制",让更多同学有表现自我的机会,对自我价值有了重新定位,集体荣誉感增强。学生之间隔阂少了,真诚沟通多了,整个班级"魂"然一体。①

成功的班主任培养班干部都会经过由"扶"到"放"的过程,使学生的组织管理能力得到充分锻炼和发挥。但是班主任也要当好班干部的参谋,指导和帮助班干部工作,帮他们出点子、想主意,冷静分析,鼓舞信心,让班干部体会到老师对他们的信任和支持。

2. 非正式群体的管理

非正式群体是学生在学校班级学习、生活中自然形成的一种人群集合体,既无组织,也无任命,是学生因相似的兴趣爱好等自发形成的,如班级中爱好体育

---

① 倪牟双,郝淑霞.怎样带班不累人[M].北京:中国轻工业出版社,2017:180.

运动的学生形成一个小群体,追求时尚打扮的学生形成一个小群体,性格相投的学生形成一个小群体。非正式群体人数少、吸引力强、集体性强、沟通效率高,对学生个体乃至班集体都会产生一定影响。

学生A、B、C平时形影不离,也就是我们所说的"非正式群体"。开学初安排座位,我允许学生自己组合选座。他们自然而然就坐在一起。很快就发现问题,他们在课堂讨论时挤眉弄眼,在自习课上说说笑笑,班干部提醒他们时,还"团结一致"地抵触。我强行将他们座位调开,把他们拆散,引起了他们的极大不满,他们靠自己的人脉关系拉拢更多学生站在他们一边。他们所引起的"群体效应"严重影响班级管理。我采取过一些办法去处理这个问题,但是并没有取得成效。我意识到必须处理好与他们的关系,看来光靠硬招是不能彻底解决问题的。

于是,我开始寻找接触他们、打入他们内部的机会,特别是与"核心人物"的接触。所谓"擒贼先擒王",也许就是这个道理。但是这里"擒"的是"核心人物"的心。学生B虽然不是班干部,甚至连小组长都不是,但他在这个"非正式群体"中的影响胜过父母的评价、老师的赞赏、同学的认可。因而,他的作用很大,可能会起到牵一发而动全身的效应。于是,我就从B入手,与其接触,交流沟通。我以朋友的身份,真诚地与他交往,希望得到他的帮助,让其发挥"领袖"的作用;并让其参与到班级的管理之中,希望通过他带领他的团体为实现班级的目标努力,收到了一定的成效。

同时我又趁热打铁地与其他成员谈话,了解群体内部现状,动之以情,晓之以理,努力引导该群体进入正常的班级管理。毕竟学生是活生生的人,他们也有情感,也有一定的认知能力。我从内心感化他们,用教师的爱心努力营造一个互相信任的情境,尽量让学生在信任中获得沟通。我安排团体成员参与班级的各种活动,如运动会、研究性学习、各类比赛,发挥他们的优势,使他们在成功中恢复自信、在考验中明辨是非、在冲突中锻炼意志、在道德选择中走向成熟。引导其接受班主任,进而接受班主任的工作,相互理解,相互信任,达到了双赢的结果。

在与他们的交流中,我意识到了换位思考,也指导他们换位思考,达成一个共识,就是班主任在管理班级的过程中,虽然有的措施得不到学生的支持,但是班主任的出发点是好的,一切为了班级,不对任何学生存有偏见。最终,我还是没让他们坐在一起,但得到了他们的认可,今后的班级管理减少了许多难度,同时他们还提供了许多的帮助。①

从案例中可见,非正式群体对于学生个体和班集体的建设与发展具有积极或消极作用。非正式群体是学生个体成长中一个重要的影响因素,往往会成为学生发展期的"重要他人"。非正式群体的形成及其活动,对整个班集体的风气以及班级凝聚力的形成,会产生极大的作用。

班主任应重视班集体中的各种非正式群体,认真分析和研究,并给予正确的教育引导,有意识地强化正式群体,把非正式群体纳入班级发展轨迹,对待不同的非正式群体,因势利导、扬长避短,发挥其正面作用,使其成为班级发展过程中的一股正面教育力量,促进班级沿着健康的方向发展。

(三) 完善班集体规章制度

班集体制度指的是班集体规范体系中高度形式化的严密、系统的成文法规。制定班级规章制度对班集体的建设具有举足轻重的作用:为班集体确立了明确的管理内容,为学生的品德养成确立了行为规范,为学生评价确立了标准细则。总之,班集体制度保证了班级的教育、教学和管理行为有章可循,使班级工作制度化、常规化,井然有序,有助于学生形成良好的行为习惯、法制意识和自律精神,从而实现班集体的社会化教育功能。

1. 良好班集体制度的特征

(1) 体现以人为本的宗旨。

传统的班级管理偏重于用规章制度对学生进行控制、监督,强调统一性和服从性,忽视了学生的个性发展,学生在很大程度上被当作"物"来管理。随着社会的发展,现代的班级制度文化强调人本思想与科学思想相结合,强调以尊重学生的独立人格和理智为基础,把集体中的每一个成员置于更受保护和更加自由的地位。

---

① 改编自:杨云龙.班级中的"非正式群体"[J].素质教育,2017(246).

(2) 民主协商的产物。

过去的班级制度是由班主任制定的,学生几乎没有参与的机会。

有一个班主任向年轻的实习老师传授带班经验时说:"我班没有班规,也不要班规,班上的一些事情,我说了算。"这个班主任看上去"挺厉害""挺牛"的,也显得很有个性,其实他这种"以我为规"的做法是一种严重的"教育违规",他违背了教育的民主精神、尊重学生的精神与师生合作精神,是一种"强权主义""专制主义"。

这样的班级制度是专治的、封闭式的,自然不能调动学生的积极性,学生只会被动地接受并践行。随着民主化观念的深入和进程的加快,个性化和价值观的多元化迅速扩张,新时代的小学生展示自我、张扬个性、满足多重需要的欲望更为强烈,这就使得班级的管理更趋开放与民主,班级制度不再是班主任独断设立,而是教师与集体中的每一位学生在平等对话的基础上构建的产物,在内容方面,强调尊重多元文化,反对唯我独尊、盲目尊崇。学生参与制定班级制度,能增强其对制度的认同感,增强遵章守纪的自觉性。

(3) 以学校规章制度为基础。

班级制度要与学校规章制度相一致,不能另搞一套。学校规章制度是以国家的政策和法规为基础建立的,对学校的学生具有普适性,《中小学生日常行为规范(2015年)》是小学制定班级规章制度最根本的依托。当然,班级制度还应在此基础上考虑现实的特殊情况。

(4) 具有相对的灵活性。

虽然制度强调以稳定为主,但随着教育教学环境的变化,班级制度也应有各种变式,以改进和补充规则,体现灵活性。

(5) 用语富有亲和力。

传统性用语形式主要表现出三种意识:禁令式的权威、模糊的不确定性、精神的恐吓。禁令式的权威语言常表现为粗暴的命令,其实质是对学生能力潜意识上的怀疑和否定。如:"不迟到、不早退、不旷课、上课不做小动作","不抄袭、不拖欠、不缺交、作业认真不潦草"等。这类"十不准"的禁令式语言不仅是对学生能力的怀疑,而且对学生的心理产生了一种压抑。模糊不确定的语言常表现为一些不可感知的抽象词语,其实质是内涵的不可预知性、操作的随意性。如:"学习态度端正,习惯良好","以上条款,如有违反,后果自负"等。哪种程度才能称得上端正?怎样才算良好?违反了校规班纪,到底会受到怎样的处罚?由于缺少具体明确的提示,面对这种班规,学生尤其是低年级学生会手足无措。精神恐吓性语言常表现为居高临下的胁迫。例如:"望大家自觉遵守班规,如有违反,严惩不贷!"这样的指令性条例,听着都让人生畏,对学生怎能产生亲和力?我们倡导教师用语应体现一种教育性的期待,所形成的条例应是双方的共识。再如:"连续一周准时出勤的同学可以获得一颗小星星","无意损坏公物的同学可以说明原因,根据实际情况或者负责修理,或者照价赔偿,或者正常报损","以上班级规章是我们共同制定的,相信我们也能够共同遵守",等等。

2. 班集体制度的实施

制度对全班师生的言行举止起着调节、指导、教育的作用。制定好制度后,更重要的是对制度的宣传和落实。在执行班级制度的过程中,班主任要注意以下几点。

(1) 抓好开头。

俗话说"好的开始等于成功了一半",尤其一年级新生刚进校,一定要做好宣传教育,让他们充分了解校纪校规,重视行为规范的落实,同时制定班级的规章制度。

(2) 合作执行。

班级规章制度的执行是班规构建的重要环节,有效的规章制度都是在执行中建立起来的。班规面前人人平等、人人有责。班主任要鼓励学生参与班级制度的宣传、执行和检查,学生自查、同学互检、班干部检查、教师抽查,只有通过师生合作、共同努力,班规才会得到落实,才能发挥教育的实效性和生命力。

(3) 坚持维护。

制度的执行一定要长期坚持,不能朝令夕改,要注重落实到位,才能培养学生良好的学习、生活习惯。班主任再能干,也难管所有事务,要学会借力,将维护班规的责任交给全体学生,发动学生力量,这也是学生自我管理、自我教育的过程。

(4) 公平公正。

制度是针对所有集体成员的,不能因为某些同学成绩好,或者老师偏爱,就无视他们的问题,或是私下低调处理,一定要保证规章制度的公平公正。但是,公平不是僵化,制度的执行总是与个别化紧密联系的,任何行为的发生都有内在的原因。因此,教师不能仅凭行为的结果去处理问题,这样会失去制度的教育意义,对学生的心理造成伤害。只有在执行制度的过程中因事制宜,才能体现真正的公平公正。

(四) 营造班集体舆论氛围

班集体良好形象和风气的形成,要靠实实在在的行动,也要靠班级的舆论和宣传。良好班集体舆论氛围是指班级中健康向上的言论,它能弘扬正气,促进班集体积极进步,克服和纠正消极落后的东西,从而引导学生明辨是非,激发他们的集体荣誉感和责任心。这种集体舆论是无形的教育力量,是衡量班集体是否形成的重要标志。

班级舆论营造是班集体建设的重要内容。班主任要注意引导好班级舆论,通过班级舆论构建良好班风。班级舆论宣传的阵地包括班会、黑板报、班级小报、班级宣传栏、班级微信群与 QQ 群等。班级舆论要围绕班级一定阶段的奋斗目标、中心任务以及相关活动开展,要多角度、多层次,经常及时地对班级的状况做出反应,要注意吸引更多的学生参与,让学生在参与过程中了解自己的班级和同学,为班级奉献自己的才智和力量,从而为优良班风形成做出贡献。

走进我们班就会发现班级正面的墙壁上贴着各色的小纸条,这些纸条有建言献策的,有表扬点赞的。……一天,有个学生写了个字条:老师,我要举报数学课代表发作业安排不合理。每次我休息回来上自习课的时候桌上都会有一沓作业等着我去发,我自己作业都来不及写了。课代表为什么不经过我同意就让我发作业?

从这个同学的留言不难看出,他自己作业完成的速度较慢,不愿意承担班级服务工作。这是一个匿名字条,为了更清楚地了解事情经过,我在当天的晨会课上,引导同学们思考:"你们如何看待发作业本这件事?为什么有的同学不愿意完成呢?"同学们举手发言:"发作业是在为大家服务。""有的同学太自私了,不愿意帮助别人。""可能有的同学自己做事情比较慢,所以来不及发作业本。""我们高年级的确作业很多啊,课代表也很辛苦的,我们都可以帮忙。"……经过讨论,同学们达成一致意见:第一,分发作业是为班级服务的行为,每个同学都有义务去做,可以按照自己的能力去领任务,大家轮流完成;第二,如果有同学来不及做作业,无论是什么原因,大家都应该及时给予帮助。

班级晨会结束不久,小黄同学就主动告诉我,这个纸条是他写的。经过与小王同学核实,这事儿两人都有责任。小黄同学做事拖拉,缺乏条理性,又总喜欢把错误怪罪于他人,会为了小事较劲;小王同学喜欢"当官",但是又不愿意揽事儿,对于比较麻烦的事情,他心里想的是如何分配下去。表面上是发作业这件小事,却给了两个孩子成长的教育契机,我要求两位同学都站在对方的立场,结合早晨集体讨论的结果来思考解决方案。经过此事,两位同学开始尝试理解他人,做一个勇于承担责任、严于律己、宽以待人的人。

教室的这面墙还有夸赞功能,同学们亲切地称它为"夸夸墙"。我会把学生的点滴进步、好人好事记录下来贴在这面墙上。渐渐地,学生们也开始写表扬条:"小周最近上课听讲认真多了。""小柳主动整理饭盒,擦地上的汤汁。""小朱主动陪腿受伤的我去医务室。"……诸如此类的表扬语言激励同学们向善、向美,每天都有一点小进步。教育的最终目的是为了不教而教为了不管而管,利用小纸条这个教育契机,营造班级舆论,能够让学生渐渐学会自我管理,让班级变得越来越和谐,后来,我们班还被评为文明班级呢![①]

集体舆论对班级每个成员都产生强有力的教育作用,使他们把自己的一言一行、一举一动都和班集体联系起来,意识到自己的行为不仅仅是个人的事,还直接关系着集体荣誉。以班集体为荣,时时事事处处维护班集体荣誉,是优秀班级成员的共同特征,而这与良好的集体舆论是分不开的。

(五) 建立班集体评价机制

评价作为一项导向性工作,当班集体围绕各阶段目标进行建设,每个阶段要

---

① 齐学红.育人故事[M].南京:南京师范大学出版社,2022:49.

进行评价。班集体评价从评价对象角度分析,包括班集体建设评价和班集体学生评价。无论哪个方面,都需要班主任确立全面发展的评价理念,树立正确的教育评价观,建立科学合理的班集体评价机制。

(1) 班集体评价内容要全面。随着教育改革的不断深入,全面多元的教育观念不断渗透到教育教学过程中,对评价内容的要求也越来越高。班集体的评价不仅包含着学业成绩评价,也不能够忽视对学生发展状况、学习态度、知识掌握、身心健康、品德修养、意志情感、劳动品行等非学业方面的关注,班级组织机构、班风舆论、人际关系、目标落实等各方面效能效果,都需要班主任通过各种渠道全面了解班级情况、学生家庭、学生特点,长期观察与偶然发现相结合,书面资料与现实表现综合起来,学业评价和非学业评价相结合,个体评价与集体评价相结合,对班集体进行全面评价,最大限度地推动班集体全面和谐发展。

(2) 班集体评价形式要多样。班主任应在评价内容全面性的基础上,寻求评价形式的多样化。在评价形式上可以采用等级制与分数制评价相结合,特长评价与评语评价相结合,书面测试与日常表现评价相结合。要过程性评价与总结性评价相辅相成,分析性评价与综合性评价相交相依。评价可以通过"成长脚印"素质报告书反馈、学生档案记录、学籍卡呈现、情境化测试,综合检测验收和日常观察考核等多种评价形式,有针对性地实施评价,形成开放多元的评价体系,构建优秀班集体,促进学生的良性发展。

(3) 班集体评价主体要多元。班主任作为班级教育教学活动的组织者和协调者,客观上决定了其成为班集体评价的主体。为了避免评价局限性,班主任还可充分利用身边资源,整合多方力量形成评价的多元主体,使家长、科任老师、课外辅导员、学生以及学校相关领导参与其中,基于班集体群体以及个体给出准确、客观、恰如其分的评价,尽量使评价全面、多维、立体化。

问题与思考

1. 有教育家说,班集体是良好的教育工具,班主任应如何发挥班集体的教育作用呢?

2. 如果你需要根据自己所带班级拟订一个带班方案,那么,你会如何制定班集体建设目标?

3. 为实施民主管理,激发学生的主人翁意识,一位班主任在班级开展班长轮换制:每位同学按顺序轮流担任一天值日班长。一开始,学生们热情很高,可是半个学期后,轮岗的学生不愿意当值日班长,其他学生不听值日班长的管理。班主任感到头疼,只好终止班长轮换制。你能找到问题产生的原因,并提出解决方法吗?

拓展阅读

1. 李镇西.做最好的班主任[M].桂林:漓江出版社,2014.

2. 唐云增,王增龙,周再斌[M].班主任专业化读本[M].桂林:漓江出版社,2006.

3. 朱小蔓.情感教育论纲[M].3版.南京:南京师范大学出版社,2019.

4. 倪牟双,郝淑霞.怎样带班不累人[M].北京:中国轻工业出版社,2017.

5. 黄正平.立德树人理念下的班主任工作[M].南京:南京师范大学出版社,2019.

第三章

把牢生命的依托

——小学班级活动组织

为了营造一个积极向上、温馨舒心、愉悦轻松的班级学习成长空间,班主任俞老师在新学期伊始就组织班级全体学生开展了"温馨我的家,共筑成长梦"主题班会活动。在俞老师的倡导和班干部的组织下,大家集思广益,献计献策,精心策划,分组设计,精巧布置,分工合作,同学们根据各自的特长施展各种才能,共同装饰本学期的"梦想家园",规划班级共同愿景,策划个性风采展台。各小组分板块设计了各具特色的园地,有《放飞理想》《科海展翅》"群星璀璨""书香乐园""新闻周报""艺体风采"等栏目,给每一个学生都留足了充分展示自己才华的空间。除了布置教室环境外,还制作了本班学生文明手册,全班学生参与讨论确定了本学期的奋斗目标和学生自主管理的各项制度、评比办法,并张贴上墙,让学生学有方向、赶有目标。通过开展这样的主题班会活动,学生的主人翁精神、上进心得到提升,主动参与意识、民主管理能力、创新创造才能得到充分发挥,积极学习、协同管理、共同成长蔚然成风,班级呈现出一派生机盎然的景象。

上面这个案例说明,班级活动是学生学习个体和群体自我管理、自我发展的重要载体,组织开展富有教育意义、学生喜闻乐见的班级活动,对于增强班集体凝聚力、发挥学生自我教育作用、促进学生个性和谐发展具有重要意义。

喜爱活动是少年儿童的天性。成功的班级活动往往会在学生的记忆中留下难以磨灭的印象。活动既可以丰富他们的精神生活,又能使他们长知识、增才干,对他们的身心健康发展起着极为重要的作用。因此,活动是学生思想品德发展的源泉与基础,是班级工作的核心内容。班主任如果能精心组织开展一个又一个成功的班级活动,也就把牢了班集体生命的依托。

班级源自16世纪欧洲的班级授课制。目前我国学校的教学制度基本上也是班级授课制。自班级授课制出现以来,班级作为一个组织群体,除了学科教学功能,还肩负着发展学生社会化与个性化的立德树人的教育职能。

班级的立德树人教育职能一般通过班级活动来实现,学校的教育功能也需要在班级活动中实现。班级活动就是指班级学科课程以外的有目的、有计划、有组织、有指导的群体教育活动。它聚焦学生核心素养的发展,以培养学生适应未来社会的正确价值观、必备品格和关键能力为目的,给学生创设丰富多彩的锻炼机会、实践空间、展示平台。可以说,班级活动是班级学科教学以外的另一种最具代表性的教育形态,其基本特征有以下几点:第一,目的一致性,有助于促成班级成员形成共同遵循的行为准则与规范;第二,交往互动性,在班级活动中有利于产生良好和健康的人际关系;第三,时空拓展性,班级活动内容丰富,形式多样,资源开放;第四,团结合作性,分工明确,互相配合,责任依从;第五,心理凝聚性,在同频共振中产生磁场效应,在群体中促进学生个体的社会化发展。

可见,班级活动既是学生集体教育与自主教育的有效方式,也是学生个性化发展与社会化发展的成长平台。依据2020年7月教育部办公厅印发的《中小学教师培训课程指导标准(班级管理)》文件,小学班级活动一般可分为班会活动、少先队活动、文体活动、社会实践活动。

一、班会活动组织

(一) 班会活动的内涵特点

班会活动作为学校教育中的一门课程,简称班会课。根据《义务教育课程方案(2022年版)》规定,班会课每周至少一节。

班会活动作为学校德智体美劳"五育"并举的主要实施阵地,在学校教育的课程体系中发挥着独特而重要的育人作用。班会活动既是班级管理不可或缺的重要手段,也是班主任与学生进行交流的主要平台,还是培养班干部领导组织管理协调等综合能力的重要方式,更是学生进行自我教育、健康成长的有效途径。

班会活动主要有集体性、自主性、针对性三个特点。

1. 集体性

班级作为一个固定的集体组织,是学生最主要的学习、交往和班级活动的成长环境。班会活动中师生关系、同学关系的处理,实际上是为学生参与和处理人际关系提供了学习和实践的平台。班集体的共同愿景、发展目标、组织结构、角色分配、人际互动等,都是社会关系的缩影和投射,深刻地影响着学生的个性化与社会化发展。班会活动是积极舆论场营造、班级制度建立执行、班级正常管理运行、班级文化特色打造等班集体建设的重要载体,为学生适应集体生活、参与民主管理、锻炼综合能力提供了学习和实践的机会。

2. 自主性

新课程改革特别强调以生为本发展核心素养的理念,班级是学生学习生活的主要成长空间,班会活动理应成为学生自主教育、自主发展的锻炼舞台。班主任要引导学生以主人翁的态度积极投身班会活动,主动并创造性地参与班级管理和建设。班会活动要发挥学生的自主性,班主任要提供和创造民主、平等、宽松、和谐的教育氛围。从主题的确定、方案的设计、活动的准备到活动实施和总结评价,都应从学生中来,到学生中去,以实现学生的自我教育。同时,班主任还要善于发掘学生的个性特点,发挥学生的爱好特长,激励学生在班会活动中充分展示才能。

3. 针对性

教育必须"有的放矢",因材施教,适时施教,应机施教。班会活动要有针对性,绝不能为活动而活动。班会活动从主题的确定到解决什么问题、采取什么方式,都应结合学生的学习生活实际,要摸清学生的思想脉搏,抓住主要矛盾。在设计和组织班会活动时,要根据学生的年龄阶段与身心特点以及思想发展的情况,结合学校、家庭、社会生活实际,针对学生在思想、学习、生活等方面出现的想法与问题,进行筛选、提炼、策划、组织,及时对学生进行教育。班会活动针对性强,收效就大,否则就容易流于形式。

(二) 班会活动的群育效应

班会活动的群育效应,即班会所具有的群体教育心理效应,是指诸多个体形成群体并生活于其中,通过群体对个体进行约束规范和教育指导,群体中个体之间相互作用,就会使群体中的个体在心理和行为上发生一系列显著变化,个体在群体影响下成长比个体独自受教育成长要快得多、大得多。这种效应在少年儿童时期表现得尤为明显。具体而言,既表现在思想品德、行为习惯等方面的互相影响,也表现在个性、情绪、兴趣、能力等方面的综合影响,具体有以下几个方面。

一是群体的归属感。班会活动能让学生个体产生集体归属感,在活动中找到群体依托,不再孤独。二是群体的认同感。学生能在与同伴互动交流鼓励中体验认同感,感受集体的温暖和内心的愉悦。三是群体的约束性。班会活动强调班级成员对活动规则共同遵循的约束力。无论是班级管理制度的制定和执行,还是班级重要事项的决定和实行,都是在个体积极参与、群体充分讨论的基础上制定的,形成了共同制约机制。四是群体的导向性。班会活动强调教育目标的一致性。只有在个体充分交流的基础上形成共识,大家才能有较强的活动动机,对所承担的任务才会尽力而为,始终如一,对做出的决定也更乐意接受。五是群体的协调性。在班会活动中,学生相互接触的机会增多,彼此间思想火花碰撞频繁,在知识与情感方面保持着良好的沟通,易于调整人际关系,保持较高的协调性。六是同伴的激励性。班会活动让学生对自身的优缺点、自己在群体中的位置有更深入的了解,来自同伴的期待会唤起自我责任心,促进学生之间互相帮助、互相激励。

总之,班会活动能使学生在班级群体的相互教育中,通过从众心理和链状反应,产生凝聚、驱动、协同、同化等效应。所以,班主任要充分发挥班会活动独特的群体教育效应,使不同个性特点的学生相互学习交流、取长补短,从而促进全体学生的全面发展。

班会活动具有诸多育人功能。班会活动是学生思想道德品质、正确价值观念形成的重要阵地,有利于学生养成规则意识、良好行为习惯,有利于学生树立责任精神、锻炼管理协调能力,是学生展示特长、塑造良好个性的舞台,是学生发展活泼性格、维护身心健康的温馨港湾,是学生培养人际交往、社会适应能力的实践基地,是学生民主意识、良好班风的孵化中心。

(三) 班会活动的主要类型

有计划地组织与开展班会活动是班主任的一项重要任务。班会活动的形式多种多样，大致可分为日常班会、主题班会和临时班会三种类型。

1. 日常班会

日常班会也称班级例会，是班级定期举行的对学生实施常规教育管理的班会形式，一般在班主任指导下由班委会组织开展。举行班级例会是为了强化班集体建设和学生组织纪律观念，商讨班级管理中的重要事项、各项制度，解决班级生活中出现的各种问题等。

日常班会由班委会主持。班委会是班级学生委员会的简称。班委会是在班主任指导下学生独立开展自我管理、自我教育、自我服务的组织，是班主任开展班级管理工作的助手。班委会一般包括班长、副班长、学习委员、纪律（监督）委员、劳动（卫生）委员、文艺委员、体育委员、生活委员、心理委员、电教委员等，还有各学科课代表，以及小组长。在实际班级管理中，应该本着方便高效的原则设置班委。班委会各成员必须明确各自的具体职责。班委会干部的选任可以采取任命、竞选、轮流等方式，由班主任定期组织改选。组织委员和宣传委员一般设在少先队中队机构中。

日常班会具有以下特点：一是定期性，时间上相对比较固定，是有计划的、定期举行的全班性活动；二是常规性，是围绕班级组织构建、制度设立、文化打造等班集体建设开展的常规工作会议；三是管理性，主要以日常班级管理和运行为内容。

日常班会的内容一般包括班委会干部的竞选或改选，每周班级管理工作讲评，班级特色文化建设（包括班徽、班训、班风），班级各项制度的设立与完善，班级管理制度与执行情况汇报，班级学期活动计划，每周、月度评比，自我教育学习，辨析解决班级生活中出现的较为普遍的问题或现象，开展表扬、批评与自我批评，班级宣讲展示，学期评选表彰奖励，班干部学期述职，等等。

2. 主题班会

主题班会，是指在班主任的指导下，由班委会组织领导开展的围绕一定主题举行的全班性教育会议，是一种学生群体自我教育、自我管理、自我成长的班级活动,也是班主任对学生进行思想教育的一个重要途径。主题班会能充分发挥集体的智慧和力量,让个人在集体活动中受教育、受熏陶,从而提高学生综合素质,是深受师生欢迎的极富教育意义的组织形式。

主题班会一般具有以下特点:一是教育性。主题班会必须教育目的明确,要中心思想突出,内容丰富集中,教育目的自始至终贯穿、整个过程渗透,不能盲目不清,不能形式主义。二是主题性。要开好主题班会,首要任务就是确立与策划好主题,因为主题具有导向性作用。要紧紧围绕一个主题精心设计、展开教育活动,不能搞"大杂烩",也不能草草了事。三是计划性。组织主题班会开展教育,要根据培养目标整体思考,统筹规划,分步实施。计划性体现在既要制定学段总体规划,又要有学期活动计划,每一次主题班会还要设计具体的活动方案。

主题班会的内容丰富多样,涉及面广。既可以围绕党和国家教育方针、改革措施的贯彻落实来确定主题内容,比如组织习近平新时代中国特色社会主义思想、社会主义核心价值观、中华优秀传统文化、理想信念、公民道德、法治教育等方面的学习交流会;围绕《义务教育课程方案与课程标准》培养目标的阶段要求选择主题内容,比如召开学习目的态度、文明行为习惯、科学学习方法、广泛兴趣爱好、自理自律自强、健康心理教育等方面的座谈会;也可以结合中国传统文化来确定主题内容,比如有关中国传统节日、农历节气等方面的欢庆会;还可以根据新近发生的国内外重大事件,或与小学生密切相关的热门话题,或学生共同关心、感兴趣的、认识有分歧的问题来安排主题内容,比如组织"俄乌冲突"、粮食危机、卫生防疫、手机管理、沉迷游戏的危害、学习压力、校外培训、追星利弊等方面的辩论会。只有因时因地、因势利导地选择主题班会内容,才能满足学生求知欲增长、思想感情抒发等多方面的发展需求,从而促进他们核心素养的全面提高。

3. 临时班会

临时班会,是为解决班级发生的突发事件或突出问题而临时召开的班会,有时也是就学校紧急安排的重要工作或重大活动而临时召开的工作部署会。

临时班会有三个特点:一是时间上有临时性,二是内容上有不确定性,三是用于处置紧急事项。

在日常教学生活中,班主任要善于观察分析,深入学生,调查研究,发现和捕捉学生中存在的苗头性问题,及时捕捉教育契机,适时召开临时班会。在班会活动中,注重引导学生通过交流、讨论、辨析等方式,明确问题产生的原因,寻找解决问题的办法,利用班会解决学生在发展中出现的问题。如果是安排紧急而重要的任务,要发扬民主,集思广益,群策群力,具体分工,提高落实班会决议的执行力。

(四) 班会活动的组织形式

班会活动内容的丰富性决定了班会活动形式的多样性。班主任要遵循小学生的身心发展规律,顺应他们求新、求异、求变的心理,根据学生实际的发展需要设计、组织、召开班会,做到活动形式不拘一格,为他们所喜闻乐见,从而使他们积极参加,乐于接受。班会活动的组织形式通常分为以下几种。

1. 汇报式

汇报式班会是最基本最常用的形式。既可以根据学生一段时间内思想动态、学习态度、方法能力、习惯价值观等素养发展情况和变化,确定某一主题,组织专题学习,然后举行心得交流会、进步汇报会,也可以在开展节假日社会调查采访活动的基础上举行调查、采访成果交流汇报会。

2. 庆典式

庆典式班会是结合一些节日开展以庆祝活动为主要内容的班会,如"六一"儿童节、"七一"党的生日、"八一"建军节、"十一"国庆节、10月13日少先队建队日等庆祝班会;也可以根据中国传统节日开展关于春节、元宵节、端午节、中秋节、重阳节等文化习俗的庆祝班会;还可以创设班级特色节日,如读书节、书画节、音乐节、体育节、科技节等,以增强学生的集体观念和组织能力,营造融洽和谐的班级氛围,促进学生全面发展。

3. 纪念式

很多纪念日是对学生进行主题教育的良好契机。比如3月5日学雷锋纪念日、3月12日植树节、4月5日清明节、4月23日世界读书日、6月5日国际环境日、10月16日世界粮食日、12月13日国家公祭日等,结合班级的具体情况,组织开展适切的纪念班会,教育目标明确且意义深远。

4. 游戏式

针对低、中年级学生喜欢游戏的天性,班主任可以围绕某一个主题,组织学生开展科普知识、交通安全、卫生防疫等方面的游戏班会活动。可以设计"科学迷宫"、组织相关知识竞赛、猜谜等,也可以在室外开展活动。这种班会寓教于乐,学生在玩中增智,在玩中明理,在玩中受益。

5. 表演式

班主任可以根据学生近期学习课程的内容特点,组织朗诵会、演唱会、舞蹈表演、书本剧表演等形式的主题班会。鼓励学生创编各种各样的文艺小节目上台表演,在活动中发展才能。这种活动为学生提供了活跃身心的机会,有利于跨学科学习,为发掘和培养学生的爱好特长创造了契机。

6. 报告式

报告式班会一般是围绕某个教育主题,请校内外领导、专家、先进人物、优秀教师等做专题报告,主要以具体、鲜明的先进人物的先进事迹来启迪教育学生;通过形象具体的典型,生动感人的事迹,富有感召力的语言,激发学生的思想情感共鸣。报告人与学生可以在现场交流互动,会后可让学生们话感受、谈体会,也可请先进人物为大家签名赠言等。

7. 展览式

展览式主题班会是与学生课外的兴趣小组、社团有机结合的活动,很多同学在书法、绘画、小制作、小发明、小集邮、手抄报等方面有不少成果,班级不定期地将这些成果进行展览,有助于激励学生进步,同时也会激发其他同学的积极性。举办展览式主题班会,班主任要给予学生积极指导,帮助设计布置,鼓励学生介绍有关知识和学习历程。

8. 演讲式

演讲式班会是围绕某一主题,组织学生在班级进行演说或讲述,以有声语言为主要手段,以体态语言为辅助手段,针对某个具体问题,鲜明地发表自己的见解和主张,阐明事理或抒发情感,一般包括演讲会、故事会等具体形式。这种班会,选定的主题要与学生关心的问题、关注的焦点密切相关,只有引起学生的兴趣,才能产生强烈的教育效果。

9. 座谈式

座谈式班会由班主任或一名学生担任主持人,以聊天的方式,就某一事件、主题或所感兴趣的话题对一群学生进行访谈,引导在场学生深入讨论,以了解事件真相或对某一现象、问题的看法及背后原因。这种班会往往能达到多人参与讨论互动的效果,起到集思广益、博采众长、沟通感情、辨析是非、统一认识等作用。

会前主持人要精心准备访谈提纲,将会议的主题划分为几个相关的步骤,形成访谈问题链;会中要注意提问技巧和倾听,鼓励每个学生表达自己的真实想法,把控好谈话脉络、会议进程和时间进度;会末要及时概括总结,初步提炼形成指导性意见。此外,要安排学生做好会议记录。

10. 辩论式

辩论式主题班会一般选择现实生活中认识模糊、有争议的问题作为主题,围绕主题采用辩论方式进行正反观点辨析。这类班会,既可以使学生提高思想认识,又可以培养学生的辩证思维能力和口头表达能力,还可以丰富学生的课外知识,更好地培养团队合作精神,提高自信心。

辩论时,提问、回答均要简洁明确,条理清晰,数据、事例真实;要语言文明,不说粗话脏话,不进行人身攻击。制定评分标准时,分辩论团队评分和辩手个人评分,可由选派的评分员、挑选的观众、聘请的教师(或嘉宾)从观点的阐述、选取材料的论证、语言表达能力、临场应变能力以及风度、礼貌等方面进行综合评分。

(五) 班会活动的实施步骤

班会活动不仅要班主任发挥好指导作用,更要体现学生的主体地位,充分调动学生的积极性、主动性,把学生发动起来,使学生成为班会的策划者、组织者、筹备者、参与者、监督者。组织开展一场主题班会,一般有以下几个基本步骤。

第一步,策划确定主题。主题是班会的灵魂。主题的确定要有针对性和目的性。主题的拟定要简明扼要、中心明确、切中要害,可以是单句,也可以是对偶句,句子不能冗长。

第二步,制定班会活动方案。方案的内容一般包括:主题提出背景、活动目的、活动对象、活动时间地点、活动准备、活动具体内容与过程、活动要求和注意事项。

第三步,做好班会的准备工作。一是明确班会的目的。班会的目的是根据主题来确定的,活动也要紧紧围绕主题。二是做好思想发动工作。选择合适的时间和方式告知全体同学,要充分调动全体同学参与的积极性和主动性。三是要把准备工作做到细处,把该做的工作想全面,并逐一落实。例如,提前布置会场,确定主持人,准备好发言材料,搜集与班会主题相关的材料,提前联系好嘉宾等。四是拟定班会步骤。班会步骤是主题班会的重要环节,要提前精心设计。

第四步,召开班会。这是主题班会至关重要的一个环节。一般情况下,班会的步骤可包括以下环节:主持人做开场发言,播放或展示与班会主题相关的影像或图片,针对班会主题所反映的问题进行讨论,师生之间讨论交流,学生代表发言,特约嘉宾发言,教师总结发言等。

总之,班会要切合学生群体发展需要,鼓励班级成员共同参与。会前要充分准备,尽可能发挥每个人的专长、爱好和创造性,选择形式要活泼生动;班会过程中,各环节要紧凑,气氛要和谐,寓教于理,寓教于乐,促使学生提高认识、提升能力、愉悦身心、发展个性,促进良好班风形成和班集体建设。

下面这则主题班会活动设计,就较好地体现了上述要求。

"航天梦,中国梦"主题班会活动设计[①]

一、活动背景

在"中国航天日"到来之际,班主任引领学生们通过了解中国的航天成就,理解航天先锋们百折不回的初心,萌生"航天梦",时刻为实现中华民族伟大复兴的中国梦积蓄力量!

二、活动目的

以"航天"为主线,以"载人航天精神"为引导,以实践激励、奖章激励、荣誉激励为评价方式,通过"学习—分享—立志"三个方面层层递进,可以促进学生阶梯式成长激励体系的构建,激发学生们对中国航天事业的兴趣,增强他们对国防建设的责任感,引领他们在浩渺无垠的太空中描绘自己的"航天梦"。

三、活动过程

1. 漫步航天馆,感受"航天梦"

班主任要根据学生们对航天科技的向往需求,组织他们学习相关航天知识,

---

① 邝小莹,万国军.航天梦,中国梦[J].辅导员,2022(4).

再带领他们参观航天博物馆或科技馆，引导他们以视、听、感等形式，了解中国航天事业的发展进程，知晓中国航天的成就，初步形成对"载人航天精神"的直观印象。

回校后，班主任组织学生们分享自己了解到的中国航天发展史和先锋事迹，共同设计、制作"遨游太空研学工作单"，激发他们对航天事业的兴趣和向往，引导他们学习顽强拼搏、锐意进取的"载人航天精神"，立志实现"航天梦"。

2. 打造航天文化节，学做航天先锋

班主任带领学生们开展班级"航天文化节"，搭建汇报演出的展示平台，鼓励他们通过音乐、美术、表演等方式，打造一场"航天文化盛宴"。

（1）立志向。学生们可以进行航天故事创作，展现中国航天事业的辉煌，表达自己对航天事业的向往。在创编航天故事的过程中，班主任要帮助学生们融入"中国航天人"的角色，展现"载人航天精神"，进而说出自强不息、为国争光的誓言。

（2）展新貌。学生们可以航天为主题，进行歌词新编和演唱，比如，以说唱、快闪等队员们喜闻乐见的形式，对歌曲进行改编和演唱，展现新时代小学生的新风貌。

（3）显创意。班主任鼓励学生们以小组为单位，共同学习航天知识，设计一款航天玩具，在玩中学会灵活运用所学的知识。

（4）绘英雄。在学生们对航天知识和"载人航天精神"有了一定的了解后，组织开展"童心绘制航天梦"主题画展，鼓励他们将自己了解的航天先锋的故事用画笔描绘出来，表达自己的"航天梦"。

（5）设论坛。在班主任指导下，由学生干部组织大家举办"我与中国航天"论坛，帮助学生们逐步明确社会主义制度为中国航天事业的发展提供了强大的保障，引导他们结合个人实际，树立报效祖国的远大目标。

3. 走进嘉年华，立下"航天志"

在"航天文化节"基础上，组织学生们开展"我们的征途是星辰大海"航天科技嘉年华展示活动，鼓励学生探寻航天科学奥秘，创造属于自己的"航天器"，争获"星空探索章"，并进行表彰。

组织学生交流参加活动的体会和感悟，各自畅谈航天志向。学生们不仅增长航天知识，了解航天科技发展历程和科学奥秘，而且在合作突破难关的过程中，体会"航天人"的艰辛与困难，感受科技创新的快乐与自豪，逐步形成学成报国、科技强国的信念。

总结：丰富多样的航天元素，不仅能增强班会活动的趣味性，而且深化了学生们对"载人航天精神"的理解，使他们自觉形成为实现中华民族伟大复兴的中国梦努力奋斗的使命感。

二、少先队活动组织

（一）少先队活动的内涵特点

少先队是中国少年先锋队的简称，是中国共产党创立和领导的中国少年儿童的群团组织，是少年儿童学习中国特色社会主义和共产主义的学校，是建设社会主义和共产主义的预备队。学校要深入学习习近平总书记关于少年儿童和少先队工作的重要论述，贯彻落实《中共中央关于全面加强新时代少先队工作的意见》，以团结、教育、引领广大少年儿童努力成长为堪当民族复兴重任的时代新人为目的，强化政治引领，丰富实践载体，促进少年儿童德智体美劳全面发展。

少先队活动作为学校少先队组织对学生开展的政治启蒙和价值观塑造的跨学科实践性课程，突出组织属性，强调实践教育，是学校教育中一门重要的课程。根据全国少工委印发的《少先队活动课程指导纲要（2021年版）》相关要求，学校要用好每周1课时，开展好少先队活动课程。在学校党委（党支部）的领导下建立学校少先队大队部组织，以班级为单位建立中队，每个中队建立若干小队。学校可聘班主任兼任中队辅导员，也可聘任班级一名任课教师作为中队辅导员，在班主任配合下组织开展少先队活动。

少先队活动主要有以下三个特点。[①]

[①] 中国少年先锋队全国工作委员会.少先队活动课程指导纲要(2021年版)[M].北京：中国少年儿童出版社，2022：2.

(1) 政治性。

少先队组织的性质决定了少先队活动的政治属性。少先队活动必须聚焦培养共产主义接班人,聚焦传承红色基因,聚焦政治启蒙和价值观塑造,教育引导少年儿童牢记习近平总书记的教导,大力培养对党和社会主义祖国的朴素情感,从小培育共产主义理想和道德的萌芽,从小培育和践行社会主义核心价值观。

(2) 组织性。

少先队作为独特的群团组织,突出了少先队活动的组织属性。少先队活动要充分发挥少先队组织育人优势,引导少年儿童积极参与有组织的集体生活,在少先队组织中发扬集体主义、培养团队意识、增强纪律观念,培养集体利益高于个体利益的意识,为形成共产主义道德奠定基础,增强少先队队员的光荣感和组织归属感。

(3) 实践性。

少先队活动要避免仅从学科知识体系出发开展活动,要拓展实践活动项目和载体,注重采用全景式、体验式、沉浸式的实践方式,引导少年儿童在课堂内外、学校内外、线上线下参与丰富多彩、生动活泼的少先队活动,在实践中体验生活、感知社会、了解国情,提升活动的代入感、时代感、获得感。

(二) 少先队活动的仪式感效应

重要的仪式活动,往往能体现标志性意义、象征性力量、崇高性敬畏、认真性尊重、价值性追求,给参与者产生神圣感、庄重感、紧张感、时空感等。心理学家认为,正常人的身心需要一定的仪式感,这其实就是一种强烈的自我暗示,让自己的注意力更集中、更认真、更用心,暗示自己必须认真地去对待这件事。仪式活动可以从心理、情感、心灵的角度来实现熏陶、感染、教育,使人的记忆丰满而深刻,留下深刻的记忆。

少先队活动重在理想信念教育,这个信念感需要仪式来赋予。少先队是中国共产党领导的群团组织,有着光荣的历史和革命传统,少先队活动也有着独特的规定仪式。在小学生的成长历程中,学校、教师要认真组织开展少先队升旗、入队、队课、大中小队活动等仪式,在潜移默化的仪式感中,使他们得到丰富和动人的体验,既给他们带来精神洗礼和目标感,也赋予他们光荣感和使命感,从而促进学生从小树立远大理想,坚定崇高信念,形成社会主义核心价值观。

(三) 少先队活动的育人功能

少先队活动的育人功能主要有以下几方面。

(1) 开启政治启蒙。

通过丰富生动的少先队活动,教育少年儿童从小牢记习近平总书记的希望要求,认识到祖国建设的伟大成就和今天的幸福生活来源于党的正确领导,来源于革命先烈的英勇牺牲,来源于人民群众的艰苦奋斗,来源于我国社会主义制度的优越性;明确共产主义社会是值得追求的最美好的社会形态,认识到祖国和民族的未来要靠一代又一代人亲手去创造,树立为共产主义事业而奋斗的远大理想;发自内心地热爱祖国、热爱人民、热爱中国共产党,发自内心拥护中国特色社会主义。

(2) 形成组织认同。

通过丰富生动的少先队活动,认识到少先队是中国共产党创立和领导的中国少年儿童的群团组织,是建设社会主义和共产主义的预备队,全面了解少先队革命历史和光荣传统。帮助少年儿童认同并践行少先队组织的章程和文化,向往和积极参与少先队组织生活,增强少先队员的光荣感和组织归属感;引导少先队员理解党、团、队特殊而紧密的政治关系,树立"入队、入团、入党"的成长目标。

(3) 推进道德养成。

通过丰富生动的少先队活动,培育和践行社会主义核心价值观;传承中华传统美德;继承党的优良传统和革命道德;弘扬新时代公民道德;养成规则意识、纪律意识;在集体中学会团结协作、学会服从大局、学会奉献;培养集体利益高于个体利益的意识,为形成公私分明、先公后私、公而忘私、大公无私的共产主义道德奠定基础;坚持人民至上,牢记人民利益高于一切,培育全心全意为人民服务的崇高理想。

(4) 促进全面发展。

通过丰富生动的少先队活动,从情感、态度、心理状态和精神面貌层面,焕发和培养少年儿童的奋斗精神和创造精神;形成尊重劳动、崇尚劳动、尊重普通劳动者的意识;培养价值体认和理性辨析能力、问题解决与辩证思考能力、自我管理和自我约束能力;在锻炼中锤炼意志、增强体质,提高适应未来数字化时代的媒介素养,提升发现美、欣赏美、创造美的审美情趣和高尚情操。

(四) 少先队活动的主要内容[①]

少先队活动以培养新时代少先队员"理想信念、政治认同、组织意识、道德品行、精神品质"等核心素养为目标,主要从政治启蒙、组织认同、道德养成和全面发展等四个课程模块入手对少年儿童开展教育。

第一,开启政治启蒙的主要内容,包括习近平总书记对少年儿童的希望要求;党史、新中国史、改革开放史、社会主义发展史中的故事;中华民族伟大复兴的中国梦;中华民族共同体意识;中国共产党带领全国各族人民为实现中华民族伟大复兴不懈奋斗的光辉历程和伟大成就;中国共产党人的精神谱系;中国共产党的基本知识、习近平新时代中国特色社会主义思想等基本政治常识。

第二,形成组织认同的主要内容,包括党、团、队关系的基本知识;少先队的历史;少先队标志礼仪、仪式等组织文化的政治内涵;少先队员的权利和义务;开展组织意识实践,如完成组织交给的任务,遵守队的纪律,服从队的决议等;开展活动实践,如主动参与队的组织生活、实践活动和阵地建设等;开展民主实践,如民主选举、讨论协商等;开展团前教育和推优入团。

第三,推进道德养成的主要内容,包括社会主义核心价值观;中华优秀传统文化和中华传统美德,新时代社会主义公民道德等基本道德品质;革命烈士、英雄人物、时代楷模、道德模范的故事和精神品质学习与实践;集体主义道德原则,人民利益高于一切的意识,全心全意为人民服务的精神;遵守规则、遵守纪律的实践等。

第四,促进全面发展的主要内容,包括新时代奋斗精神学习和实践;普通劳动者、大国工匠、科技工作者等奋斗榜样寻访交流;生活习惯、劳动习惯和运动习惯;集体和社会劳动体验、科技创新实践和文体活动实践;辩证思维和理性思考实践;价值评价标准和价值体认;媒介素养常识;心理调适和抗挫抗压能力;自护自救知识与生命教育等。

[①] 中国少年先锋队全国工作委员会.少先队活动课程指导纲要(2021 年版)[M].北京:中国少年儿童出版社,2022:5-7.

(五) 少先队活动的基本方式

根据少先队组织的性质和功能,少先队活动主要有组织生活、少先队课、仪式教育、实践活动、协同教育等形式。开展少先队活动可以是以一种形式单独开展,也可以多种形式结合开展。

(1) 组织生活。

组织生活是少先队员在少先队组织中进行教育与自我教育、管理与自我管理、监督与自我监督的重要形式。主要包括组建少先队大、中、小队和红领巾小社团,设立服务岗位;选举少先队小骨干并轮换任职,建设和管理活动阵地;参加少先队各级代表大会并提出"红领巾小心愿"、小建议,参加大、中、小队会和队委会,集体讨论决定重要事项;选树和学习榜样,开展批评与自我批评,开展"红领巾奖章"争章等少先队员阶梯式成长激励评选和表彰。召开少先队组织生活会时,要规范组织程序,营造组织氛围,遵守组织纪律,注重民主体验。

(2) 少先队课。

少先队课是少先队组织对少年儿童开展党、团、队基本知识教育、时事教育等的主要形式。主要在辅导员或高年级队员的指导下,引导少年儿童在活动情境中,通过讲动结合、讲议结合、讲践结合的方式,学习习近平总书记对少年儿童的希望要求,学习少先队的章程和基本知识,开展时事教育、团前教育。组织少先队课时,要明确队课主题,选好教育内容,设计互动内容,融入组织文化。

(3) 仪式教育。

仪式教育是系列化、程序化的少先队集体礼仪教育。主要在少年儿童成长过程的重要时间节点,在国家节庆日、纪念日,少先队建队纪念日和其他有教育意义的时间节点,举行入队仪式、初中建队仪式、离队仪式、升旗仪式、颁章仪式等。开展少先队仪式教育活动时,要营造庄重氛围,规范仪式程序,规范使用标志标识,注重情感体验。

(4) 实践活动。

实践活动是少年儿童通过各种实践进行学习和自我教育的活动。主要开展参观、访问、野营、旅行、研学、故事会、岗位体验、小课题、小研究、小志愿者以及假日小队、夏(冬)令营活动等,开展文化科学、娱乐游戏、军事体育等各种有意义、有趣味的活动,组织队员参加"争做新时代好队员""红领巾讲解员""少年军校""少年警校""少年科学院"等主题活动,参加力所能及的志愿服务、公益劳动和社会实践等。开展实践活动时,要利用社会资源,注重教育内涵与自主实践体验,重视交流分享。

(5) 协同教育。

协同教育是少先队组织与学校、家庭、社区和社会联建共育的方式。主要结合相关学科实践教学、相关主题教育活动、校园集体活动、课后服务和假日托管等,开展跨学科、跨领域实践活动;鼓励学校少先队组织、校外少先队组织协同少先队实践教育营地(基地)、国家机关、企事业单位、部队、相关单位等开展丰富多彩的实践活动。推进协同教育时,要融合教育目标,多元主体参与,整合教育资源,形成教育合力。

(六) 少先队中队活动的一般流程

少先队中队活动的仪式分为预备部分和正式部分。

1. 预备部分

(1) 集合队伍,整理队伍。

(2) 进行三级汇报,由小队长向中队长,中队长向中队辅导员报告本次中队活动的主题、准备情况和出席人数。

(3) 中队辅导员指示,提出简要的要求或希望,并表示祝贺。例如:"接受你们的报告,参加你们的队会,并预祝你们的主题中队会圆满成功。"

(4) 辅导员敬礼,中队长还礼后归队。

2. 正式部分

(1) 宣布主题中队活动开始。(中队长面向全体队员宣布:"××主题队活动现在开始。")

(2) 出旗、敬礼。(鼓号齐奏,全体队员向队旗敬礼,队旗出场。)

(3) 唱队歌。

(4) 中队长宣布活动要求。

(5) 进行活动。(即事先计划开展的活动内容。)

(6) 中队辅导员对本次队会做简短的总结。

(7) 呼号。(领呼:时刻准备着,为共产主义奋斗终身! 众应:时刻准备着!)

(8) 退旗、敬礼。(鼓号齐奏,全体队员向队旗敬礼,队旗退场。)

(9) 宣布主题队会结束。(××主题队会到此结束。)

注意:辅导员须佩戴红领巾,队员敬队礼须规范,出旗和退旗的方向、队列和队旗执掌须规范。

下面一则主题中队活动方案可供参考。

"讲好领袖故事,表达志向心声"主题中队活动方案

一、活动背景

2022年11月4日,共青团中央发出《关于全团认真学习宣传贯彻党的二十大精神的通知》,要求持续推动党的二十大精神在青少年中入耳入脑入心,在目标任务上,少先队员要以聆听领袖故事、寻访伟大成就、畅想美好未来、争做时代新人等活动为主,增强对习近平总书记的爱戴、对新时代伟大成就的自豪、对社会主义现代化美好前景的向往。为此,学校少先队组织和班主任要结合小学生身心发展特点,结合《少先队活动课程指导纲要》要求,遵循教育规律,有序有力推进。

二、活动目的

1. 聆听宣讲领袖故事,深入学习以习近平同志为核心的党中央对少年儿童的关怀和希望,鼓励少年儿童自主表达纯真的情感和真实的心声,让党的关怀和领袖形象在少年儿童心中扎根,教育引导少先队听党话、跟党走。

2. 贯彻党的二十大精神,认真学习宣传党的十八大以来党和国家在新时代十年的伟大变革、取得的辉煌成就,鼓励少年儿童围绕党的二十大描绘的宏伟蓝图,自主表达崇高的理想和远大的志向,为实现中华民族伟大复兴的中国梦时刻准备着。

三、活动准备

1. 通过网络、书报,师生共同收集整理习近平总书记青少年时代的故事、治国理政的故事,以及对少年儿童的关怀和希望的话语、图片、新闻、视频等资料。

2. 指导学生合作编写要讲述的故事内容。

3. 鼓励学生自主唱响未来的志向,自主编写要对习爷爷说的话。

4. 收集采编好有关图片、新闻、视频。

5. 制作主题队会课件。

四、活动内容

(一)"讲好领袖故事"主题系列活动

1. 一组同学宣讲习近平总书记青少年时代的故事

(1) 一个成语:小小少年,初心萌动。

(2) 一次落泪:珍惜荣誉,为梦想落泪。

(3) 一位榜样:榜样引领成长,励志笃行。

(4) 一次远行:梁家河,走向社会的人生第一站。

(5) 一种习惯:没有条件创造条件,有个针缝的时间都要读书。

引导学生明白习近平总书记从青少年时就确立的为老百姓办实事、为人民谋幸福的理想信念,感悟其越挫越勇的意志品格,并引导少先队员从小树立远大理想,培养热爱人民、报效祖国的情怀。

2. 一组同学宣讲习近平总书记治国理政领航新时代的故事

(1) 坚持"老虎、苍蝇"一起打。

(2) 共建"一带一路"。

(3) 构建人类命运共同体。

(4) 绿水青山就是金山银山。

(5) 打赢脱贫攻坚战。

通过聆听人民的领袖夙夜在公、为国担当、为民执政的温暖故事,帮助少先队员体会习近平总书记的领袖魅力、远见卓识、雄韬伟略,感受习近平总书记的卓越领导才能、崇高人格风范、赤诚为民情怀,增强从小立志报国的自觉性与责任感。

3. 一组同学宣讲习近平总书记关心少年儿童的故事

(1) 2013年5月21日,习近平总书记来到芦山龙门乡隆兴中心校深情寄语同学们:"青少年要敢于有梦。……有梦想,还要脚踏实地,好好读书,才能梦想成真。"

(2) 2016年12月24日,习近平总书记给北京市八一学校学生回信说:"希望你们保持对知识的渴望,保持对探索的兴趣,培育科学精神,刻苦学习,努力实践,带动更多青少年讲科学、爱科学、学科学、用科学,努力成长为祖国的栋梁之材。"

(3) 2018年六一儿童节前夕,习近平总书记给陕西照金北梁红军小学学生回信说:"希望你们多了解中国革命、建设、改革的历史知识,多向英雄模范人物学习,热爱党、热爱祖国、热爱人民,用实际行动把红色基因一代代传下去。"

(4) 乡村孩子的"营养餐",总书记记挂在心。2019年4月,沿着蜿蜒的山路,习近平总书记辗转3个多小时来到重庆大山深处的中益乡小学,仔细察看了解贫困学生餐费补贴和食品安全卫生情况。

(5) "小眼镜"越来越多,牵动着总书记的心。2020年4月21日,习近平总书记走进陕西省平利县老县镇中心小学五年级一班看望慰问。他多次做出重要指示,要求"全社会都要行动起来,共同呵护好孩子的眼睛,让他们拥有一个光明的未来"。

一件件关乎少年儿童健康成长的"小事",都是总书记放在心头要解决的大事。通过观看讲解习近平总书记关怀少先队的故事,帮助少先队队员充分感受习近平总书记对少年儿童的关爱,坚定他们感恩党、听党话的信念,激励他们明确使命,传承红色基因,高举队旗跟党走。

(二) 表达"心中的愿望志向"

1. 指导如何表达感受心愿

(1) 心里话,说点啥。

① 感受:少先队员在聆听习近平总书记的故事以后的真实感受。

② 心愿:少先队员对自己成长进步的心愿和梦想,自觉把个人的梦想融入"中国梦"之中。

(2) 心里话,怎么说。

① 网络留言;② 绘成一幅画;③ 自制明信片;④ 录制"心里话"视频;⑤ 写信给队报。

2. 各自准备志向心愿

3. 分享交流志向心愿

(1) 请少先队员们上讲台交流各自写给习爷爷的"心里话",展示各自的梦想志向作品。

(2) 把自己的"心里话"、梦想卡等贴在教室的板报展示栏里。

三、文体活动组织

(一) 文体活动的内涵特点

文体活动,是指以丰富文化生活、增强健康体质、提高审美修养为宗旨的艺术表演、体育运动、文化娱乐等课外群体性活动,是科学文化、艺术审美、体育运动、游戏娱乐、卫生健康等活动的总称。开展文体活动的主要目的,是培养学生积极向上的生活情趣和健康文明的生活方式,促进学生健康成长。班主任应从班级实际出发,遵循学生的身心发展特点和教育规律,有目的、有计划地指导学生自主开展丰富多彩的文体活动,以广泛培养学生兴趣爱好,发展学生特长技能,提升学生个性品质,促进学生身心健康成长。在组织文体活动中,既要面向全体学生,又要关注学生个体差异,根据学生个体差异及时进行鼓励和引导,把文体活动的娱乐性和教育性目标有机结合起来,落到实处,推动全体学生核心素养和个性品格全员提高、全面发展。

文体活动主要具有以下三个特点。

(1) 激趣性。

新课程改革突出强调发展学生核心素养,就是要破除唯知识、唯分数的旧观念,所以必须培养学生广泛兴趣,引导学生全面发展,以适应多姿多彩的现代生活。小学生天性好动好玩,兴趣是他们最好的老师。趣味性的文体活动正符合他们的心理特点,能满足他们的发展需求。活动有趣,学生在活动前往往产生期待的急切心理,容易增强动机;活动中积极投入,尽最大努力完成每一项工作;活动后还会留下深刻印象,反复回味,起到巩固和强化的教育作用。因此,只有把文体活动设计得趣味横生,才能使学生们积极投身其中,进一步培养和发展兴趣,在活动中得到锻炼与成长。

(2) 娱乐性。

娱乐是人的合理需求,文体活动的娱乐性有助于人认识和领会积极乐观、愉悦的生存状态和情感体验,改善消极悲观、抑郁苦闷等负面精神状态,促进人的身心健康。学生在紧张忙碌的学习之余需要一定的娱乐,以缓解学习生活带来的精神压力。文体活动的娱乐性不仅能缓解学生的精神压力、放松学生的身心，也能大大拓展学生的学习与发展空间，丰富学生的视野和学习生活，对学生的个性化发展起到促进作用。

(3) 审美性。

审美是人在欣赏和创造美的过程中感受、体验、判断、评价美的复杂的心理活动。在审美过程中，人的生理功能和心理功能都完全地调动起来。审美教育是学校培根铸魂的重要工作。文体活动是学校美育的主要形式和途径，是实施素质教育的重要内容，丰富多彩的文体活动不仅能让学生开阔视野锻炼身体，而且能从中体验到美和丰富的情感，增强对艺术美的感觉力、理解力、鉴赏力，并在审美的愉悦中陶冶性情，丰富感情，培养高尚的审美情趣，逐渐养成积极乐观的心态和健美的体魄，为学生终身热爱运动、热爱艺术、热爱生活打下良好基础。

(二) 文体活动的个性展示效应

随着时代的发展、社会的进步，以人为本的理念和个性发展的需求越来越得到人们的重视。马克思关于人的自由全面发展的理论认为，评价社会进步的最高尺度或最高标准是每个人的自由全面发展的程度。可见，人的发展归根结底是人的个性化发展。因此，实施个性化教育是新时代现代人才培养的必然要求。新颁布的《义务教育课程改革方案和课程标准(2022版)》突出以生为本发展核心素养的理念，强调学校教师要遵循学生身心发展规律，尊重学生的个性发展需要，在满足学生发展需求上创新改革、做足文章，从而促进每个学生全面而个性化地发展。

根据心理学家加德纳的多元智能理论，人的智力是多维的，由言语语言智力、逻辑数理智力、视觉空间智力、音乐节奏智力、身体运动智力、人际交往智力、自我反省智力、自然观察者智力和存在智力等九种维度构成，每个个体都有多种智力潜力，且智力发展也是多样的。这就决定了教育必须遵循人的个性化发展。每个学生都是独特的个体，在爱好、兴趣、个性等方面存在差异，因此教育不能套用一个模子，而要扬长避短，张扬个性，根据个体智能结构充分发挥每个人的专长。

尊重人的个性、兴趣点和选择权，就能让学生的兴趣得以激活，特长得以发挥，个性得以张扬，从而自主能动地发展。班级文体活动为每个学生提供了多样的展示舞台。学生从中获取来自同伴的认同、赞许、激励,兴趣和热情得到激发,从而不断获得学习和发展的内生动力,促进身心健康成长。

(三) 文体活动的育人功能

1. 文体活动是培养学生兴趣特长、促进个性发展的展示舞台

班级学习、生活、交往的体验是学生个性发展的重要经历。丰富的文体活动一方面能够满足不同兴趣、不同特长、不同需求学生的发展需要,为每个学生的爱好特长发展提供才艺展示的舞台,进一步培养学生的才能,促进学生的个性发展;另一方面为班级学生创造了相互切磋、取长补短的有利条件,起到相互影响、彼此激励、共赏互鉴的作用,发现和挖掘他们在体育运动、音乐演唱、舞蹈表演、器乐演奏、绘画书法、演讲表达、创意制作等方面广泛的兴趣爱好,促进他们多元智能的开发。

2. 文体活动是强身健体、培养健康积极生活方式的重要抓手

生命在于运动,运动可以健体益智。文体活动中的体育运动项目不仅可以提高人的心肺功能,加快人体新陈代谢,增强体质,还可以提高大脑机能,使大脑思维变得更敏捷灵活,并使人精力充沛。而演唱、演奏、舞蹈等诸多文艺表演项目,不仅能增强学生身体的柔韧性、灵活性,提高力量控制和耐力等身体素质,还能锻炼身体的协调性、稳定性,练就挺拔健美体型,提升学生的气质。此外,运动会使大脑分泌让人快乐的多巴胺,使人得到满足感、愉悦感。所以,多参加文体活动,可以让学生身心愉悦,缓解学习压力,调节紧张情绪,保持阳光心态,培养健康心理。

3. 文体活动是增进师生情谊、提高学生交往能力的重要媒介

各种形式的文体活动在紧张的学习之余有利于营造宽松和谐、趣味活泼、热闹欢快的氛围,学生参与其中,能充分展示个人风采,增强人际交往,在相互分享、互动激励中增进同学之间的友谊。有些学生性格比较内向、胆子较小,在人际交往方面存在一定的欠缺,这些学生通过参与文体活动,可以体会到集体的温暖,增强交往沟通技巧,有助于找到自信,融入集体。

4. 文体活动是弘扬积极进取精神、凝聚团队合作意识的良好载体

班级的文体活动一般以分小组或自由组合的形式进行,有利于培养学生的

集体主义精神和协作精神,增强团队凝聚力和集体荣誉感。在文体活动中,倡导的是团结一致的理念,激发的是勇于挑战的精神,弘扬的是顽强拼搏的意志,塑造的是团队协作的形象。活动中不服输、不放弃的思想带入到学习中,可以有效提高学生综合素质的发展水平,促进班集体建设与良好班风形成。

(四) 文体活动的类型方式

文体活动涉及体育运动、音乐美术、游戏娱乐、文化熏陶、科学普及、卫生保健等多方面。根据文体活动的功能和特点,班级组织开展的文体活动大体可分为艺术类、运动类、文化类、娱乐类等,每一类又有多种表现方式。

(1) 艺术类:一般有演唱、戏曲、歌剧等表演或比赛,芭蕾舞、交谊舞、拉丁舞、街舞等舞蹈表演或比赛,书法、绘画比赛及书法(画)展览等方式。

(2) 运动类:一般有乒乓球、羽毛球、篮球、排球、足球等球类比赛,武术、跆拳道、田径、体操、健美操、拔河、跳绳、踢毽子、跳皮筋等竞技项目。

(3) 文化类:一般有科普知识竞赛、故事会、成语接龙比赛、演讲比赛、朗诵会、主持人比赛、猜灯谜、集邮展览等方式。

(4) 娱乐类:一般有夹球、两人三足跑、跳方格等趣味游戏,象棋、五子棋、弹子棋、围棋等棋类比赛,科普实验游艺、卫生保健体验、交通消防安全模拟演练等方式。

班级在组织文体活动时,可以选择一种方式开展活动,也可以选择多种方式综合开展。班主任要遵循小学生的身心发展规律,根据当下班级学生发展的现实需要或重要时间节点,有针对性地组织有益于小学生身心健康发展的文体活动,既要形式多样、生动活泼,又要寓教于乐、健康向上。

(五) 文体活动的策划设计

班级文体活动的策划设计对活动开展的效果极为重要。每次活动前都应设立具体明确的目标,选择策划好活动的主题,做到精心设计、认真筹备,从而使学生在活动中增长知识,锻炼才干,受到启迪。

1. 制定具体的活动方案

班级文体活动方案包括以下具体内容:① 活动的主题、名称、时间;② 参加对象及参与活动的具体报名要求;③ 活动的主要形式;④ 活动地点的安排布置;

⑤ 活动内容的节目或项目的编排准备;⑥ 主持人的选择与主持稿的准备;⑦ 活动所需设备;⑧ 活动程序及具体分工;⑨ 注意事项,如活动纪律、要求和操作规程等;⑩ 检查各项工作的落实情况和活动结束的总结。

2. 符合班级学生实际情况

班级文体活动的设计要一切从班级学生实际出发,以学生实际发展需要为目的,以学生现有实际情况和能力水平为基础。为了保证活动计划切实可行,既要有较强的针对性,又要具有可操作性,能如期达到活动目标。制订活动计划时必须考虑周全,既要考虑到新时代国家对学生的要求与社会对学生的影响,又要考虑到学生的年龄、性格、爱好等特点,还要考虑到班级实际以及学校的设备、环境和活动中实际的指导力量等。

3. 选择多样易操作的形式

班级文体活动要注意调动和激发全体学生参加活动的积极性、主动性,让全体学生在活动中陶冶情操,受到教育。以小组或项目组为单位展开准备,要注意活动的频率,掌握活动的节奏,制定的班级文体活动方案要便于操作。在一定的时间内,班级文体活动次数不能过多或过少,一般以一月一次为宜。

(六) 文体活动的组织实施

1. 认真组织准备

准备工作做得充分是班级文体活动成功开展的关键。班主任要充分发动学生按照活动的要求与安排,做好精神和物质上的准备。班主任既不能只做指令性的部署,又不能放手不管,而是要善于启发引导。如歌咏比赛曲目的选择、队形的编排、服装道具的设计等,都应亲力亲为,关注细节。在活动准备中,要注重调动和发挥学生的积极性与主动性,在活动主题、活动内容、活动形式的选择与确定方面,鼓励学生自主创意、自主设计、自主实施,并适时给予指导和帮助。既要让有特长的学生得到充分展示和锻炼,也要为其他学生提供合适的机会,获得一定的发展。要充分调动和发挥每一个学生的主动性与积极性,使每一个学生都积极地投入到班级活动的各种准备中。

2. 紧盯任务落实

在活动准备过程中,应把要求和任务下达给学生,如活动时间、地点、人员安排、物品准备、组织协调、注意事项等工作,交由学生干部或家长志愿者完成,班主任要及时了解每一项工作的进展情况,同时要做好场地布置。场地布置得如何直接关系着活动的气氛。除黑板外,墙壁也要适当布置,桌椅摆成活动需要的样式,有时还要准备播放音乐的录音机或观看录像用的投影仪等。活动场地布置的原则是突出主题,适合主题所需要的气氛。活动前准备得越充分,给学生留下的印象就会越深刻,活动的教育效果就会越好。

3. 有序实施活动

在文体活动的实施阶段,班主任要努力做到以下几点:① 引导学生把充分准备的各种不同形式的"节目"有机地统一起来,使活动主题鲜明突出,形式生动活泼;② 注意充分调动和发挥学生干部与骨干分子的积极性、主动性、创造性,让他们承担组织、主持、指挥工作,班主任辅以适当的指导、帮助;③ 班主任要注意发展每个学生的个性,要让每个学生在活动中有岗位、有任务、有角色,这样才能确保活动起到较好的教育效果;④ 对活动要进行仔细的观察、详细的记录、认真的分析,以便从中获得有关的经验教训;⑤ 要和班干部事先对可能出现的突发性问题进行分析,防患于未然;⑥ 在活动结束后,要带领学生进行总结和反思,表扬先进、肯定成绩、提出希望,进一步激发培养学生在兴趣特长发展和文体活动参与的积极性。

四、社会实践活动组织

(一) 社会实践活动的内涵特点

党的教育方针规定教育的目的,是培养学生成为德智体美劳全面发展的社会主义建设者和接班人。在我国改革开放进入新时代的当下,经济飞速发展,科技日新月异,社会日益进步,党的二十大庄严宣告全面开启建设社会主义现代化国家新征程,无论是时代要求还是国家使命,无一不对人才培养提出更高的需求。这种需求不仅仅是学生掌握科学知识,更重要的是要具备关键能力,以及必备品格和正确价值观。社会实践活动正是以培养社会主义现代化建设迫切需要的时代新人为目标,对学生进行社会责任担当、理想生涯教育、劳动技能训练、科学素质培养等综合性的课外实践教育活动。通过参加社会实践活动,了解社会,认识国情,增长才干、奉献社会、锻炼毅力、培养品格,对于培养中国特色社会主义事业的合格建设者和可靠接班人具有重大意义,同时对于培养学生的社会适应性和独立性也有重要价值。

社会实践活动是在教师指导下,学生有目的、有计划、有组织地走入社会、认识社会、参与社会、服务社会,以获取直接经验、发展实践能力、培养创新精神、增强社会责任感为主旨的各种实践活动,是学生在接触社会环境过程中受教育、长才干、做贡献的一系列物质和精神活动的总称。在社会实践活动中,学生可以综合运用学到的各学科知识认识、分析和解决社会的一些现实问题;可以向社会各行业学习新知识、新技能,进行实际锻炼;可以在融入自然、服务社会中进行自我教育,不断提升精神境界、道德品质和实践能力,使学生人格不断臻于完善。参访高科技科研基地、参观现代化智能工厂、访谈智慧种养殖专业户,考察建设工程、新农村建设调查、环境治理保护,植树造林绿化、打扫公共卫生、参加生产劳动、美化居住小区、布置社区宣传廊、维护公共秩序,以及慰问军烈属、照顾孤寡老人、扶助伤残病人等,这些都属于社会实践活动的范畴。班主任在组织社会实践活动时,要与班会和少先队活动有机结合,实现实践拓展,以更好地发挥立德树人的综合教育作用。

社会实践活动具有以下三个特点。

(1) 亲历性。

社会实践活动强调学生亲身经历各项活动,在亲自动手做、实验探究、设计创作、反思总结的过程中进行体悟,在全身心参与的过程中,发现、分析和解决问题,体验和感受生活,发展实践创新能力。班主任要从学生的真实生活和发展需要出发,从生活情境中发现问题,转化为主题实践活动。比如,组织参加智能工业制造实践,让学生走出课堂,走进工厂,参与实践,将理论知识与实践操作相结合,把从科学、信息技术学科中学到的科学知识应用于实践,请科技人员现场示范,使教育更具体、更实际,并在实践中领悟技能操作要领,感受科技创新的乐趣。

(2) 能动性。

学生是参加社会实践活动的主体。班主任要想方设法为学生自主发展提供广阔的空间、充足的时间和必备的条件,引导学生积极参与。在实践项目、主题开发与活动内容选择时,要重视学生自身的发展需求,尊重学生的自主选择。要善于引导学生围绕活动主题,从特定的角度切入,自主设定活动目标任务,选择具体的活动内容,提升自主规划和管理能力。要善于捕捉和利用项目实施过程中生成的有价值的问题,指导学生深化活动主题,不断完善活动内容。在实践活动中,应充分调动全体学生的主观能动性,激发他们主动探索、研究实际问题的兴趣。比如组织参与现代农业实践,先举行"深入田间·智慧农场"欢迎仪式,再采用激励机制,比比谁学得快、操作得好、栽种得多、探究问题多,最后在成果总结汇报中,开展学生参加现场实践的科普小论文、小作品评比。这一过程不仅极大地调动了学生学习农业科技知识的积极性,而且学生自己也获得了科学、技术的方法,受到科学态度、创新精神的教育。

(3) 协同性。

社会实践活动参与客体的广泛性、活动资源的开放性、活动方式的多样性决定了活动组织具有协同性。在个体层面,要充分调动每个学生的积极性,在活动中动手、动口、动脑,发挥多种感官协同参与,通过探究、制作、体验、服务等方式,培养跨学科实践综合素质。在群体层面,设计活动时要尽量让大家都参与活动的设计、准备和实施,在活动开展中分工负责、组织有序、协调有方,从而锻炼综合才能。在资源层面,班主任要联络学校、家庭、社区和社会实现共育,充分挖掘社会的丰富教育资源,积极利用附近实践教育营地(基地)开展实践活动。在这一过程中,实现教育目标融合、多元主体参与、教育资源整合,形成教育合力。

(二) 社会实践活动的体验效应

人的社会化发展是与党的教育方针关于培养德智体美劳全面发展的社会主义建设者和接班人的教育目的相一致的。社会实践活动以培养适应未来社会生活的现代公民为宗旨,因此社会实践活动是学生社会化发展的重要途径。同时,教育应遵循理论联系实际的原则。马克思主义关于认识与实践的辩证关系论认为,实践的本质是人类能动地改造世界的社会性的物质活动;毛主席指出教育必须同生产劳动相结合的教育思想等,都为社会实践活动提供了理论依据。因此,教育必须从知识走向实践、从学校走向社会,这也是由人的社会化发展的实践需求所决定的。

实践具有亲身体验性。除了肢体动作的体验,还有情感、态度等心理体验。

体验学习心理认为，体验是个体以身体为中介，以"行或思"为手段，以"知与情"相互作用为典型特征，作用于人的对象对人产生意义时而引发的不断生成的具身状态。学生个体在一定的体验学习情境中能把兴趣与学习紧密结合起来，独立自主地发现问题并探究解决问题，从而促进知识、技能、情感、探索精神的发展，加深对人生的感悟，理解人生的意义，懂得自己与他人、社会应建立的关系。没有积极主动的实践，体验学习也不会发生。

《义务教育课程改革方案和课程标准（2022年版）》指出，教育必须聚焦中国学生发展的核心素养，核心素养是指学生应具备的，能够适应终身发展和未来社会发展需要的正确价值观、必备品格和关键能力。社会实践活动是提升学生关键能力和必备品格的重要途径。因此，开展社会实践活动是落实义务教育课程改革的必然要求，也是学生发展核心素养的现实需要。以班级为单位组织好社会实践活动，能有效发展学生的社会性，为学生将来进入社会奠定基础。

（三）社会实践活动的育人功能

1. 社会实践活动是帮助学生树立正确价值观、增强社会责任和担当精神的重要途径

组织社会实践活动，是全面贯彻落实党和国家教育方针，坚持教育与生产劳动、社会实践相结合的必然要求，要充分发挥其在立德树人上的重要作用。开展社会实践活动有利于引导学生走出校园，深入社会，了解社会主义现代化建设所取得的成就和辉煌，加深对习近平新时代中国特色社会主义思想和中华民族伟大复兴的共同理想信念的理解，体验社会主义现代化建设的不易和艰辛，增强历史使命感和社会责任感。同时加深对社会的认识，了解社会、认识国情，增进对党的方针、国家政策的了解，从而进一步科学认识和客观看待社会发展中的问题，深入理解和践行社会主义核心价值观，树立正确的价值观念。通过社会实践活动，学生接触社会、了解社会、关注社会，树立为他人和社会服务的责任感，端正思想意识，培养历史担当的使命感。

2. 社会实践活动是培养学生创新精神和实践能力、发展学生核心素养的有效载体

社会实践活动既能满足学生的好奇心理和探究心理，又能在充满趣味性的实践中提高他们解决实际问题的能力，培养学生的科学创新精神。通过实践活动，学生学习科学技术知识，创作富有新意的作品，从而增长才干、锻炼毅力，同时有助于适应快速变化的社会生活、职业世界和个人自主发展的需要，积极迎接数字化智能时代和现代化社会的挑战。

3. 社会实践活动是激发学生热爱学习、培养爱党爱国爱民情怀的实践平台

社会实践活动是课堂教育的必然延伸和有益延伸，引导学生参与社会实践活动，可以让学生把课堂上学到的知识运用到现实生活中，加深对知识的转化和理解，从而深刻地体会到学习与实践、理论与运用之间的关系，推动学生由"要我学"向"我要学"转变。在实践过程中，学生深入基层，深入群众，激发热爱劳动、热爱人民的感情。参与社会实践活动能使学生感到幸福生活来之不易，杜绝浪费，珍惜当下。社会实践活动能培养学生适应环境、学会交往、承受挫折等综合能力，同时有助于提升学生的吃苦精神、团队合作意识，促进学生认知和行为的统一，提高教育工作的实效性。

（四）社会实践活动的类型方式

社会实践活动的范畴比较广，可以开展的种类、途径和方式比较多。班主任可以组织学生开展参观、访问、野营、旅行、研学、故事会、岗位体验、小课题、小研究、小志愿者与假日小队、夏（冬）令营活动等，也可以组织学生开展文化科学、娱乐游戏、军事体育等各种有意义、有趣味的活动，可以组织学生参加"争做新时代好队员""红领巾讲解员""少年军校""少年警校""少年科学院"等主题活动，也可以组织学生参加力所能及的志愿服务、公益劳动等。社会实践活动一般可分为公益服务类、考察访问类、实践操作类、社会体验类。不同类型的社会实践活动具有不同特点、形式和教育目的，即使是同一教育目的在不同年龄段也可以通过不同的实践活动类型和形式来实现。班主任（辅导员）在组织社会实践活动时，要把握不同类型实践活动的特点，整体规划、系统安排，根据小学生年龄特点和身心发展规律，由易到难，从简单到复杂，从校内到校外，按程序分级组织实践活动，关注活动完成的实际效果，促进学生的相关实践能力得到发展。

1. 公益服务类

参与公益服务类社会实践活动意在让学生从满足被服务者需要的过程中获

得自身发展,促进相关知识技能的学习,提升实践能力,成为履职尽责、敢于担当的人。公益服务能增强学生的公民意识、服务社会的自觉性和责任感,使学生对他人、对社会富有爱心。

公益服务类社会实践活动一般包括爱心帮扶、环境保护、政策宣讲、志愿服务、文艺慰问等。公益服务类社会实践活动强调自觉自愿、无私奉献、助人为乐的原则。

(1)爱心帮扶。

如帮助社区内生活有困难的居民,捐助受灾或弱势群体,帮助社区内的孤儿、孤寡老人、残疾人等。

(2)环境保护。

如清扫社区公共场所、福利院等场所的卫生,植树种花美化环境,协助社区宣传布置等。

(3)政策宣讲。

如开展科普宣讲、文化卫生知识宣讲活动或者政策宣传、法律咨询等活动。

(4)志愿服务。

如社区、农村的社会服务志愿者,体育赛事、大型会展等活动志愿者,以及交通维护、安全教育志愿者等。

(5)文艺慰问。

如前往福利院、敬老院等地慰问老人和儿童,为他们做些力所能及的事情,给他们表演精彩的文艺节目,给他们送去心灵的温暖等。

开展公益服务类社会实践活动,要注意以下几点:明确服务对象与需要,制订公益服务活动计划,开展公益服务行动,总结反思服务经历,分享活动经验。

2.考察访问类

考察访问是学生在教师指导下走进社会,从自然、社会和生活中选择感兴趣的话题、现象或问题,确定探究主题,开展研究性学习,在观察、访问、记录和思考中,主动获取知识,总结经验,发现规律,分析问题,探究成因并提出解决办法。考察访问类社会实践要求学生运用实地观察、现场访谈、亲自试验等方式获取材料,不仅能培养学生细心观察、口头表达、人际交往等能力,而且能培养学生理性思维、批判质疑和勇于探究的精神。

考察访问类社会实践一般包括参观、访问、调查等,体现了兴趣驱动、主动发现、问题探究、分析总结等特点。

(1)参观。

围绕主题,组织学生游览参观目标场所,使学生获得初步的生动的感性认识。之后,组织全班汇报或小组座谈,以活泼的形式引导学生从感性认识向理性认识升华,获得深刻的教育。班主任还可辅以主题征文等活动,使班会活动教育系列化、立体化,这样既提高了学生的思想认识,又锻炼了写作能力,可谓一举多得。

(2)访问。

就某一种现象或某一个人物,走出学校,寻找目标人物询问访谈,之后全班交流汇报结果,畅谈感受。这种形式有利于增强学生的社会适应能力和社会实践能力,比较适合高年级。

(3)调查。

针对现实生活中某种现象或当今社会热点问题,选择确定调查主题,设计调查问题或问卷,制定调查方案,进行社会人群调查或实地调查,获取数据或证据,然后统计分析,提出观点和建议,形成调查报告。这种形式一般适合高年级。

3. 实践操作类

实践操作类社会实践能充分调动学生的感官,让学生在实践操作中主动探究、发现规律,从感性到理性,从实践到认识,获得动手操作的能力和经验,训练思维的条理性,培养创新思维,激发能动探索和改造现实世界、社会生活的积极性。

实践操作类社会实践一般包括设计制作、劳动生产、科技小实验、生活小发明等,体现了动手动脑、规范程序、得法获技、主动探索、能动改造等特点。

(1)设计制作。

学生运用各种工具、工艺(包括信息技术)进行设计并动手操作,将自己的创意、方案转化为物品或作品,如动漫制作、编程、陶艺创作等,意在提高学生的技术意识、工程思维、动手操作能力等。在活动过程中,鼓励学生手脑并用,灵活掌握、融会贯通各类知识和技巧,提高学生的技术操作水平、知识迁移水平,体验工匠精神等。设计制作的关键要素包括:创意设计,选择活动,材料或工具,动手制作,交流展示物品或作品,反思与改进。

(2) 劳动生产。

这类是以培养学生劳动观念、劳动态度、劳动技能、劳动习惯为目的的综合性劳动教育。低年级可以家校合作开展学生生活自理或自我服务的活动,从个人的饮食起居到班务劳动和学校生活,如穿衣、打扫房间、整理床铺等,或帮助教师料理班务。中、高年级可以到学校劳技室学习烹饪等生活技能,还可到校内外劳动实践基地学习种菜、养花、养殖等本领,培养热爱劳动的思想感情,培养独立生活能力和勤劳俭朴的生活习惯。高年级还可组织开展一些校外现代农业科技创新劳动和企业研发生产的创新实践活动,使学生从小习得一些简单的生产技术,感受劳动创造的力量。这对于小学生适应现代生活、融入未来社会尤为重要。

(3) 科技小实验。

在教师的指导下开展科技小实验,学生运用相关材料和方法,演示或验证科学原理,对实验的内容、方法、材料、形式等进行分析和总结,对自然界的各种现象进行自主探究,发现和体会一些基本科学原理和运行规律。科技实验不仅能调动学生学习的主动性和积极性,从小培养他们的科学兴趣,而且能培养学生动手操作的能力,发展他们的观察分析和创新创造能力。

(4) 生活小发明。

鼓励学生创作用于日常生活的科学创意小发明、小创造,针对生活中的某些不便,引导学生积极开动脑筋,利用科学的原理和简单的材料给予解决,既让生活变得更便利,也让生活变得更有乐趣。

开展实践操作类社会实践,要把握好以下关键要素:合理设计实践操作活动方案,精心选择实践操作材料,指导学生学习恰当的实践操作方法,把握正确的操作步骤,培养学生有序操作的习惯。

4. 社会体验类

社会体验是学生在教师指导下走进社会,通过亲身体验社会角色,了解社会生活,将品德教育、法制教育、安全教育、劳动教育等融入其中,从而培养独立意识、自主能力、合作精神、坚强意志和自信品质。组织社会体验类实践活动,能让学生更好地了解社会,增强社会责任感和使命感;更加客观地认识和评价自我,增强运用知识解决实际问题的能力,提高适应社会、服务社会的能力。

社会体验类实践活动一般包括军训、野营、研学旅行、职业体验等,体现了统一行动、纪律严明、顽强拼搏、团队协作等特点。

（1）军训。

军训是依据《中华人民共和国国防教育法》的规定对学生进行模拟军人训练生活的国防教育基本形式，已纳入义务教育有关课程。严格的军事训练不仅能提高学生的政治觉悟，激发爱国热情，掌握基本军事知识和技能，增强国防观念，还能增强组织纪律性，培养艰苦奋斗、刻苦耐劳的坚强毅力和集体主义精神，养成良好的学风和生活作风。军训一般安排在新生入学时，有条件的学校可组织学生到当地少年军校或爱国主义教育基地集中开展。军训的内容，除了队列训练、内务整理外，还有国防常识、国防历史、国防军事、国防科技知识，以及爱国主义思想、革命英雄主义精神等内容，一般持续一至两周。为检验和提高军训质量，一般会采取竞赛、会操、阅兵等方式。

（2）野营。

野营是在教师的指导下，学生进行集体野外拉练、体能训练和生活技能锻炼的生存挑战休闲活动。通常参与人员携带帐篷集体远足到目的地，在野外搭营帐，生篝火，烹煮食物并过夜。其间还要开展野外运动项目训练或竞赛、举行文艺联欢活动等。野营前要集思广益，以小组为单位做好户外服装、常用药品、救生工具、应急物品的充足准备，野营中要服从指挥、团结互助，加强野营技巧、野营纪律、应急处置及安全教育，注意人身安全及自然生态保护。野营结束要做好总结反思、展示汇报。

（3）研学旅行。

这是研究性学习和旅行相结合的一种校外教育活动。学生来到大自然、博物馆、科技馆、纪念馆、老解放区等有趣味、教育意义的开放环境中，获得视觉、听觉、感觉的充分体验，开阔眼界，激发主动学习探究的兴趣；研学的核心内涵是促进"研行合一"，即在研究学习中行走，在行走中学习研究。研学旅行前，班主任要贴近学生身心实际，考虑学生发展需求，和学生共同制定详细的研学旅行实践方案；研学旅行中，要引导学生解放思想、拓展思维、合作探究，交流体验感受；研学旅行后，要认真撰写研学旅行报告，举办成果汇报会。

（4）职业体验。

职业体验是学生在教师和专业辅导员的指导下走进社会，在不同职业实际工作岗位或模拟情境中进行见习、实习,体验职业角色。学生从中能获得对职业生活的真切理解,培养职业兴趣,形成正确的劳动观念和人生志向,设置未来生涯规划,提高社会适应能力。低年级的教师可创设模拟职业情境,中、高年级可联系附近单位进行实际操作。职业体验的关键要素包括:选择或设计职业情境;实际岗位演练;总结、反思和交流经历过程;概括提炼经验,行动应用。

(五) 社会实践活动的策划设计

1. 出谋划策,把握主体性原则

小学生天性活泼好动,随着年龄增长,独立性越来越强,他们渴望得到别人的信任,希望在活动中大显身手,总愿意自己试一试、干一干。从设计方案开始,班主任要充分听取学生的意见,发挥学生的主观能动性,允许学生参与设计、改动方案。只有这样,学生参加活动时才会格外认真,他们的创造性才会得到充分发挥。在贯彻主体性原则上要注意以下几点:第一,要充分放手,充分信任学生;第二,要加强指导,耐心辅导学生;第三,尽量扩大参与面。

2. 与时俱进,把握教育性原则

社会实践活动要有明确的方向,应与时俱进,实践活动的内容要贴近学生生活,关注社会热点,把握时代脉搏,突出人文、科技、国防、环保等意识和实践创造能力的培养。在教育内容上,注重德智体美劳"五育"并举;在教育环节上,注重整个流程的教育作用;要努力让学生既能学到科学知识,又能锻炼才能;既能提高思想觉悟,又能陶冶情操;全体学生都能从中受到教育、得到发展。

3. 统筹兼顾,把握整体性原则

社会实践活动是综合性的教育活动,应具有完整性,如活动主题、活动时间和地点、活动形式、活动内容、活动前的舆论准备、活动后的巩固强化等,这些都要仔细考虑,任何一个环节出问题都会影响整体效果。设计活动时,既要注意连续性,即要围绕某一主题从整体上全方位策划系列活动,同时又要有序列化教育,从一年级到六年级,应统筹教育阶梯序列。此外,还要与其他活动实现配合,如与校会、大队会活动的配合,与其他课外活动的配合,与课内教育的配合等。

下面一则社会实践活动方案可供参考。

"寻访家乡文化特色,增强民族文化自信"社会实践活动方案

一、活动背景

学习宣传贯彻党的二十大精神是当前和今后一个时期学校"大思政"教育的首要任务,其中"寻访伟大成就"是班主任组织学生开展社会实践活动的生动有效的主要方式之一,能切实增强师生对新时代伟大实践的自豪感和对社会主义现代化美好前景的向往。

家乡是一个亲切、温馨的词。家乡的文化传统可以反映家乡的历史风貌、文化背景;家乡的风景名胜体现了家乡的自然美;家乡的特色产品或产业为当地带来了经济收益,也体现着当地的民风民俗,具有深刻的人文内涵。家乡的历史渊源、经济价值、文化底蕴,值得广大学生了解和探索。

二、活动目标

(1)通过寻访家乡的传统文化、风景名胜、特色产品和产业,让学生在实践活动中了解家乡的文化,领略家乡自然风光、人文精神和家乡的巨大发展变化,提高学生审美情趣,激发学生热爱家乡、热爱祖国的思想感情。

(2)学会利用多种途径获取信息,培养收集、处理信息的能力和调查分析能力,能大胆地对事物做出判断,并提出自己的观点,增强学生民族自尊心和自豪感。

(3)在社会实践活动中学会与人交流、合作、分享,促使学生在积极参与中学会做人、学会学习、学会生活、学会创造,为培养学生做新时代的现代社会人奠基。

三、组织形式

(1)以小组活动为主,可让学生自由结合成10~16人的小组,以小组为单位开展活动。

(2)学生小组内分工合作,采取自主合作探究方式,实地考察、采访调查,做好调查记录,写好调查报告。

(3)在总结阶段,以班级为单位组织交流展示活动。

四、活动流程

第一组:寻访家乡的传统文化

1. 活动准备

学生参与考察活动和实践活动时,会遇到许多困难,教师要鼓励学生主动、大

方地与人交流,积极、自信地参与活动,并引导学生精心进行活动策划。

2. 活动内容及过程

(1) 开展研究性学习活动。① 引导学生调查了解家乡特有节庆、传统习俗、传统文化艺术及渊源。② 引导学生广泛阅读传统的地方志、史料书籍,初步了解家乡古代饮食文化、服饰文化、节令文化等传统文化形式。

(2) 开展考察活动。① 考察家乡的著名建筑及其特点与由来。② 考察家乡的历史名人和遗迹。③ 考察家乡某些地名的由来。④ 考察家乡的饮食文化、服饰文化特点。⑤ 访问民间艺人,了解传统工艺。

(3) 组织学生为宣传家乡的传统文化开展实践活动。① 学生编写《家乡民间故事》《家乡风俗习惯》《家乡风味小吃》《家乡名人故事》手册,提供给有关文化部门、旅游景点。② 与有关部门合作,制作传统文化公益广告,宣传自己的家乡。③ 为社区群众策划一次家乡文化艺术表演或传统游艺活动。

第二组:寻访家乡的风景名胜

1. 活动准备

(1) 开展此项活动需事先精心组织策划,教师要给学生相应的指导。

(2) 教师要事先与景点管理部门进行联系沟通。

2. 活动内容及过程

(1) 实地考察景点,了解其具体情况,并收集一些资料,如图画、景点文字介绍等。

(2) 开展"我"为家乡旅游宣传和服务活动。

(3) 组织学生交流、思考,分享收获,并分组写好考察报告。

(4) 将调查报告、学生的思考整理成建议书,送交各景点管理部门。

第三组:寻访家乡的特色产品和特色产业

1. 活动准备

培训学生学习访问的礼仪和技巧,讲解调查计划的写作格式、调查报告的写作格式等。

2. 活动内容及过程

(1) 与政府部门取得联系或通过亲戚朋友了解情况,形成调查意向,商讨调查计划。

(2) 学生组群根据初步活动意向深入实地展开自主调查,了解本地资源优势、特色产品和特色产业。

(3) 实地观察采访后,整理调查资料。

(4) 宣传家乡特色产业。① 要求学生制作广告宣传画,评出优秀宣传画张贴于街道规划的宣传点。② 鼓励学生做产品包装设计并评选。

五、活动成果展示汇报

(1) 展示所获新知识、新发现和照片、视频等采集的资料。

(2) 交流参加本次社会实践活动的心得感悟。

(3) 展示制作的广告宣传画和撰写的宣传文章。

(4) 汇报调查报告,提出建议。

(六) 社会实践活动的组织实施

1. 组织发动,激发动机

思想发动是指班主任为了使学生对即将举行的活动产生由衷的追求与向往,巧妙地提出活动的设想,以引起和激发学生产生积极的活动动机。学生的活动动机来源于他们自身的交往需要、学习需要和发展需要。为了有效地引起学生积极参加活动的动机,班主任可以运用以下办法:一是确立目标,激发动机。例如在开展"乡村振兴行动研学旅行"社会实践活动之前,班主任可以说:"同学们,最近我们准备开展一次以'智慧农业探访研学'为主题的社会实践活动,通过这次活动大家可以进一步了解新农村建设发展情况,掌握必要的乡村振兴知识,从而增强观察、调查、访谈、分析、总结能力,激发科技兴农的探索热情。"二是提出问题,激发动机。例如在开展"红领巾海洋探险队"野营活动前,班主任可以引导:"你们知道大海是一个怎样的世界吗?你们想知道海底有哪些动物、植物?海底又有哪些宝藏?相信开展了'红领巾海洋探险队'活动后,这些问题你们都能解决。"三是利用特点,激发动机。小学生好胜心强、爱竞争、求赞许,可以利用这些特点来激发他们参加活动的动机。例如在开展"栽培蔬菜"社会实践活动前,班主任可以说:"同学们在课外了解了不少的蔬菜栽培知识。下周的实践课上,我们准备开展一次'栽培蔬菜'的活动。在活动中,我们以小组为单位,开展栽培知识和实践比赛,最后还将评出我班的'智慧星''技术能手',希望大家做好准备。"

2. 加强指导,引导探究

在组织社会实践活动中,班主任和外聘的辅导员要指导学生掌握社会实践活动的实施步骤和要领,恰当地解决活动中出现的问题,关注学生参与活动是主动还是被动、体验和收获是什么。在活动中,关注学生,观察学生的行为变化,捕捉学生的不同表现,并及时给予指导,出现问题时能够妥善处理。培养学生参加实践活动的基本技能,引导学生把学到的知识应用到实践中,帮助学生正确分析实践活动中出现的问题,启发学生在实践中探索、鉴别、研究和发展。在社会实践活动中教师应对学生进行思想教育、品德教育、纪律教育、心理教育和法制教育。在指导内容上,引导学生从问题情境中选择适合自己的探究课题,帮助学生找到适合自己的学习方式和探索方式。在指导方式上,社会实践活动倡导团体指导与协同教学,可以采取多种多样的组织方式,主要包括个人独立探究的方式、小组合作探究的方式、班级合作探究的方式等。探究过程中要遵循亲历实践、深度探究的原则,倡导亲身体验的学习方法,引导学生对自己感兴趣的课题进行持续、深入的探究,避免浅尝辄止。教师要对学生的活动加以有效的指导。

3. 认真总结,巩固升华

班级活动结束后,班主任要对班级活动成果进行检查、巩固,并把教育成果落实到实际行动上,扩大教育效果。一次活动的结束,并不是这一主题活动教育的终结。班级活动结束了,班主任的教育工作并没有结束,反而预示着班主任工作又来到了一个新的起点。班级活动的总结巩固将使教育效果得到升华、扩大和发展,并对下一次活动具有导向作用。班主任要做到:第一,着重引导学生将在社会实践活动中获得的新认识和被激发的热情升华和强化,把教育者的要求转变为学生自身教育的要求和发展需要,从而激励自己的行动。第二,注意引导学生总结参加社会实践活动的收获与体会,并运用班级活动阵地,把学生各方面的收获编辑成册,进行展览。第三,要有意识地联系学生日常的学习、生活和锻炼等实践活动,使活动中学到的本领、学会的技能变成熟练、自主的技巧,能够独立操作,增长才干。第四,注意让学生清醒地认识到他们自身的不足,帮助他们克服各种具体的困难,主动地进行实践锻炼,逐步把思想认识转化为实际行动,最后转化为良好的行为习惯。

最关键的一点是,组织社会实践活动必须坚持安全性原则。在组织学生参加社会实践活动时要制定切实可行的安全措施,并由专人负责。教师及家长要教学生自我保护的方法,增强学生安全防范意识和自我保护能力。教师要反复强调纪律要求和安全注意事项;在活动中沟通和协调各种关系,能准确研判、主动防范活动中的各种安全隐患。实践基地和单位在保证安全的基础上,向学生讲清与实践内容相关的操作程序、安全制度,培养学生安全生产和操作的意识。

社会实践活动诸环节是一个有机的整体,它们既相互依存,又各有侧重。在组织班级活动时,班主任要认真实施以上环节,以保证实践活动的顺利开展。

问题与思考

1. 受传统应试教育的影响,一些学校还存在片面追求分数和升学率的现象,不少教师还存在着搞活动会挤占学生学习时间、影响学习成绩的想法。请就这一观点谈谈你的看法。

2. 适合的教育才是最好的教育。请根据习近平新时代中国特色社会主义思想或社会主义核心价值观的学习教育要求,说出你班学生发展的特点,列出你班学生最喜欢的6种班会活动主题。

3. 依据班级学生的发展需要,挖掘所在城市或农村的地方教育资源,设计一个有关智能制造或智慧农业探访体验的班级社会实践活动方案。

拓展阅读

1. 魏书生.班主任工作漫谈[M].桂林:漓江出版社,2014.
2. 黄正平.主题班会[M].南京:南京师范大学出版社,2022.
3.《班主任工作手册》编委会.班主任工作手册——班级管理与活动设计[M].北京:中央民族大学出版社,2006.

第四章

营造灵动的环境

——小学班级文化建设

环境对于学生生长发展有着濡染、陶冶的作用。在班集体建设中，智慧的班主任会充分利用教室的墙壁、窗台等区域，努力创设富有班级特色、契合学生年龄特点的物态情境。班级门口有展示学生特长的作品栏；教室后方有图文并茂的黑板报、琳琅满目的图书角、生机盎然的植物角、"星光璀璨"评比栏、能量站之"每日一句"发布栏；教室前面电子班牌滚动播放集体活动时大家一起快乐的照片，无时无刻不给人一种积极进取的力量。班级物化环境的整理、布置、点缀、完成均以小组为单位，学生主动自行、全程参与的过程也是自我教育的过程。学生每天在这样美好的情境里学习生活，受到美的熏陶，教室成为浸润师生身心成长的文化土壤。①

班级文化是指在班主任的指导下，班级师生通过教育、教学与管理活动，创设和形成的精神财富、文化氛围，以及承载这些精神财富、文化氛围的活动形式和物质形态。在小学，班级文化是以儿童文化的姿态出现的，所以它具有童趣、想象性、开放性和兴趣性等特点。王充在《论衡》中云："譬犹练丝，染之蓝则青，染之丹则赤。"青少年正如这素丝，班级文化恰似这染料。亚斯贝斯也认为，教育的本质是陶冶。良好的班级文化就像一个大磁场，以巨大的磁力吸引着学生，使他们自觉自愿地、潜移默化地接受熏陶与教育，帮助学生在体验中感悟，产生积极向上、要求进步的无形力量，从而产生自主、自求、自得、自乐的强烈愿望和具体行动。

---

① 改编自：聂黎萍.学生主动力行的班级核心价值观引导建构研究[J].中小学班主任，2023(11).

形成良好的班级文化是班级建设高水平的体现。作为学校文化的有机组成部分,班级文化整合了物质的、制度的、精神的多种要素,形成强烈的育人氛围,承载着诸多教育功能:① 凝聚功能。班级文化是学生心灵的"黏合剂",它使班集体成员团结一致。由于寄托了学生共同的理想和追求,因此全班学生内心具有强烈认同感。班级文化的顶层设计、落地生根和蓬勃发展不仅需要教师和学生的智慧,也离不开家长的共同努力。只有家、校、社形成合力,才能打造一个更具凝聚力的育人共同体和成长共同体。② 激励功能。班级是学生个性发展的基本环境,班级文化是学生个性发展的重要源泉。良好的班级文化为学生才能、个性的集中展现提供了平台,有利于激发学生的创造潜能。③ 规范功能。班级文化中的制度文化符合社会发展对学生的期望和要求,这部分的文化不仅通过学校教育影响学生,而且通过班级大量的常规活动潜移默化地影响着学生,促使学生在各种活动中逐步形成符合制度文化要求的思想观念与行为习惯。良好的班级文化建设反映了班集体的共守规范和集体精神,通过无形的"软约束"(氛围的、制度的、观念的),在班级内达成统一、和谐和默契。④ 陶冶功能。学生的价值观、人生观、道德观及在班级活动中发展和形成的人际关系等都是在班级文化陶冶里逐步形成的。班级整齐的桌椅、干净的地面、良好的设备、醒目的标语、优美的板报等都给予学生一种美的感受,让他们不由地产生一种积极向上、奋发图强的情感。⑤ 审美功能。班级文化中的美无处不在、无时不在,是对学生进行审美教育的教科书。班级环境的简洁、和谐美给人一种赏心悦目的感受,班级成员在学习、活动和交往中体现出来的道德美、语言美、情感美、人格美都会对彼此产生深刻的影响。浸润于积极的班级文化氛围之中,能使每一名学生的学习生活充满诗意,生命充满活力,获得"家"的感觉。因此,建构班级文化,创设"家"的情境,让学生"诗意地栖居",应该成为班主任工作的理想追求。

一、以"家"一样的教室文化陶冶人

教室文化是班级文化的重要组成部分。教室是教师开展教育教学活动的主要场所,是学生成长的精神家园。以教室空间为载体的教室文化,有着"润物细无声"的渗透作用,它以生动活泼的形式、积极健康的内容,将教育寓于可感知的情境中，从而易被学生接受，让学生来到教室就感受到文化的气息，走进教室就有一种精神受洗礼的感觉。

教室文化建设是一门学问、一种艺术，更是学生生命活力的外显，如班级的展板、图书角、植物角、板报等是班级文化最好的育人载体，教室的每个角落、每个墙面都能发挥育人作用。通过实体环境、规则系统与活动情境向学生传递价值内涵的文化，让教室像"家"一样助力学生成长，促进学生养成良好的道德品质和行为规范，体现出"以文化人""用情感人""以规导人"的隐性德育功能。班主任要充分发挥学生的主体性，带领学生共同建设一个充满智慧、富于个性、洋溢浓郁文化气息的教室，让教室成为蕴含着丰富文化内涵的空间和师生心灵交汇的场所。

下面的案例可以看出教室文化多方面的功能。

陶行知说："要解放孩子的头脑、双手、嘴、眼睛、空间、时间，使他们充分得到自由的生活，从自由的生活中得到真正的教育。"为让学生们感受到班级环境布置中的"国防元素"，在"三全育人"理念的指导下，我协同各科教师、班级家长以及学生们一起行动起来，为我们班教室营造了盎然的"绿意"。学生们在各自家长的带领下，先设计了"绿意"设计图，而后在我和各学科教师的带领下一起布置班级。

班级"国防绿"从"廊、区、角"三个方面展开。"廊"指教室内的"左右侧走廊"，通过墙壁文化进行一些国防基础知识的普及，比如军事武器、著名战役、著名军事人物等介绍。"区"指"我是小小兵"读书区域，放置了大量军事、国防方面的书籍，后面将进一步进行丰富和完善。"角"指"班级一角"，借助板报一角进行国防主题内容宣传，借助墙面软板一角进行国防主题小队分享。

"国防绿"环境引导学生们传承国防文化，"国防绿"活动激发学生们弘扬爱国主义精神，"国防绿"课程促进学生们铭记国防精神。

（一）让教室成为一个认知的环境

蒙台梭利在其著作《童年之秘》中写道，"儿童只有在一个与他的年龄相适合的环境中，他的心理生活才会自然地发展，并展现他内心的秘密"。教室里的所有东西都应当能引起学生的好奇心和求知欲。例如，墙壁张贴的学生涂鸦，可以让学生在欣赏他人的作品中寻找自己感兴趣的方向。对于一年级的学生来说，教室和整个学校都是新鲜的，这种新鲜感可以催生出许多学习契机。教室里张贴的"班级公约""文明用语"等就是识字的素材，还可以利用教室设施进行字族文识记，在教室门上可以张贴"门"字及带有"门"字框的字群，在窗户上张贴"穴"字头的字群等。营造认知的环境，对于学生的学习与成长至关重要。

（二）让教室成为一个散发书香的天地

班主任要努力打造一个富有文化气息的"书香教室"，让学生亲近书籍，享受阅读的乐趣，获得智慧的启迪，汲取成长的养料，使阅读成为一种生活状态，让阅读引领学生成长。

图书角是教室文化建设的重要阵地之一，图书角不仅能培养学生的阅读兴趣、养成良好的阅读习惯，而且学生在借阅、归还、交流、管理等一系列过程中，有助于实现自我管理。一些班级的图书角采取开放式管理，遵循自愿借阅、自主登记、自觉归还的原则，并有着较为严格的借阅制度。小小图书角不仅开阔了孩子们的视野，增长了他们的见识，还大大激发了他们的读书热情，为班级营造了良好的阅读氛围。图书角的建设要关注以下几个方面。

（1）图书的选择。

"一个人的读书史就是一个人的精神成长史"，要选择国内外优质的获奖书籍作为图书角用书，给孩子们的阅读之旅保驾护航。

（2）图书的购买。

除了家委会集中购买一批优质书籍外，学生也可以从家中带一本自己喜爱的书来，共同分享交流。

（3）图书的借阅管理。

图书的借阅涉及很多细碎的工作，如图书的编码登记、借出归还记录、日常保护等，这些工作可以由学生讨论分工，共同确定班级借阅规则，共同管理图书角。

布置温馨的图书角摆放着孩子们喜爱的书，通过创造一个自主、温馨的阅读空间，孩子们可以尽情领略知识的魅力，感受浓厚的人文气息。苏霍姆林斯基说过,当我们的学生在离开校园的时候,带走的不应该只有知识,更重要的是对理想的追求。

(三) 让教室成为一个回归生活的家园

教室应充满温馨的生活气息和浓浓的童趣。随着季节的变化,班主任可以和学生一起动手把教室布置成"春色明媚""盛夏绽放""金秋丰收""冬日浪漫"等不同的风格;可以根据本地的特点和本班学生的兴趣特长开辟养殖角,让美丽的鲜花、可爱的小动物陪伴孩子们学习;还可以开辟探索角,鼓励学生把自己感兴趣但还无法解决的问题提出来,共同探讨、研究,培养探索与合作精神。

许多班级打造绿色生态角,让绿植进教室,不仅美化了学习环境,又宣传了绿色环保的理念,增强了学生爱护环境的意识,培养了积极、健康、向上的心态。绿植的点缀,让教室充满生机,让疲劳的眼睛得到放松,让紧张的学习情绪得到缓解,也让学生懂得了集体主义精神,积极为班级建设做出自己的贡献,从而让教室成为充满生机与活力的"家"。

(四) 让教室成为一个平等对话的环境

苏霍姆林斯基所在学校曾有一则标语:"爱自己的母亲!"多么普通的话语,但比那些用成人口吻写成的守则和规范更能触动学生的思想和心灵。我们要让教室的每一面墙壁、每一个角落都具有良好的育人功能。班主任可在墙上张挂具有教育意义的名人名言,促进学生思想价值观的正向发展。还可以利用各种形式营造一个平等交流的学习环境。

我们利用"金色园地"这个阵地,不定期地展示不同专题、不同形式的园地专栏。例如:班级活动剪影、学生日记佳作、学生获奖作品、丰富精美的剪报。一篇篇充满思想火花的学生日记经过电脑版面设计,图文并茂,甚是精美;一张张反映学生愉快生活的照片经过文字编辑,能勾起大家甜美、难忘的记忆;一期期集学科知识、国事要闻、社会百科于一体的剪报,让学生开阔视野,了解社会,走向世界;一份份研究性学习的课题报告,融科学素养、创新精神和实践能力于一体……除此以外,"金色园地"还结合学生自评活动营造民主氛围。如"献给母亲的礼物——三八妇女节寄语比赛"活动中,由学生集体评出的获奖作品在"金色园地"展出。小小的一块墙就是大大的一片天地,它成了班级信息交流、师生互相沟通了解对话、净化和充实学生心灵、培养学生个性发展的重要媒介。

(五) 让教室成为一个不断生成的空间

教室的布置应有利于激发学生的创造性。为了让教室的布置常新,有位班主任做了以下尝试:在低年级的教室布置了很多字卡,开学没几天,孩子们就把一个学期要学的生字都认得了。为了巩固识字效果,班主任要求给这些字找朋友,学生们就把字组成词语,还用它造句,甚至写一段话,贴在旁边。还有识字棋盘游戏,即用游戏的方式将识字过程趣味化,虽然这样的墙壁外观看起来有些凌乱,但是小学生的思维本来就是发散而无序、灵动而敏感的。这比学期初的字卡原样呈现,学期末仍一成不变要生动得多,这些生成的教育内容令整个教室都活泼灵动起来。中年级的教室除了学生的作品之外,还可以尽可能地张贴学生们从网上、纸质媒体上搜集到的资料,让他们分享交流自己的喜好与收获。高年级学生还可以进行专题讨论,比如开展"又到学雷锋日""读书节专题""少先队员心向党"等主题活动,让班会有延伸,让表达有平台,让对话有机会,让沟通有方向,让教室成为学生们发表自己独特见解的地方。

(六) 让教室成为一个挑战自我的场所

教室挑战性环境的创设不是要为难学生,而是要根据学生身心发展的特点,适当创设情景,提出"难题",促使他们摆脱依赖、克服困难、树立自信、增长勇气。例如,每学期开学初让学生们在自己班级设置的"心愿树"或"成长袋"上挂上这学期自定的一个奋斗目标,激励他们为之不断努力,体验挑战自我、获得成功的喜悦。教室里的"挑战"文化不是加剧学生之间的竞争,而是提供一个平台,让学生自己的目标可视化,让同伴成为目标实现过程中的督促者和参与者。

1. 多维目标设置,齐头并进

有目标才有动力。"你追我赶,奋勇争先"可以从学生在学校里的常规表现、课堂纪律、文明就餐、课间安全等方面开展,教师用心设置温馨成长表记录学生在阶段里的进步与成长,各项记录表以纸质的方式粘贴在教室的显眼位置,用以提醒学生、激励学生。例如,上课时师生、生生之间有良好的互动,为课堂纪律赋星;课间安全意识记心间,不乱跑,不打闹,不大喊大叫,并能及时提醒有危险行为的同学文明活动,为课间安全赋星;就餐时安静有序,不挑食,不说话,吃完后能及时收拾好桌面地面,为文明用餐赋星……做到学生优异的表现能得到正向的肯定与鼓励,每一个学生都能被"看见",都能得到一颗小红星,每个月末的班会活动中班主任能够对本月的学生情况进行总结反馈,在接下来的一个月内,鼓励学生巩固已有的良好习惯,继续努力,改正不足。

2. 小组合作,抱团前行

现在很多孩子都有以自我为中心的问题,在集体里,伙伴之间的团结协作能力不足,而小组合作能有效改善这一问题。分组时,班主任一要关注小组成员的组成结构,不仅要考虑到小组内学生的学习能力,还要考虑组内学生的表达能力及对组员的领导力。二要关注组长的能力培养,小组合作的高效开展需要小组长发挥重要作用。三要关注小组成员的职责分工,前期班主任要针对学生的特点给每个组员安排适宜的任务,以便在之后的合作成长中,组长再针对具体问题给组员分配任务。在个人成长的同时,以小组为成长共同体有助于发展学生的集体意识与团队协作能力,这样他们不仅能严格要求自己,而且能强化对其余学生的监督与管理,这样的氛围对于每一位学生的健康成长都会产生积极的效果。

(七) 让教室成为一个展示才华的舞台

每年的秋季,学校都有"开放日"。那天,教室被布置得漂漂亮亮,每个学生的作业和老师的批语放在他们的桌子上。教室周围的布告栏里张贴着学生的作品,每个学生只能展示两张。因此,每个人都展示了自己最好的作品,一个小小的布告栏是大家智慧的结晶,在这里优秀的同学得到了认可,而成绩平平的同学也能获得成就感,这样,好的不会骄傲,差的也不会自卑。每个学生都能自豪地对来访者说:"瞧!这是我的!"

许多班主任在教室里的文化布置环节采纳了许多源于学生的新鲜想法,从板报的主题构思到框架设计,从剪贴题头到张贴作品,从学生别样的自我介绍到书法、绘画、手抄报,每一次尝试都为学生的成长提供了机会,每一份作品都展现了学生的个人风采,一块小小的黑板报,就能为学生的多维度成长赋能。

针对那些默默无闻的同学,还可开设"为你点赞"专栏,在墙面贴上"光荣小明星"的照片,如此一来,平日里"名不见经传"的学生的个性风采在班级文化环境中也能得到充分展现,他们在集体中逐渐找到自己、发现自己、实现自身价值,收获满满的自信。

二、以人文的制度文化规范人

班级制度文化是班级全体成员共同认可并自觉遵守的行为准则以及监督机制,它是班级物质文化和精神文化的保障。"国有国法,家有家规",班级管理的有效开展需要温和而坚定的班级制度。用制度来约束学生的语言和行为,强化学生的规范意识,让学生在规范中成长,能使学生遵守纪律,培养行为习惯,唤醒自尊自省。制度文化建设为学生提供了评定品格行为的内在尺度,使每个学生都能自觉约束自己的言行,朝着符合班级群体利益、符合教育培养目标的方向发展。

(一)让学生民主参与班级制度的制定

英国教育家斯宾塞在《教育论》中指出:"记住你的教育目的应该是培养一个能够自治的人,而不是一个要别人来管的人。"制度的基础在于共同的"约定",否则它始终只是一种外在于学生的"束缚"。班级制度不能"自上而下"地由班主任强加给学生,而应该"自下而上"地由学生讨论产生,让他们感到这是他们自己的事,他们是制定者,也是执行者、维护者。共同参与制定的制度才能获得学生的心理认同,从而内化为他们追求的目标,促使他们以积极的态度去执行规定,并进行自主管理。

魏书生老师说过:"班级管理一靠民主,二靠科学。"班级管理是民主的管理策略和科学的管理方法的结合。民主的核心是尊重,即尊重学生的个性发展,尊重学生的主体地位,尊重学生表现自我的需求。科学是在班主任的专业引领下,最终形成一套系统的班级管理制度,具有一定的约束力,在讲规则的前提下实施民主。民主不是放任不管，也不是随心所欲，而是通过共同协商，科学实施班级管理，促进学生的全面发展。

班级制度可分为两大类，一类是以空间为序的，制定的原则是：班级的事，事事有人做；班级的人，人人有事做。可设立岗位责任制，如常务班长、班委会委员、值周班长、值日班长、科代表等。另一类是以时间为序的，制定的原则是：时时有事做，事事有时做。如一日常规、一周常规、一月常规、学期常规、学年常规等。制度既然是师生一起制定的，那么每个人都要遵守。违反班级制度要受到惩戒，违规的同学必须在深刻认识错误的基础上用行动去积极弥补，如写说明书、写心理病历、唱歌、做好事等。同时，同学间要互相监督，遇到违规现象要及时提醒，每个人都有责任维护班级制度的尊严。执行中如遇班级制度中没有规定的事情，应由全班同学集体讨论解决。

班级制度与班级文化息息相关，同时也反映了班主任的文化素质与班级管理水平。班主任在建设班级制度文化时，要注意以下三方面：① 必须与上级部门颁发的法规、政策、条例等一致；② 符合教育教学客观规律、学生的年龄特征与班级实际；③ 注意突出班级目标追求、价值观念、素质要求、作风态度等精神、文化方面的因素。在建设班级制度文化时，不能仅满足于几条文字性公约的制定和强硬性规定的实施，要善于把班级有关公约、规定转化为学生的一种自觉，将"硬制度"与"软文化"融合起来，使班级规章制度既发挥强制作用，又发挥激励规范作用。班级可根据实际情况，制定《班级公约》《用餐须知》《卫生条例》《班干部职责》《奖惩措施》等相关制度。另外，班级制度不要总是冷冰冰的，充斥着"禁止""不许"，应注重启发、诱导，要充满"人情味"，体现浓浓的人文关怀。

下面是某班学生自己制定的几条班规。

1. 它默默地承载着我们的重量，即使我们的重量一天天地增加。你忍心听到它痛苦的呻吟，看到它残损的肢体吗？（不损坏桌凳）

2. 一滴水就有一朵花的故事。（节约用水）

3. 大地是一位朴实的老人，它可不愿再让我们给它涂脂抹粉。（不乱丢瓜皮果壳）

…………

读这样的班规，就如在吟诵诗句，文字中传递着美，就像一股清泉流淌在孩子们的心田。创设诗意的教育情境更有利于学生的健康成长、和谐发展。诗意的情境既包含着对童心的呵护，又引发学生的自主参与，唤醒着他们心中的期待和憧憬，以及对生活的热爱。

创建有"人情味"的制度应注意以下几个方面。

第一，班级制度的管束范围要缩减。"不准做""违者罚"等，是传统制度条文的常见用语。制度的条文越多，束缚性就越大，学生的个性就越容易受压制。缩减班规的条文就是对学生个性、人格的尊重，一个好的班规应朗朗上口，简洁易记。

第二，出发点要尽量温和，要注重学生自我内化的过程。如果学生一违反制度，教师就按条文处罚，毫无商量的余地，学生很容易产生抵触情绪。先提醒、警告，或采取其他灵活的方法，可以使学生先有个认识转变的过程，教育效果会更好。教师要以身作则，以行促知，以知促行，才能确保学生自觉遵守并落实班规。

第三，增加奖励机制。如果只有罚没有奖，会打击学生的积极性，不利于学生个性的发展和人格的完善。采用有罚又有奖、有减分又有加分的办法，充分发扬民主，有利于学生人格的健康发展，能充分调动学生参与班级民主管理的积极性，事半功倍。

第四，以情换情，产生共鸣。班主任首先要有丰富的情感，然后才能用自己的真情实感去感染学生。班主任要做到关心、爱护、尊重学生，传播真理时诲人不倦，交流思想时推心置腹，关心学生时无微不至，参加活动时平等相处，制定制度时充分尊重，以情感人、以理服人，才能让学生更好地理解制度、遵守制度。

当规范意识不断沉淀并最终在学生的心中凝成一种责任感时，学生就超越了一个"自然状态的旧我"，精神的自我成长与完善也就水到渠成了。

（二）让学生自主参与班级制度的执行

每个学生都有发展的潜在性。教师不应简单地发号施令，而要自觉地"放手"，给学生相对的自由，为学生创设一定的空间，让每一个学生都参与到班级制度的执行中来，培养学生的积极参与意识、主人翁精神，让每一个学生的潜能得到充分的发挥。这样,每个学生才能在班级中实现自己的价值,感受到班级生活的愉悦、集体成长的快乐,从而更加积极主动地发展自我、管理自我、教育自我。

苏霍姆林斯基说:"只有能够激发学生去进行自我教育的教育,才是真正的教育。"南京市秦淮区五老村小学的方老师肯定学生的独特价值,通过师生共创目标、岗位、舞台等路径,营造积极的班级文化,唤醒学生的生命自觉,充分调动他们的内驱力,涵养自主自信、求真求实的品质,帮助学生实现自我管理、自我教育。

1."制定本真目标":自我实现

人是有主观能动性的,要帮助学生建立目标意识。每完成一个小目标,都是对自己的一个正反馈,它会激活大脑的"奖赏机制",从而使学生充满动力和热情。朱熹曰:"为学须先立志。"每学期期初,每位学生都会亲笔写下"学期小目标",小小的目标,小小的活动,却给了学生明确的努力方向,让成长可视化。

2."搭建本真舞台":自信演绎

"我是演说能手""我是朗读能手""我是新闻播报能手"等活动坚持开展3年,日日有展示,次次有点评。方老师还带领学生们在央视组织的"朗读亭"活动中大声表达,自信绽放,学生逐渐由胆小怯懦变得乐于表达、自信大方。

教室里空余出3平方米,方老师放手让学生们思维风暴、大胆创造,从平面设计到布置装潢,学生将亲手绘制的图纸变成了现实,打造了一间"科学魔法室"。在这方小小天地里,他们做实验、出版了一期期科学班报,还拥有了属于自己的公众号,学生在这样的活动中遭遇困境,直面困境,获得知识。

3."做好本真岗位":自立管理

班级实践"本真小岗位"管理制,设立"礼仪监督员""雨伞小管家""护眼小天使"等多个岗位,传递"人人有岗,我为人人"的服务理念,鼓励每位孩子参与到班级管理中来。对于特别优秀的学生,给予"浇花券""一日班委券"等充满创意的奖励;对于个别调皮的学生,方老师借鉴了郑学志校长的"记账式惩罚":有违规,先记账,如改善,不惩罚。学生们在有弹性、有温度的奖惩中,由松散走向自律,班级逐渐形成向上、进取、团结的良好样态。

学生的知识、能力和思想行为，在各种实践中才能获得提高，在实践中经过有目的的锻炼有助于学生形成良好的行为习惯。"班级小岗位"负责制使班级中没有一个"闲人"和"客人"，实现了人人有事干、事事有人管，学生在管理中学会做事、学会做人、学会服务、学会生活，形成了人人都是小主人的班集体。这样把班级交给学生，学生就会对班集体、对同伴时刻具有高度的责任心，主动为班集体建设发挥聪明才智，个性品质也获得了相应的发展。

让每个学生都参与班级的管理活动，对于培养学生的主人翁精神和提高自尊心、自信心，发挥创造性、独立性，以及建立民主的师生关系具有十分重要的意义。学生参与构建班级文化，从中规范自己的行为，这种参与会在学生心灵中留下深深的印痕，促进学生身心的健康成长。

习惯的力量是巨大的，对一个孩子的影响也是深远的。作为一年级的班主任，想帮助孩子尽快适应小学生活、养成好习惯，有一条"捷径"，那就是做好班级岗位建设。

那么班主任在接手一个新的班级后，究竟要怎样进行岗位建设呢？我分三个阶段，并结合"21天法则"，在循序渐进的过程中培养孩子的岗位能力。

建设好班级的小岗位，不仅是促进学生良好习惯养成的有效途径，更重要的是可以将班主任从繁重的班级事务中解放出来。同时还能培养学生自我管理能力，形成自由民主又积极向上的班级氛围，真可谓是一举多得。

我从前期准备、中期培养、后期调整三个阶段再结合"21天法则"的方法进行岗位评价激励，逐步推进岗位建设，为孩子们提供成长的舞台，从而帮助学生快速适应小学生活。

一、前期准备阶段

1. 确定岗位类型

班主任要在开学前就确定所需岗位有哪些，可以根据学生年龄特点或自己的带班习惯来设定。我根据岗位特点分为三类，第一类是"管理型岗位"，这类岗位要求较高，需要面向全班学生，因此需要学生既自律又自信。第二类是"服务型A类岗位"，这类岗位多是细致的活，因此需要孩子比较细心。第三类是"服务型B类岗位"，这类岗位要求相对低一些，因此适合大部分学生进行初期体验。

2. 了解学生特点

一年级学生根据性格特点大致也可以分为三类。第一类是"自律自信型"，这一类学生性格活泼，擅长与人交际，且对自我要求较高，自律性较强，适合作为第一批管理型人才来培养。第二类学生是"自律内敛型"，他们遵守纪律，有较强的自我管理能力，性格沉稳内敛，心思细腻、做事认真，这类学生可以作为第一批"服务型 A 类"人才来培养。第三类是"活泼好动型"，这类学生思维敏捷、动手能力强，喜欢参与班级的各项活动，适合作为第一批"服务型 B 类"人才来培养。

二、中期培养阶段

1. 明确岗位要求

低年级学生对于"岗位"概念一无所知，不清楚自己究竟要做什么，这就需要班主任清晰明确地告知孩子岗位要求。具体到学生需要站在哪里、说什么、向老师反馈什么，班主任都要多次强调，以帮助孩子"复习巩固"自己的岗位要求，只有不断强化，学生才能逐渐接受并理解岗位的概念，并落实到自己的实践中。同时，班主任可以把岗位要求进行简化，便于低年级学生理解，并把要求张贴在岗位栏里，让学生一目了然。

2. 指导岗位实践

岗位实践初期，学生容易遇到各种难题，如害羞腼腆，不好意思开口对同伴进行指导，或者遇到不能主动配合工作的同学就会不知所措。这时，班主任就需要及时给予鼓励和信心，做孩子们坚强的后盾。

对于害羞的学生，我会手把手带着他岗位实践，多带几次，他就熟悉了工作方法。对于那些难度较大的岗位，我会在全班同学面前认真地告诉大家，这些岗位小助手是来帮助同学们一起进步和成长的，我们是一个大家庭，每一个岗位都很重要，每一个岗位也都需要大家的团结与配合，只有互相理解与支持，我们的班级才会越来越好。通过鼓励打气，增加孩子们开展岗位工作时的自信心。

3. 评价岗位表现

有评价才会有促进，每周五班级都会抽出时间对本周的岗位表现情况进行评价，并颁发表扬信，拍照发到班级群。同时还要根据一学期的岗位积分情况，进行学期末的岗位评比，颁发学校的岗位荣誉证书。在岗位建设初期，岗位评价也需要遵循一定的规律，让孩子有一个逐步适应和提高的过程。因此，根据学生上岗时间的长短,我把岗位评价标准以游戏进阶的方式设为四档。这样的评价标准既不会使学生产生畏难情绪,又可以让学生在计划的时间里胜任岗位。

三、后期调整阶段

1. 进行岗位轮换

一两个月之后,班级岗位制度基本成形,学生已经熟悉自己的岗位职责。此时班主任就可以放手,把班级还给学生,让第一批岗位学生做"小老师",指导一到两个新同学做岗位工作。这期间,"小老师"要对新人员负责,岗前培训、岗中评价等都需要"小老师"一一亲自指导。待新人员熟悉了岗位要求,就可以进行岗位轮换。这样,每个孩子都能找到自己的"用武之地",感受到为班级服务的乐趣,也培养了他们团结合作、沟通协调、人际交往等多方面的能力。

2. 丰富评价形式

除了教师评价,还可以同桌评价、小组评价、家长评价等,拓宽评价主体的范围。除了一周评价,也可以根据岗位特点进行一日一评、一月一评等,通过多种方式提高评价标准的科学性与合理性。

通过岗位建设亲身实践,班级的常规表现取得了明显的进步,班级也被多次评为校"五星班级"和"常规标杆班",我也多次获得"优秀班主任""师德标兵"等荣誉称号。有效的岗位建设促进学生好习惯的养成,让班级发展走上了更宽广更平坦的道路,也让我不再畏惧做班主任,感受到了做班主任的幸福。[①]

三、以高尚的精神文化净化人

班级精神文化是班级全体成员的群体意识、舆论风气、价值取向、审美观念等精神特质的反映,是班级风貌、个性特点、人格魅力的集中表现。班级精神文化是班级文化的核心内容,具有移情、承载和凝聚的功能,是师生共同创造的一种精神财富,是规范学生行为、熏陶学生人格、陶冶学生情操的重要手段。

良好的班级精神文化能使班级保持一种内在的活力,使置身其中的每一个学生都受到感染与熏陶。建设班级精神文化的过程,就是叶澜教授所主张的"把

[①] 牛婉冬.小习惯,大成长[J].中小学班主任,2023(1).

个体精神生命发展的主动权还给学生"的过程,是让学生感悟人性、释放心灵、重塑灵魂、建构生命的过程。

(一) 设置发展基调,创设优良班风

不同的班级有不同的发展基调,也就会形成不同的班风。如何为学生、班级设置发展基调,班主任可以有不同的选择,但以下几个"元素"需要全力涵育。

一是富有爱心。别林斯基说:"爱,是教育的工具和媒介。"爱是班级文化的基础,又是班级文化的关键,爱心的培养是班级情感文化建设的核心。首先,班主任要用爱来陶冶学生。热爱学生是班主任的重要职业道德,是做好班级教育管理工作的前提条件,是开启学生心智的钥匙。班主任有爱,才能赢得学生的信赖,才能让学生满怀信心地学会生活、学会关心、学会尊重,才能让学生既能适应生活,又能主动地参与生活、创造生活,感受生命与生活的意义。其次,班主任要着力培养学生对他人、对班级、对老师、对父母、对学校、对社会、对国家的爱心。一个有爱的班级才能谈得上精神文明建设。

二是积极向上。电视剧《亮剑》中,主人公李云龙特别擅长为所带部队注入一种与众不同的"气质",即战士们一上战场就勇往直前,绝不退缩,有超越人员和设备局限的极强战斗力。班主任带班也应注重培养班级积极向上的"气质",充满正能量的集体有利于成员产生健康情感和积极性,催生稳定又持久的发展力,从而促进学生品德成长、学业进步、身体强健。

三是尊重理解。班主任要充分发扬民主,创设一种平等的教育情境与氛围,使师生之间、同学之间感情融洽,充满温馨与感恩。简单来说就是尊重学生的"童言无忌",保护学生的"异想天开",理解学生的"无心之过",让每个学生在教师面前都能畅所欲言,勇于展示,真正树立起新型的师生观。班主任还要引导学生相互尊重理解,让班级成员人人爱集体,又被集体所爱;赞美别人,也被别人赞美;为班级争光,为同学服务。

四是团结合作。要特别重视把班级作为一个情感共同体来建设,特别重视团结合作氛围的营造。如在班里开展"一帮一"的活动,学习成绩优秀的同学帮助暂时落后的同学,利用课余时间互帮互学,发挥集体力量,形成团结互助的班级氛围;组织学生欣赏一些具有教育意义的影片,如《玩具总动员》《空军一号》

等,让学生们通过影片认识到团结友爱的重要性,使团结合作成为自觉行为;结合班级开展的各种主题活动,如"友谊地久天长""共同创造美好明天"等丰富学生的班级生活,强化团结友爱的情感体验;班级以小组合作的形式组建成长共同体,同学之间你追我赶、互帮互助,以团队促进个体成长等。

(二) 书写无字之书,彰显人格影响

俄国教育家乌申斯基曾经说过:"教师的人格就是教育工作中的一切。""只有从教师的人格的活的源泉中才能涌现出教育的力量。"班主任是班级的"灵魂",是班级的领导者、教育者和组织者,对学生的全面发展、健康成长负有全面的责任。班主任是与学生接触最多、对学生影响最大、跟学生交往最密的教师,班主任的人格魅力对学生起着重要的教育作用。

1. 班主任应该是一个有思想的人

从某种程度上说,班级文化的风貌就是班主任思想风貌的外现。比如,李镇西老师在新生报到的时候就对学生说:"让别人因自己的存在而感到幸福。"后来他的学生听说他要外出学习都十分不舍。因为他已经成为学生中的重要一员,他把自己的心呈现在学生面前,把每一个学生都放在自己的心上。从他的著作《从批判到建设》中可以看出,他不仅读过许多优秀的教育论著和文艺作品,而且有自己的观点与想法,他的班级能成为一个优秀的温暖的集体与他的学识是分不开的。所以,要建设良好的班级文化,班主任必须是一个有思想的人。

2. 班主任应该是一个真诚的人

班主任在教育教学活动中出现失误时,应坦然面对,真诚改正,这样会让学生更加信服。班主任应当公正地对待班级内的所有学生,要让每一名学生感到平等的幸福。班主任要让自己融入到学生中去,承担一个普通学生的职责,比如参加值日、参加体育活动,这也是言传身教的重要内容。总之,班主任要用高尚的精神鼓舞学生,要用真诚的心灵面对学生,要用宽广的胸怀容纳学生,这样,班级文化才能朝着积极健康、文明向上的方向发展。

3. 班主任应该是一个充满爱的人

苏霍姆林斯基说过:"教育的技巧奥妙在于如何爱护儿童。"爱,是教育的前提与核心。班主任要尊重学生的独立人格,尊重学生的与众不同,尊重学生的

鲜明个性。美国著名的聋哑女学者海伦·凯勒在成长的路上遇到了恩师安妮·萨利小姐,萨利小姐在海伦的成长中默默充当人梯,充满爱心,无私奉献,她一直鼓励着海伦在曲折的人生道路上奋勇前进。优秀的班主任必然对学生充满着爱,凝聚着情。"把学生当成自己的朋友","这个朋友不是浮泛的称谓,而是开诚相与,论情谊不亚于家人父子"(叶圣陶语)。"感人心者,莫先于情",有了这份情,自会对家境贫寒的学生多一些温暖,对患病的学生多一些关心,对学习有困难的学生多一些亲切的鼓励,关心爱护学生的行为会拨动学生心灵深处的琴弦。

4. 班主任应该是一个公平的人

公平公正是师德的重要内容,班主任应该树立公平公正的形象。苏霍姆林斯基指出:"很难想象还有什么比由于不公正而产生的情感上的麻木更能摧残儿童的心灵了。"教师与学生在人格上是平等的关系,尊重学生是教育获得成功的基础。只有平等公正地对待学生,才能真正建立起良好的师生关系,打通教育的通道。教师的偏私与不公会使学生失去公平感,造成感情的压抑和心理的不平衡,挫伤学生学习与要求上进的积极性,不利于学生身心健康的发展和优秀品质的培养。作为教师群体中与学生接触最多、参与学生日常活动最多的一个教师群体,班主任的公平公正有助于积极班级文化、良好班级风貌的形成。

5. 班主任应该是一个擅长赏识教育的人

班主任要以真诚、欣赏激发学生潜能,激励学生上进。"数其过,不如奖其一长"和"教者也,长善而救其失也"说的就是这个道理。陶行知先生的"四颗糖"故事就是典型的赏识教育。面对男孩与同学交往间不恰当的做法,陶行知先生发现他的闪光点并巧妙激励,用四颗糖化解了孩子心中的愤怒、自责、恐惧和羞愧,如同一道光照亮了孩子。可以说,没有赏识就没有教育,赏识教育有助于激发学生学习、工作的积极性,增强班集体的凝聚力。只有这样才能走进学生的心灵,才能在班集体这一方肥沃的土壤上,培养出更多健康向上的学生。

(三) 创建文化载体,提升文化品位

1. 通过班刊渗透班级文化

每个学生的心中,都有一个舞台。那里,有光荣和梦想。班刊就是这样一个展示班级文化的重要平台,是学生展现独特个性的平台,它凝聚着班级学生的集

体智慧,记录着班级的成长印迹与前进步伐,作为班级的一种文化载体,班刊具有独特而宝贵的价值,其文化能量不可低估。

聂老师通过"我们1班·群英荟萃"的班刊创作,鼓励儿童从"铃儿响叮当(我爱音乐)""五彩四季(我爱绘画)""行走城市(探索自然之美)""亮眼睛行动(寻找身边小确幸)"等专题带领班级学生积极发现校园生活的美、行走城市的美、文明礼仪的美、人际相处的美。孩子们用稚嫩的笔触留下了对"美"的追寻。

"一出地铁站,迎面走来了我的好朋友,好幸运,这一天在快乐中开始啦;校园里新添置的五彩展板,我看到了我们班同学,好骄傲,这一天在自豪中开始啦;课堂上,你说一句我说一句,热热闹闹,好激动,这一天在收获中开始啦;下楼梯的时候,一不留神差点摔倒,不认识的她扶住了我,好样的,这一天在点赞中开始啦!"

诗意的语言,独到的理解,迎面扑来的是文化的气息。由此可见,班刊在班级中能够营造一种层次多样且品位较高的文化氛围,在学生的眼中,班刊是他们的"好朋友"。创办班刊,将学生的好文章精选出来刊发在上面,让孩子们都过把"上报纸""当作者"的瘾,不仅能记录学生精彩的童年和成长的足迹,还凝聚着师生的集体智慧与心血。

班刊是班级精神文明建设的基地,搭建了思想文化交流的平台,展现了班级独特的风采,增强了班级凝聚力和团队协作精神,启迪了学生心灵。有了班刊这一平台,同学们的童年趣事定能奏出优美的旋律,婉转悠扬,时时回荡在我们耳边。

2. 通过晨会、班会展示班级文化

晨会、班会是班主任对学生进行教育的重要途径和班集体活动的一种重要形式。晨会、班会要体现教师的引导性,突出学生的主体地位,把时间还给学生,让学生自己去管理、去体会、去支配,让学生做学习的主人,通过晨会、班会展示学生丰富多彩的精神文化。一位班主任做了如下的尝试。

聂老师在引导班级学生践行社会主义核心价值观的过程中,选择充分信任、毫无保留支持,班级里师生之间形成了一种默契,每月月底的班会课上,学生以小组合作的方式进行一月精彩故事分享,并在小组中推出最佳讲述人,进行全班分享。社会主义核心价值观绘本围绕24个字、12个词,用生动有趣的故事进行阐述,儿童娓娓道来,成长潜移默化;红色故事会,以史为镜,知史爱国,一个好的红色故事,胜过教师千言万语,让青少年主动走进革命历史的峥嵘岁月;中国的传统文化博大精深,内涵丰富的故事里引导着儿童孝敬父母、尊敬师长、友爱同学,学会感恩,明辨是非……每期故事会,聂老师会组织学生围绕故事展开讨论并适时加以诠释,引导学生发现故事背后的教育意义,从而实现故事主题的升华,增进学生对社会主义核心价值观的认知和认同。学生从课前故事的搜集与整理、课中故事的呈现与讨论、课后学生的回馈与实践,形成了从知识、情感、行为三个目标维度的有机统一,激发了儿童主动力行的参与意识、探索欲望、求知能力。①

晨会短短的15分钟,给了每一个学生展示自己的机会。在自我满足和互相欣赏中,同学情谊加深,班集体凝聚力进一步加强。在促进班集体文化建设的同时,对学生形成健康鲜明的个性又起到了激励促进的作用。整个班级形成了一种良好的学习氛围,每一位学生在愉快的氛围中接受教育、锻炼能力。

3. 依托网络拓展班级文化

班主任可以把网络技术的工具性、交互性、主体性与班级文化的知识性、趣味性和教育性相结合,把网络信息资源的丰富性、快捷性、互动性与班级文化的自主性、现实性、实践性相结合,为学生创造更广阔的班级文化空间。例如,班主任可以开放"班主任信箱""网络悄悄话",通过线上对话,进一步营造班级健康心理文化氛围。还可以在班级网页开设"学生作品小屋""儿童精品榜""感悟日记选登""班级小论坛"等栏目,学生能通过线上平台参与班级同学间的互动,"我是小作家""校园读书节""阅读成长""剪纸艺术"等主题活动为每一位学生搭建了展示自己的舞台,"班级明星""学生风采"让赏识教育有了留痕的空间,学生的广

---

① 改编自:聂黎萍.学生主动力行的班级核心价值观引导建构研究[J].中小学班主任,2023(11).

泛兴趣与特长在这里得到了充分的呈现。依托网络发展班级文化，有利于班级特色文化作品的长期保存，丰富班级文化建设的底蕴，增强班级文化在班级管理、思想道德建设中的实效性。

4. 通过班级"绿色日记"升华班级文化

"绿色日记"要求记录真人真事，不编造，不杜撰，反映自己的真情实感，不可无病呻吟。写作的形式分两种：一是随意式的，二是命题式的。命题也有固定题和特殊题两种，固定的命题如《今天，我最……》《本周记事》等，让学生写作这种命题，能准确及时了解和处理学生出现的问题，便于开展班级管理和建设。特殊题一般反映节假日的感受、参加有益活动的体验、对偶然事件的思考等。例如，开学初写《同学，你好》、母亲节写《妈妈，我想对你说……》、体育节写《快乐的体育节》、科技节写《科技节畅想》、读书节写《我喜爱的书（诗、名言）》、艺术节写《台上台下》；此外，还有《写给灾区同学的信》《"神六"升天了》，等等。日记以学生记录身边发生的事件为线索，以抒发自己的真实感受为契机，既是见证学生成长的文字相册，同时也是联系师生情感的纽带。

5. 利用班级小剧场宣传班级文化

教育就是学生社会化的过程，班级是学生成长过程中的第一个社会化组织。班级小剧场以戏剧的艺术形式将学生的真实情感展现在集体面前。班级小剧场活动便利，每周班会课、午间休息或大课间，学生都可以进行表演，以剧为媒，实现自我教育，学生通过角色扮演等方式，在参与的过程中学会自省、合作，构建一个和谐的班集体，打造积极向上的班级文化。

班级生活的各个方面都可以是小剧场表演的素材，那些令同学们感动的、温暖的事，那些让大伙儿郁闷的、无奈的事，那些令集体尴尬的、挫败的事都是学生创作的灵感来源。学生选题的过程就是关注自我、关注他人、关注班集体的过程，更是深度反思的过程。

《足球场上的"战争"》呈现了学生游戏中得失心理引发的矛盾，《热闹的科学课》澄清课堂纪律和学生学习之间的关系，《垃圾桶的自述》反映了学生随手丢弃垃圾的不文明现象，《爸妈的争吵》讲述了与父母对抗带来的烦恼，《竞选之后》让学生学会从挫折中站起来……班级小剧场的开展，让学生学会关注他人的感受，在集体中实现个人的发展。

(四) 设定文化标识，凝练班级特色

正如世界上没有两片相同的叶子，世界上也没有完全相同的两个班级，每个班级的文化都应有自己的个性，充满个性的班级文化才是学生真正需要的。班级文化的个性通过班级中每一个成员的行动表现出来，或者说它是班级成员行为的共同特征。每个班级应充分利用自己的资源优势，精心发掘班级学生的文化潜质，培育独特的班级文化特色，张扬班级文化个性。

班主任应精心组织学生共同讨论、认真筛选，研讨班级文化特色的内容、载体、名称、口号、班歌、班徽、班旗，以及对班徽、班旗的解读。这些班级特色文化标志物的选定和使用，能提高班级凝聚力，是全班学生爱班级、爱同学的"连心锁"。创建有特色的班级文化是班级文化建设的新境界，以下展现了部分班级的文化特色。

五老村小学方老师的班级文化特色是"展示自信的我"，"我是演说能手""我是朗读能手""我是新闻播报能手"等活动坚持开展 3 年，日日有展示，次次有点评。她还曾带学生们在央视组织的"朗读亭"活动中大声表达，自信绽放，学生逐渐由胆小怯懦变得乐于表达、自信大方。教室里空余出 3 平方米，她放手让学生们思维风暴、大胆创造，从平面设计到布置装潢，学生将亲手绘制的图纸变成了现实，打造了一间"科学魔法室"。在这方小小天地里，他们做实验、出版了一期期科学班报，还拥有了属于自己的公众号，学生在这样的活动中直面困境，获得知识。

小营小学的陈老师为培养孩子们的爱国情怀和国防意识，每个秋季学期，都会开展一场轰轰烈烈的武器模型制作活动。他们班常常形成"大人小娃"齐上阵的局面，大手小手齐开动，为班级的专属"军火库"添砖加瓦。放眼望去，海、陆、空、天各式装备分列眼前：威严挺立的长征火箭、整装待发的歼 10 战机、气势逼人的狙击步枪、霸气无比的辽宁舰航母、鳞次栉比的各型舰船、黝黑闪亮的陆战之王……等您一一检阅！学生们开动小脑筋、发挥想象力，充分利用各种材料拼接搭建、巧妙组合。每个尖端武器模型的背后，都是一个中国少年对武器装备的懵懂热爱，是一群祖国未来对强国强军的热切回应。

北京东路小学阳光分校的阚老师在班级积极开展七彩公益活动，鼓励学生积极参与社会实践，争当合格小公民。(1) 垃圾分类情景剧——为积极响应垃圾

分类的倡议,班级组织了垃圾分类情景剧表演,并在班级、学校和社区范围内进行巡演,号召大家共同践行垃圾分类,保护环境。(2)美丽楼道志愿服务行动——每年寒暑假,"小彩虹"们积极参与美丽楼道志愿服务行动,从家门口、从楼道上,一点一滴创美丽楼道,一言一行护美好家园。(3)彩虹爱心义卖——用汗水挣收入,为山区献爱心,孩子们小小的身影不停奔波,用自己的实际行动为社会做着力所能及的事情。

班级文化指引着学生的发展方向,班主任应在新课程理念的指引下,努力打造有特色的班级文化,使得学生精神振作、相互信任,在保持良好班级氛围的同时激发集体的生机与活力。

问题与思考

1. 结合你的体会,说说怎样才能提升教室文化建设的品位。
2. 有人说,规矩使个性得不到张扬,不利于学生的个性发展。你是怎样看待这个问题的?
3. 班级精神文化建设在班级文化建设中有着重要的地位,班主任可以通过哪些方式建设班级精神文化?

拓展阅读

1. [美]霍华德·加德纳.多元智能[M].沈致隆,译.北京:新华出版社,1999.
2. 钟启泉,崔允漷,张华.为了中华民族的复兴 为了每位学生的发展:基础教育课程改革纲要(试行)解读[M].上海:华东师范大学出版社,2001.
3. 郭思乐.教育走向生本[M].北京:人民教育出版社,2001.
4. 窦彩丽.营造班级文化气象:谈班刊在班级文化建设中的灵魂作用[J].小学德育,2004(22).
5. 赵福江.班主任不会带班怎么办[M].北京:金城出版社,2020.

第五章

奏响和谐旋律
——小学班主任沟通与合作

校园艺术节上,终于到五(2)班表演合唱《最好的未来》啦!灯光打开,舞台绚丽、闪耀,45个孩子就像一颗颗闪闪的星星,落落大方地走向舞台中央。担任指挥的吉远航帅气地转身,右手轻轻地扬起,"每个梦想都值得灌溉……每个孩子都应该被宠爱,他们是我们的未来,这是最好的未来,我们用爱铸造完美现在……"天籁般的歌声伴着优美的音乐流淌而出,回响在剧场的角角落落,令人沉醉!雷鸣般的掌声里,一群人在台下幕后闪着激动的泪花:节目总策划、五(2)班的班主任李老师,站在剧场后面帮忙拿衣服的数学老师,排练以来常常泡在班上负责训练的音乐老师,负责服装、舞美布置的美术老师和英语老师,帮忙搬台坡、道具的体育老师、科学老师,一大早来帮忙化妆、此刻站在台后抱着一堆衣服的家长志愿者……

上述案例中,班主任聚合学校、家庭、社会的教育资源,形成班级教育合力及生长力,营造出互助互爱、民主和谐、健康向上、自觉成长的集体氛围,唱响了和谐的乐章,形成具有特色的、充满活力的班级文化。

过去的班主任倾向于把自己的班级看作个人的"包干区",管理只局限于学生在校的时间,结果往往导致"狭隘的集体本位主义"。而现代意义上的班主任则不同,《中小学班主任工作规定》(教育部2009年8月印发)第十二条要求班主任要"经常与任课教师和其他教职员工沟通,主动与学生家长、学生所在社区联系,努力形成教育合力"。这说明,当代的班主任是学校、家庭、社会的重要纽带,是各种教育资源和教育合力的协调者。

2023年1月13日，教育部等十三部门联合印发的《关于健全学校家庭社会协同育人机制的意见》中提出："健全学校家庭社会协同育人机制是党中央、国务院作出的重要决策部署，事关学生全面发展健康成长，事关国家发展和民族未来。""五育并举""三全育人"需要家校、社会共同参与，班主任必须提高沟通与合作意识，增强沟通与合作能力，提升沟通与合作成效。

一、师生沟通与合作

这里说的师生沟通与合作主要是指班主任与班级学生之间的沟通与合作。师生交往是班主任实施德育，进行班级管理与建设的主渠道及重要内容，良好的沟通与合作是打造优质班级的基础。

(一) 师生沟通与合作的目标

良好的师生沟通与合作，应以建立和谐的师生关系为目标。

1. 平等共存

传统班级管理中，班主任居高临下、搞"一言堂"，如此是得不到良性的呼应，也达不成真正的沟通与合作的。和谐的师生关系强调平等共存，班主任要"接纳""珍视""欣赏"每一个孩子，促进班级健康生态的建构，从而潜移默化地影响与教育孩子们发现自我、尊重他人、敬畏生命，在交往中建立公平意识，营造健康平和的班级氛围。

2. 相互关心

班主任要将关心建立在学生的成长需要上，并进行合理的表达。在长期、密切的共同生活体验下，加上成长中的情感需求，学生也会逐渐对班主任产生关心的情感，师生相互关心就能促进班集体的健康发展和每个学生的成长自由。

3. 共同成长

关心源自本性，但学校教育的独特意义更在于其对人的价值的提升。班主任要用全部的教育智慧去引导学生的发展，有意识地创新教育活动的设计与实施，在具体的教育实践中促进学生的健康发展和生活质量的提升。同时，学生的成长需要、发展势态能够启迪班主任,让班主任感受童趣、童真、童心,获得职业发展的动力,确立职业发展的目标,规划职业发展的路径。这样的"共同成长"是新时代背景下理想师生关系的新样态。[①]

(二) 师生沟通与合作的原则

1. 全面了解

班主任要在建构新集体时对班级中的每一个学生进行全面详细的了解,如性格特点、家庭背景、成长环境、学习能力、生活习惯等,最好能形成电子成长档案,并跟踪记录,从而避免只凭感觉开展工作的弊端。只有看到学生行为背后的动机与内心需求,才能从根本上解决学生的问题。

2. 平等尊重

过去一些班主任在学生面前是发号施令的角色,这样的不对等带来的就是师生之间沟通的不平等,沟通效果当然也不会好。要想师生之间形成健康的、彼此共生的理想关系,班主任就需要学会蹲下身子,平视儿童,从儿童视角去理解、尊重、肯定他们的想法与做法,用儿童愿意接受的方式表达建议与意见,这样才能与学生达成良好的沟通与合作。

3. 情绪管理

一个班级就是一个小小的社会,面对纷繁复杂的班级事务,优秀的班主任要善于管理情绪。这样才能有效处理各种突发事件,培育稳定平和的班级氛围,影响并引导学生形成正确行为习惯,让师生在保持和谐关系的同时促进彼此之间良好的交往。

(三) 师生沟通与合作的策略

在明确沟通与合作的目标、原则后,策略的选择就显得至关重要。师生沟通与合作的形式有很多,如晨会课、班会课、个别谈话、集体谈话等,以问题驱动、现象解读、话题辨析等方式实现;还可以通过书面语言进行沟通,比如书信、小纸条、悄悄话、班级信箱、评语等,既避免面对面时学生的拘谨、紧张,也更加便捷和

---

① 李家成.班级日常生活重建中的学生发展[M].福州:福建教育出版社,2015:81-84.

私密,更易让师生之间形成平等、相互理解和相互关心的关系,更好地达成教育目标。

1. 师生角色"交换律"

"孩子的头脑不是一个容器,而是一个需要点燃的智慧的火把。"优质的师生关系是一种多角色的综合关系,教师既是知识的传播者,教学的发动者、组织者,又是学生的朋友、榜样;既是课程的组织者、实施者,又是开发者和创造者。要顺利地担当这么多的角色,新时代下的班主任可以适时将师生的角色进行"交换"。

这里的角色"交换"是指师生在沟通与合作上通过换位思考,实现真正的共情、互相理解和相互成就。以制定班规为例,有些班主任在开学初就会把一以贯之的班规拿出来跟学生约法三章,当班规只"姓"班主任时,班主任与学生的沟通就是一种"管制""管控",这样的不平等带来的就是学生"惧怕""当面一套背后一套""口服心不服",这种师生关系下的班集体氛围既紧张又缺乏安全感,从而导致班规不能真正激发学生的自觉,流于形式。而把学生看作班级的主人、管理者,让学生以管理者的身份参与班规制定,根据不同年级学生的特点,采取适合的参与方式,结果则大不一样。以高年级为例,以"小组提案"的方式对班级管理提出具体的问题及解决措施,或以问题驱动的方式引发学生对班集体的关注与参与,通过投票、试运行、实施与监督、再完善,让班规成为学生的自主要求与自觉行为,当学生以主人翁的姿态观照班规时,班规才能真正促成"自我管理",班级内也就自然形成了有序的管理网络。

除了让学生转变角色,班主任也要适时转变自己的角色,把自己放到学生的角色里去设身处地地体验。比如学生们本来在教室里安静地自习,外面突然下雪了,学生的兴致都被外面的雪花吸引了,教室里便不再安静了,班主任该如何做?正上着课时,教室里突然飞进来一只小鸟,搅得课堂不得安宁,甚至调皮的学生已经开始管不住自己时,智慧的班主任如何处理?学生主动帮忙打饭时,却不小心把汤洒在同学的衣服上了,怎么办?当学生多次迟到时,当学生忘带作业时……面对这些情况,班主任应该多想想:如果我是学生,此时最希望的是什么?为什么会这么做?这样一想,处理事情的方式可能会不一样。很多老师,在做了老师之后就忘记了自己曾经也是学生,一味地从成人的角度看问题,管理不好自己的情绪,使得师生之间针锋相对、水火不容,这样极不利于师生之间良好沟通关系的形成和良好班级氛围的打造,更无法形成班集体真正的凝聚力。智慧的班主任在管理好情绪的同时,会从学生的视角思考问题,关注动机和过程,或引领,或指导,或帮助,从而真正解决问题,帮助学生走出困境,获得成长。

2. 师生关系"结合律"

师亦生来生亦师。班主任要把学生当作朋友,有事与学生商量,遇到问题不妨适当地藏拙、示弱,邀请学生一起出主意、想办法,这样不仅能自然地形成师生合力,提高班级工作的质量和效率,而且能够激发学生对班集体的责任感。有的班主任遇事习惯大包大揽,最后自己累得够呛,学生还不领情。比如参加艺术节的合唱比赛,选什么歌,穿什么服装,什么时间练歌,请谁来指导,如何与其他班错开走台,如何协调训练时间……这些都可以与学生共同讨论解决。如果只有班主任一个人按照经验去做,虽然也能做完,但学生却没有从中得到更多的锻炼与成长。如果尊重学生的主体发展需求,适当示弱,和学生一起去梳理需要解决的问题,活动便成为学生发现问题、解决问题、展示自我的成长平台,哪怕过程曲折,但成长的脚印却更加清晰,班级生活也因此生机勃勃、充满活力。

除了学校活动,日常的班务管理也需要师生之间的深度合作。比如过去很多班主任习惯选几个能力强的学生当班干部来管理班级的方方面面,但以"管"为理念的班集体是借助外力来约束学生的行为习惯,师生之间、生生之间容易形成对立甚至对抗的关系。新时代背景下,学生的自主意识、参与意识越来越强,班级是所有人的,只有充分发挥每一个学生的主观能动性,激发每一个学生的团结意识,班集体才能拧成一股绳。班主任可以让学生根据班级生活的需要设置班级岗位,学生再根据各自的特长、优点、喜好进行岗位竞选,明确职责、奖惩措施、轮岗制度等,让每一个学生在集体中都能获得参与感以及自我存在的价值感。在此过程中,班主任不必事事包办,但也不听之任之,而是用心观察、搭建平台、进行方法指导……让集体中的每一个人,包括班主任都能在集体中发现自己,在融入中反思自己、提升自己,从而获得成长。

3. 师爱表达"分配律"

李镇西老师指出,"素质教育首先是充满感情的教育。一个真诚的教育者必定是一位真诚的人道主义者。一个受孩子衷心爱戴的老师,一定是一位富有人情味的人。只有爱心能够滋润童心……爱心和童心,是我教育事业永不言败的最后一道防线"。班主任与学生建立良好关系的前提是"爱",智慧地表达爱是优秀班主任专业性的体现。班主任要对学生有全面深入的了解,只有获得对每一个学生的优点、缺点、发展需求的理性认知,才能更好地提供他们成长需要的适合的爱。班主任既需要平等地关爱每一个学生,也需要将"特别的爱"给"特别的人"。比如调座位时,当所有学生排着队,按个子高矮依序入座时,师生间的沟通是无声胜有声的;当有的学生以近视为理由提出调座位时,不妨和学生一起商量:调还是不调?哪些调,哪些不能调?怎么调才能少给别人添麻烦?当学生在讨论、商量中意识到在座位安排上可以兼顾近视的同学,且不给别人添麻烦的同时多给别人行方便时,师生之间便形成了有效的沟通与合作,班集体也在这样的沟通与合作中形成了遇到问题商量解决的氛围。在这样的过程中,教师的爱是以一种润物无声的方式抵达所有学生的心灵的。

班主任在建设群体中应当根据学生的不同特点成就个体,以开放的思维接纳学生的多元化,以智慧的爱心促进学生的成长。

二、教师沟通与合作

教师沟通与合作一般是指班主任与班级学科教师之间的沟通与合作。在学校日常活动中,某些学生在课堂上不遵守纪律,被学科教师"遣送"给班主任教育,经常听到学科教师对班主任说:"你们班×××调皮死了,你管不管?"这反映出传统班级育人管理中班主任与学科教师之间的疏离。党的十八大指出"立德树人是教育的根本任务","要把德育渗透于教育教学的各个环节,贯穿于学校教育、家庭教育和社会教育的各个方面"。学科教师是班级组织中的重要成员,承担着学科育人的重要责任,也是班务工作的重要助力,是班主任需要统合的重要教育力量。团结学科教师形成教育合力,是班主任一项重要的专业素养。

(一)教师沟通与合作的目标

班主任和学科教师之间的沟通与合作,应以打造同向发力的教师团队为目标。为此,班主任须努力构建理想的教师团队关系。

1. 乐于帮助,主动分担

良好的教师团队关系一定是乐于相互帮助的,心往一处想,劲往一处使,而形成这样的氛围很大程度上需要班主任的努力。首先,班主任要转变理念,主动把各学科教师吸纳到班级生活中来,在排座位、选班干、安排值日生等事项上多沟通交流,让学科教师在高频参与班级生活的过程中强化"这是我的班,我有参与权"的意识。其次,班主任得有"眼力见儿",当学科教师遇到困难、需要帮助时主动承担,积极作为,面对班级特殊学生、特殊事件时,积极征求意见,主动请教,让学科教师在参与班级事务中有获得感,从而形成积极向上的良好氛围,凝聚成更有力量的教师团队。

2. 荣辱与共,彼此成就

班主任与学科教师之间形成乐于帮助、主动分担的关系后,教师团队建设便有了良好的基础,但这样还不够,只有在日复一日的班集体共建中进一步付出、密切配合,才会使学科教师在潜移默化中扎根班级,对班级的成长抱有期待,从而形成荣辱与共的教育共同体。同时,共同关注与参与班集体建设,能够促进学科教师的教育反思与教育变革,有助于学科教学及管理出现质的改变,从而建构起理想的教师教育共同体生态。

(二) 教师沟通与合作的原则

1. 彼此尊重

班主任和学科教师之间首先要彼此尊重,既不因为对方是刚毕业的"新手"教师就看轻,也不因为对方是领导或是骨干就看重。其次是对彼此教育教学行为的尊重,每一位教师在工作中都有自己的一套行为准则,班主任要本着尊重对方的原则,以友善与协商的方式与对方进行沟通,即使有分歧也不可"当面一套背后一套",应时刻心怀坦荡、团结合作。

2. 相互体谅

在日常教育教学工作中,班主任和学科教师都应该相互体谅,以彼此包容的态度共同面对工作中的困境与难题,共同建设好班集体。班主任和学科教师应该时刻以"一家人"的姿态促进教育教学质量的提升。

3. 团结协作

班主任要与学科教师团结协作，努力建构优秀班集体，通过优秀的集体教育引导个体的学生，从而实现教育教学的共赢。教师之间切忌"自扫门前雪"，否则这种不良关系会让学生左右为难，不利于学生树立集体意识、培育合作精神，甚至影响学习。

(三) 教师沟通与合作的策略

班主任常常会遇到棘手的事情，一个人闷头干会让学科教师感到"你不需要帮助"，学科教师也有自己的管理经验，班主任应以积极、谦虚、共同发展的态度联合学科教师，给予学科教师足够的信任与尊重，从而在协作中提升班级管理质量。

1. 锚定德育目标，形成合力

班主任要和学科教师一起锚定德育目标，形成育人合力，将"立德树人"理念贯穿育人全过程，推进学生的全面发展。

班主任要努力让学科教师乐于参与班集体建设与学生教育，比如主动向学科教师介绍班级学生情况，经常询问学生学科学习的情况。此外，班主任与学生、家长接触更多，对学生的了解更全面、更深入，因此要主动向学科教师提出本班学生存在的问题，及时反映学生的意见和诉求等。同时，学科教师也掌握着一些关于学生的信息，特别是学科学习情况，班主任应该经常与学科教师进行主动交流，这样有利于共同深入了解班级学生的学习动态，吸取班级教育教学的经验，探讨班级教育管理的策略与方法。在与学科教师的交流沟通方面，下面案例中这位班主任做得就很好。

我经常主动与学科教师接触，主要有三种方式：一是特意找学科教师，如到他的办公室了解学生的阶段性学习情况，针对学生存在的普遍性问题或某一学生的学习问题进行专门探讨，让学科教师在无意中更多关注班级和学生的情况，并在经常性的探讨中参与思考、表达意见、卷入班级生活；二是平时多与学科教师交流，如上、下班路上主动打招呼，食堂就餐时、课间偶遇时，可聊学生也可聊家常，以便拉近与学科教师的距离，并及时了解学科教师对班级的想法，及时交换学生、家长的反馈意见；三是全体学科教师一月一聚，畅谈班级的管理思路，交流个别重点学生的教育策略，以便使学科教师之间增进了解，对学生的教育能够互相配合，形成教育合力。

2. 关注学科教学，形成助力

新时代背景下，学科教师不再只是担当学科教学任务，更重要的是要通过学科教学达到学科育人的目标，作为班主任必须主动配合学科教师，关注学科教学，积极提升学科育人成效。

班主任应向学生认真介绍各学科教师，在帮助学生了解学科教师的同时，也为学科教师树立威信，让学科教师在学生中更易获得认同感。在征得学科教师同意的前提下，班主任可以经常听课，了解学科教师的教学情况，关注学生的课堂学习状态、学习困惑，探讨课堂教学中的问题，共同做好教育教学工作。班主任应适度参与学科教学常规工作，如协助学科教师检查作业、监考测验、印发资料等，这样既可了解学生的学习情况，也能够与任课教师联络感情。当出现教学效果不理想的情况时，班主任应该协助学科教师分析原因，寻求对策，从而共同提高教学质量。

班级语文成绩总是不能提高，年轻的语文老师非常着急，学生们也因为不得法提高不了成绩而非常苦恼。为此我专门组织了一次主题班会，邀请语文老师参加，围绕"如何学好语文"展开讨论，并邀请班级中语文成绩优异的学生进行经验分享，同学们提出自己的困惑，师生现场共同讨论、解惑。平时，我和语文老师一道督促学生做好阅读与积累，加强练字与写作训练，搭建各种展示平台，如开展"朗读者""好书推荐""秀书法""一分钟演讲"等活动。慢慢地，学生的语文学习兴趣浓了，班级掀起了读书热，语文成绩也渐渐有了进步。学生越学越有劲，语文老师脸上露出了笑容，工作更加投入了。平时班级中有什么事，她也总是乐于过来帮忙，与学生接触越多，学生对她的喜欢也越多，"亲其师，信其道"，学生对老师的亲近自然地转接到对其学科的学习兴趣上。

3. 针对主要矛盾,形成聚力

学科教师不仅承担教学任务,也担负着教育学生的责任,是班级重要的管理者。在班级重要活动的策划、设计和组织实施中,如制订班级工作计划、改选班干部、安排学生座位、对学生综合评优等,班主任都可以主动征询和尊重学科教师的意见,寻求学科教师的支持和配合,邀请学科教师一同参与到班集体的活动中来。而对班集体中的一些主要矛盾和倾向性问题,也要齐抓共管,形成育人合力。

在以"智能时代"为主题的第二届"科技节"活动中,基于跨学科教学的课程改革背景,我与学科老师一起设计方案、组织活动,让更多助力卷入班集体共建,促进学科学习与德育活动的深度交融。① 了解生活中的智能化设施,探究其对生活的影响,以小组的方式形成调研报告并向大家介绍(《道德与法治》老师负责);② 参观本地科技馆,听讲解,并形成研学报告和机器人设计稿(班主任、科学老师和美术老师负责);③ 根据学习收获和自己对未来生活的设想,撰写《智能时代的明天》科幻征文(语文老师负责);④ 探究智能时代中的数学问题(数学老师负责);⑤ 欣赏视频,了解新一代智能设施工作流程(英语老师负责);⑥ 创编机器人健美操(体育老师负责);⑦ 观看电影《机器人总动员》(音乐老师负责);⑧ 学习创编机器人程序(信息技术老师负责);等等。活动内容涉及语文、数学、英语、音乐、美术、科学、信息技术等多个学科。在活动中,我邀请学科教师参与指导,融入各个学科的教学内容、教学形式、教学方法,强调不同学科的教学方式方法的融会贯通,达成不同学科间的优势互补。参加这样富有挑战意义的活动,学生个个兴趣盎然,满载而归,翻开一本本制作精美的活动手册,我们欣喜地发现孩子们身上蕴藏着无穷的想象力和创造力。

上面这个案例中,如果没有班主任的主动沟通和学科教师的群策群力、积极参与、通力合作,很难将主题活动开展得这么有声有色。而活动过程中,学科教师既推动了学科育人的实施,也促进了班集体的建设。

比如有家长反映学生在课后服务期间不能抓紧时间完成作业,回去又拖拖拉拉搞到很晚。班主任就应先了解该学生在校完成作业的真实情况,是写作业速度慢,还是写作业的态度不端正,还是因为作业量大写不完,等等。不同的原因需要采取不同的策略,要想从根本上解决问题,班主任就需要与学科教师做好沟通,通力合作,从而有针对性地帮助学生解决问题。

三、家校沟通与合作

家庭伴随人的一生,家庭教育是一切教育的基础。教育家蔡元培先生说:"家庭者,人生最初之学校也。"2021年10月23日,第十三届全国人民代表大会常务委员会第三十一次会议上通过了《中华人民共和国家庭教育促进法》,倡导家庭教育以立德树人为根本任务,培育和践行社会主义核心价值观,弘扬中华民族优秀传统文化、革命文化、社会主义先进文化,促进未成年人健康成长。其中,第三十九条至第四十三条明确规定了中小学和幼儿园指导、支持家庭教育的义务和职责。班主任是家校沟通与合作的关键枢纽,做好家校沟通与合作工作,不仅能推动学校教育、班务工作进入高质量轨道,还能提升家庭教育水平,助力学生健康成长。

(一) 家校沟通与合作的目标

1. 提升家长的教育素养

家庭教育是一个专业领域,尽管大多数家长受过高等教育也深爱孩子,但也很难用"专业化的教育能力"改变"跟着感觉走的教育模式"。相关研究表明,大多数家庭存在不同程度的教育问题,因此,家校沟通与合作应提高站位,先给家长补上"教育素养"课,尤其要让家长理解党的教育方针、国家的教育政策和儿童的独特意义,进而确立与时俱进的儿童观、教育观,掌握科学的教育方法。班主任作为受过教育训练的专业人士,应在提升家长的教育素养方面积极作为。

2. 达成家校教育的一致

随着时代的发展,家校沟通与合作面临一系列问题和挑战:教育理解多元化带来的家校观念的冲突,社会对教师群体的误解与偏见带来的家校沟通的尴尬,教师面向学生群体与家长面向学生个体带来的家校认知的差异……家校教育只有形成合力，教育的价值才能最大化，学生的受益才能最大化。因此，班主任应与家长积极协调，加强互动，求同存异，在学校教育、家庭利益、学生发展中寻找"公约数"，从封闭走向开放，从疏离走向融合，从分散走向合作，努力达成家校教育的一致。

（二）家校沟通与合作的原则

传统的家校联系多是班主任以说作业、报成绩、提问题等为主要内容，以致出现"教师向家长告状，家长找学生算账"的情况，这是不健康的家校关系。要增强家校联系的吸引力，班主任必须更新观念，革新内容，创新方法，对家校联系进行全方位改造。

1. 尊重与谦和

班主任与家长的沟通一般是交流学生日常的学习、生活情况，过程中切记要态度谦和，不居高临下、不盛气凌人，要遵循相互尊重、解决问题的原则。良好的沟通态度有利于促成家校合作的开展，如果把孩子的问题迁怒于家长，既不利于班级德育工作的开展，也不利于学生的成长。心平气和的沟通更容易让家长感受到班主任对孩子的关心与爱护，从而信任、尊重老师，支持并配合老师的教育工作。

2. 中正与客观

在家长心里，自己的孩子是优秀的。如果班主任在家长面前只说学生的缺点而不提优点，会严重挫伤家长的自尊心，但只说优点不说缺点，又让家长无法准确认知自己的孩子。因此，在家校联系中，班主任要本着中正而不偏执的原则评价学生，给家长树立"每一个学生都有优缺点，每一个孩子都能成才"的教育观念，共同认识学生的可塑性、可能性，认真分析学生的优缺点，对学生有全面的、发展的、客观的认识，并形成相对长远的发展计划。只有这样，班主任与家长之间才能建立起有效的沟通基础。

班级是一个小小的社会，孩子们之间打打闹闹是不可避免的，很多时候班主任需要请家长一起来处理孩子们之间的矛盾、纠纷或其他事故。班主任与家长沟通时务必保持客观中立才能获得家长的信任、理解和支持，从而共同面对问题、有效解决问题。对于一些特殊家庭的孩子，班主任既要有因材施教的本领，也要有包容接纳的态度,以此获得家长支持,从而真正帮助儿童成长。

3. 倾听与理解

家长和班主任在沟通学生问题时,要做好倾听与理解。很多班主任在和家长交谈时,说得多,听得少,有时只顾自己发泄一番,"单方面输出",忽略了家长的感受,导致家长原来想说的话没说,憋了一肚子气,回去拿孩子出气,问题不但没有解决,还造成了新的问题,激化了新的矛盾。因此,要用心倾听家长对自己孩子和学校教育的看法,一是可以营造平等的谈话气氛,拉近与家长的距离,赢得家长的信赖与配合,也更易实现与家长的共情;二是可以在倾听中捕捉信息,了解情况,更好地帮助学生,解决问题。班主任应从家长的视角思考问题,在倾心聆听中共同寻找解决问题、教育孩子的策略,指导家长有效地实施教育,从而促进家校沟通与合作的达成。

(三) 家校沟通与合作的策略

1. 精心组织好每一次家长会

家长会是班主任工作的重要窗口,是教师、家长和学生之间沟通的桥梁和纽带,是促进学生身心健康的重要媒介。

班主任应对传统的家长会进行改革和创新,努力把家长会开成学生喜欢、家长需要的亲情会、分享会、互动会,而不是告状会、批判会。会前,班主任要做好充分准备,聚焦明确的目标:可以是家长关注或需要的信息、方法、经验等,让家长在会后有思考、有收获、有行动;也可以提前进行家庭教育困惑征集,组织专家进行家庭教育辅导,让家长在会上获得教育力的提升。家长会的形式丰富多彩,可以开成研讨会、联欢会、培训会、交流会、表彰会、感恩会等。班主任应仪态端庄,语气温和,语速适中,表达流畅,既展现对家长的尊重,也显示出自己良好的专业素养。一次家长会不能解决所有问题,要根据班级和学生实际,集中解决一至两个突出问题,也就是说家长会要专题化或主题化,追求实效、高效,成为共同教育学生的交流会、提升会。

2. 适时进行家访

家访能够让班主任更加真实地接触和了解学生的家庭情况,更具体地观察到学生性格方面的特征。家长在家里会见老师会感到精神放松,并有充足的时间向老师了解情况,这样的沟通让家长、学生更从容,家长也更能从中感受到老师对孩子的关心,这种放松的状态下,家长和学生更易接受老师的期望和要求。所以,在这个信息化的时代,虽然可以随时"键对键",但也要适时"面对面",从而形成良好的家校合力。家访前要注意与家长做好沟通工作,在得到家长同意的情况下再进行,时间不宜过长,频率不宜过高。

3. 运用网络和网站进行联络

当今社会生活节奏快,班主任工作也越来越忙,挨家挨户去家访有一定难度。再加上现代人的私人空间意识逐渐增强,有些家长不太喜欢教师上门家访。班主任就可以通过电话、短信、QQ群、微信群等建立学校与家庭、老师与家长密切沟通的平台,还可以通过班级主页等发布班级日常新闻,分享班级生活。一些当面不好说的话也能利用文字委婉地表达,从而更好地达到交流的目的。班主任还可以将家庭教育方面的一些好文章、好视频分享给家长,在潜移默化中提升家长的家庭教育力。

4. 创新书面沟通

架设书面沟通渠道是行之有效的家校合作途径,如每个学期初,班主任可以给家长写一封信,让全体家长明确本学期班级发展的目标、任务及措施,争取得到家长的支持。班主任还可以根据不同年级的要求,在适当的时机进行主题式的书面指导。比如一年级入校后,如何养成良好的学习习惯,如何适应小学生身份,如何在家庭中有效地进行亲子阅读等。在提升家庭教育力的同时,更易获得家长的认可和支持。

除了书信,我们还可以创意地开展家校书面沟通。比如从学生进入校门开始,便帮助学生建立个人成长档案,加强成长留痕,把学生方方面面的表现形成文本的、电子的、实物的成长档案,让家长通过阶段性的留痕看到学生点点滴滴的成长,也便于学生对自己的童年有更加清晰的感知,形成更加明确的成长目标。还可以通过家校联系本的方式加强家校之间的沟通与共建,既可以有家庭作业的记录,也可以有心里话的书写,还可以有日常成长的点评记录,让家长不入校门也依旧能全方面了解到孩子的成长现状。当家长们对孩子班级的情况,尤其是自己孩子的学习生活情况有了比较具体的了解后,也更加愿意并善于做出反馈与支持。家长的反馈意见是班主任及时调整教育工作的重要依据。从而促进家校共育更加有弹性,也更加全面、立体、细致、有效。这种特殊形式的沟通在家校之间、师生之间架设了沟通心灵的桥梁,增强了教育合力,提高了教育效率。

《素质发展报告书》内容丰富,能比较全面地展示学校的教育教学常规水平和质量,反映教师的教育水平和学生的学习成绩。用好它,能在家长心目中树立良好的形象,提高威信,赢得家长对学校的信任和对班级工作的支持。班主任给学生写评语应该以鼓励为主,真诚客观,要用发展的眼光看待学生,提出殷切期望。对于学科老师寄语,可以在学期初时指导学生选择确认,并与相应的学科老师取得联系,便于学科老师充分关注学生,要建议学生尽量请还没有给自己写过寄语的学科老师写。这样,学生能获得不同学科老师的评价,更加有利于发现自身的长处,激励自己扬长避短,获得更好的发展。班主任还要注意用好"家长的话"和"孩子的话"两个栏目,虚心倾听家长的意见和学生的心声,实现携手并进。

5. 开展共建活动

班级建设离不开家长的参与,建班之初,班主任便可以面向家长招募志愿者参与班级活动,既能助力活动的开展,也能加强家校之间的沟通,让家长近距离参与孩子的成长。比如,学校开展"六一"游艺活动,家长志愿者们应邀来参加,有的指导孩子摆美食摊,有的教孩子用芦苇叶编风车、青蛙等工艺品,还有的和孩子合制泥塑……还有摄影、摄像的,维持秩序的,做啦啦队的,活动搞得有声有色。此外,还可以通过"家长讲坛"活动,聚焦家长们的职业、特长来为孩子们开设职业启蒙课堂、生活智慧课堂……当军人的家长可以到班级中来给孩子们讲述在部队里遵守纪律的重要性,让孩子们树立纪律意识;当眼科医生的家长可以到班级中来给孩子们讲保护眼睛的必要性及近视眼的形成原因,从科学角度让孩子们认识到保护眼睛的重要性并学习保护眼睛的方法。还可以利用周末时间,以小组活动的方式带领孩子们去敬老院、消防队、图书馆、红色基地等开展相关文化活动,既丰富学生的课余生活,拓宽学生的德育路径,让学生受益匪浅,同时也提升了家长对班级生活的关注度、参与度,密切了班主任与家长的关系、学生和家长的关系。家长也在活动中更加深刻体会到班主任工作的辛劳与不易,从而拉近彼此之间的关系,促进家校间的深度沟通与合作。

6. 开设家长访校日

班主任可以结合学校教学安排,每学期选择一天设立家长访校日,欢迎家长进课堂听课,参加课外活动,与学科教师交流,充分了解学生在校的学习生活情况。真诚地邀请家长提出宝贵意见,齐抓共管班级教育,促进班集体健康快速地发展。在家长访校日,班主任还可以组织班级餐会、亲子联欢等富有创意的活动,让教师、学生和家长在温馨和谐的氛围中分享教育经验,增进亲子感情。这对班级凝聚力的形成、争取家长对班级工作的支持也是很有帮助的。

四、社区沟通与合作

人的教育离不开社会。鲁洁教授说:"我们不能将课程的实施只限定在课堂的时间和空间范围内,而是要自觉地促使课程去追随学生的生活……课堂教学也是一种生活,但必须承认它只是学生生活的一个组成部分,课堂生活并不是自足的、自成目的的,它要不断地从课堂以外的生活中吸取营养,也要不断地为学生其他方面生活提供营养,只有在我们的努力下建构起课堂生活和课外生活之间的良性生态关系时,这样的课堂才在严格意义上称得上是'生活',否则它只能是生活之外的什么东西。为此,在我们的课程实施中要自觉地、有意识地将学生课内课外、校内校外的生活连成一体,把课程带出课堂,使课程延伸和扩展到课堂之外,让课堂教育的作用辐射到整个生活,而不是仅仅满足于课堂上的效果。"①从这个意义上来说,社区是社会的一个缩影,是学生了解社会、走向社会的一个"窗口",是学生核心素养养成的"演练场"。班主任应做好与社区的沟通与合作,充分挖掘社区的教育资源,广泛动员社区各界力量,积极构建学校、社会协同育人新格局。

(一) 社区沟通与合作的目标

1. 资源共享

当教育越来越关注核心素养时,知识、道理的生活化应用就成为素养形成的必由路径,社区是学生走向生活的重要通道。社区的教育资源尤其是特定场所、特定环境所蕴含的教育资源是学校教育的重要补充,也是学生从校内走向校外

---

① 鲁洁.再论"品德与生活"、"品德与社会"向生活世界的回归[J].教育研究与实验,2004(4).

的重要实践场域。班主任要主动与社区沟通、合作,从而实现资源的有效共享:共享一切可使用、可开发的资源,使得物尽其用,适得其所;共享有效、互利的实施策略,让双方在沟通与合作中相互助推,共同进步;共享携手教育的成果,共同承担区域内的教育职责。当双方在资源共享过程中真正融合时,才能实现家、校、社共育的美好蓝图。

2. 协同育人

与社区的合作不同于校内合作,有很多不确定因素,也常常会打破学生或社区工作人员的正常学习、工作状态。因此,在沟通与合作时,班主任要避免"单打独斗",各方人员要通力合作,从活动项目的提出、实施方案的商定、活动实施的路径、参加人员、安全保障等方面进行全方位策划,"众人划桨开大船",同心协力共育人。

(二) 社区沟通与合作的原则

1. 规范有序

活动开展的相关手续、流程符合规范是班级、学校与社区合作必须遵循的原则。班级或学校与社区联手,可能是寻访红色教育基地,可能是参观工厂、设施,也可能是观摩消防员、医生等特殊职业的工作,还可能是在街头进行一些公益行动、宣传工作等。这些活动场所的环境区别于学校环境,班主任要引导学生规范行事,有序活动,这既是对合作单位的尊重,也是对学生自身安全的保障,更是最直接的现场德育。同时,本着规范操作的原则,也要尽量减少对学生正常学习和相关活动场所正常工作秩序的影响。

2. 安全保障

安全是一切教育行为的底线。在活动前,班主任一定要与活动单位做好详细的规划,对活动全程采取安全保障措施,比如出校门的路线、参与活动的场地情况、安全防范注意事项……只有确保实施过程规范有序,安全有保障,各项活动才有可能获得良好的实施成效。

3. 积极互动

虽然与社区的沟通、合作增加了班主任的工作负担,也打破了社区工作的常态,给双方都增加了工作量,但正因为社区环境是班级教育、学校活动没办法替代的,为了学生能有更全面的发展,只有合作。有了这样的认知,才能激发班主任、家长、社区等各方的积极性,在此过程中,各方的积极主动、常态互动、资源开发、反馈宣传都将为学生的成长起到重要的助推作用,有利于实现良好的沟通与合作。

(三) 社区沟通与合作的策略

和社区沟通的形式主要有"请进来"和"走出去"。"请进来"就是把校外优质的教育资源请进校园里来。比如请消防员带着消防设施到学校里来,让学生直观地感受,近距离地接触,深入地了解,这样的合作优于班主任在晨会课上苦口婆心地说教。"走出去"便是把学生带出校门,走向社会,这是针对一些固定的场所、大型的活动现场、特别的基地,真正走进去,教育的价值便在无声胜有声中体现。以参观烈士纪念馆来说,当我们带着学生走进场所,看到高耸入云的纪念碑,听着讲解员的讲解,学生们自然地沉浸到肃穆的氛围中,体验到今天幸福生活的来之不易,这是不可替代的环境教育,这样的教育效果是坐在教室里光听教师说无法达到的。那么,如何有效实施"请进来"与"走出去"呢?

1. 共同开发教育资源

教育是一项系统工程,需要全社会的关心与支持。班主任与社区沟通合作是为了拓展学生的社会交往和实践空间,从而促进学生德智体美劳的全面发展。要想充分利用好社会实践资源,使社区成为有效的教育资源,需要多方面共同参与开发、打造适合学生的课程体系。

(1) 充分合理利用现有教育资源。

图书馆、档案馆、特色工厂、红色教育基地、志愿者服务岗亭等教育资源,可根据不同的时间、节日以及班级的德育主题、学生的身心发展需要进行充分合理的利用。例如,开发"环保"教育课程,可以联合环保局、园林局等生态环境部门共同开展活动;还可以把相关专业人员如消防员、医生、公安警察以及科学家等请进校园,为学生提供更直观、更专业的教育,让专业的人讲专业的事,这样的教育形式会更受学生的欢迎,更能激发学生的兴趣。

(2) 开发具有地方特色的文化课程。

各地的名人、故事、特产、小吃等，都可以通过积极的开发与设计，成为教育资源滋养学生，让学生成为有"根"的人。对于地方特色文化，只有深入了解才能激发学生的归属感、责任感。比如与非遗工艺传承人进行合作，开发特色课程，让学生了解并动手实践；走进家乡博物馆，了解当地的历史，感受时代的变迁……这些具有地方特色的文化课程既丰富了学生的认知，也开阔了学生的视野，更体现了对地域文化和精神的传承。

(3) 根据社会发展创生素养发展新课程。

社会在发展，班主任要对出现的新变化、新要求有发觉力、行动力。比如2021年是中国共产党建党一百周年，这是培养学生爱党爱国的好机会，可以邀请老党员到班级中来，给学生们讲讲党的历史和党员们的成长故事，组织学生参观党史陈列馆等；北京冬奥会的举办掀起了运动热潮，可以和体育馆联系，为学生的体育锻炼提供指导。这些根据社会发展创生的课程指向学生的素养发展，在多主体参与的课程开发中推动了班级、学校与社区形成共育合力。

2. 合作开展系列实践

实践是检验真理的唯一标准。学生的社会交往能力是否真正得到了提高，是否能适应社会发展的要求，还需要在社会环境与实践活动中进行锻炼和检验。多维度校外课程的开发和实施能培养学生的社会交往能力、实践能力，带领学生有效开展社会实践活动是班级、学校与社区沟通、合作的重中之重。在社会实践教育中，要遵循"一条主线，点面结合，综合交叉，螺旋上升"的思路。"一条主线"即以小学生的社会生活为主线；"点面结合"的"面"是学生逐步扩大的生活领域，"点"是家乡的特色城镇，在面上选点，组织活动内容；"综合交叉，螺旋上升"指的是某一主题活动所包含的社会要素是综合的，所涉及的社会领域也不是单一的，可以交叉，同样的内容在后续年段可以重复出现，但要求提高，螺旋上升。下面以"谁不说俺家乡好"大单元主题活动为例说明。

我们设想通过"家乡的名人""家乡的名景""家乡的物产""家乡的美名"等系列活动开展"谁不说俺家乡好"的主题活动。在小学阶段探究完家乡主要的特色产业，充分了解家乡，感受家乡的发展，增强对家乡的热爱之情，激发学生建设家乡的热情。

如六年级"家乡物产"系列活动。我们针对家乡"五个一"(一粒米、一滴油、一个蛋、一条鱼、一根丝)的产业优势,与家长、学生、相关单位、专家共同商讨,设计了一份翔实的活动手册,活动目标明确,要求具体,过程明晰,内容丰富多彩。具体包括:①"五个一"分别指什么,做成家乡"五个一"档案;② 聚焦其一展开研学;③ 以"一个蛋"为例,寻着鸡蛋编码去寻找"天晟牧园"在哪里,了解鸡蛋编码的由来,溯源其产品质量;④ 采访(设计采访提纲);⑤ 寻找"一个蛋"的发展历程,关注其现代化发展路径;⑥ 了解鸡蛋的多样化产业链;⑦ 为品牌设计商标和宣传语;⑧ 听企业发展报告;⑨ 撰写研学感想等。参加这样富有挑战意义的活动,学生兴趣盎然,个个满载而归。翻开一本本制作精美的活动手册,我们欣喜地发现孩子们身上蕴藏着无穷的想象力和创造力。孩子们经历了一系列的实践体验活动,更了解了家乡,学到了很多课本上学不到的知识。"爱我海安,爱我家乡"之情溢于言表。孩子们在日记中这样说:一个蛋的背后竟然是如此高科技的现代化农业,身为海安人,我无比自豪!

3. 共建社区美好生活

(1) 让阅读成为习惯。

要让阅读成为学生的一种生活习惯,仅仅靠在学校读点书是远远不够的,班主任要善于整合社区力量。比如:可以经常和新华书店联系,了解新书快讯,在新华书店开辟推荐阅读书籍区域,邀请著名儿童文学作家做讲座,开展签名售书活动;为每一个学生办一张少儿阅读中心借书卡,鼓励学生双休日、节假日到少儿阅读中心看书、借书,进行电子阅览,参加少儿阅读中心举办的读书沙龙、征文等活动;通过学生向家长推荐少儿名著,倡导亲子阅读,开展"书香家庭"评比活动,激发家长的阅读热情,营造浓厚的家庭阅读氛围;组织学生参加图书馆或社区举办的读书节系列活动……通过这些努力,让学生徜徉于书的世界,遨游在书的海洋,与经典共鸣,和名家对话,自然而然地养成良好的阅读习惯,开阔视野,丰富内涵,提高生活品位。

(2) 让艺术丰富人生。

对艺术的爱好和不懈追求是在活动中生成的。班主任应努力把学生推向艺术的舞台,锤炼本领,提高艺术修养。让学生通过更具个性特色的活动,感受美、理解美、创造美。有的班主任抓住超市周年庆、文化广场纳凉晚会、"肯德基"杯英语讲故事比赛等契机,鼓励并组织学生参加系列活动(书画展、剪纸展、"十佳小歌手"评选等),既丰富了社区生活,又展示了学生的艺术才能,从而更好地激发了学生喜爱艺术、追求艺术的兴趣,让艺术充盈学生的生活。还可以组织学生利用春节等传统节日,在社区开展"爱心送春联""剪窗花"等活动,既为社区居民提供了服务,担当了志愿者,又是对传统文化的传承与接力。

(3) 让运动激活生命。

生命在于运动,班主任要培养学生运动的习惯。可以充分利用社区球场、体育场馆、游泳池等体育运动设施,鼓励并组织学生观看或者参加球赛、游泳比赛及其他体育活动,提高学生的运动兴趣和运动水平,让学生的生活因运动而更加富有活力,更加精彩,从而促进学生身心健康发展。

后疫情时代,人们越来越意识到拥有健康身体的重要性。有小区在放假期间,组织小区的学生一起晨跑锻炼,这样的社区文化非常值得推荐,不仅锻炼了身体,加强了学生之间的交往,也增强了小区居民的凝聚力。有些社区的运动设施、体育馆等场所对学生免费开放,也让学生获得了更多的运动机会。

班主任工作与家庭、学校、社会息息相关,家庭是学生成长的摇篮,学校是学生成长的阶梯,社会是学生施展才干的大舞台。班主任只有通过有效的沟通与合作,将这三者协调整合从而激发出更强的教育合力,才能扎实有效地促进学生的健康发展,培养出符合时代需求的社会主义接班人。

问题与思考

1. 设计一个活动方案,举办一次针对性强、富有特色的家校沟通活动,并写出反思及调整意见。

2. 考察你所在学校的社区环境,思考怎样充分利用社区资源,组织学生开展丰富多彩的实践活动,从而让学生感受社会生活,在体验中有获得感。

3. 在增强班级教育合力、提高教育实效方面,你有什么困惑及成功经验?请围绕这个主题开展班主任沙龙活动,分享经验,探讨解决问题的策略。

拓展阅读

1. 李家成.班级日常生活重建中的学生发展[M].福州:福建教育出版社,2015.

2. 孙云晓.家校合作共育:中国家庭教育的新趋势[M].北京:中国人民大学出版社,2020.

3. 张润林.学校家庭教育指导工作手册[M].上海:华东师范大学出版社,2020.

4. [美]特莉丝·摩尔.家、校、社共育实践手册:洞察、理解并获得家长的支持[M].李浩英,译.北京:电子工业出版社,2021.

5. 缪仁贤,等.课堂、社区、家庭协同教育新探[M].上海:上海科学技术文献出版社,2005.

6. 王欣.王欣老师给学生家长的100封信[M].北京:朝华出版社,2006.

7. 田恒平.班主任讲给学生听的故事[M].太原:山西科学技术出版社,2006.

8. [美]迪尔奥.师生沟通的技巧[M].潘琳,译.北京:北京师范大学出版社,2006.

9. 檀传宝.网络环境与青少年德育[M].福州:福建教育出版社,2005.

第六章

权,然后知轻重
——小学生综合素质评价

一次,我去朋友家做客,朋友家的女儿很活泼可爱,小小年纪礼貌地帮着妈妈为我这个客人端茶递水。我说:"你真是个好孩子。"孩子却悻悻地说:"我不是好孩子。"和朋友交流后才知道,原来,班级每周评选"好孩子",但是朋友的女儿一次都没有评上。再深入一步了解,发现每周获得奖励的孩子总是那几个。

印度电影《地球上的星星》讲述了一个患有诵读障碍、和正常教育体系格格不入的小男孩伊桑的成长故事。虽然伊桑该干的事儿样样做不好,但却很有画画天赋,他热爱大自然,喜欢星空。在他五彩斑斓、生机勃勃的画作里藏着一个只属于他的快乐而童真的世界。可是上课捣乱、成绩糟糕的他,被建议送去寄宿学校。对伊桑来说,去寄宿学校的孩子都是被抛弃的坏孩子。在那里,上课回答不出问题就要被打手背,不会写字就会被同学们嘲笑,成绩糟糕的他,没有老师的赞扬,性格孤僻的他,没有朋友。从前那个活泼调皮的伊桑,变得沉默寡言,就连对自己最爱的画画都提不起兴趣。倍受打击后,伊桑遇到了美术老师尼克。尼克老师特地家访,向伊桑父母讲述他的诵读障碍,被当成替伊桑找借口后,尼克老师还是坚定地相信每个孩子都是独一无二的存在,在他的启发和治疗下,伊桑重拾自信,不断练习。当父亲来到寄宿学校,看到在黑板前努力识字朗诵的伊桑时,才恍悟自己的错误和无知,于是抹着泪默默走开了。

故事和电影启示我们:教师的教育价值观决定着评价的样态,理想的评价应该让孩子觉得从未被判定,一直被激励。而"好孩子"的标准往往像一把刻度精准的尺子,丈量着儿童的成长轨迹,一旦偏离轨道,教师、父母便会予以"矫正"。作为专业的教育者,我们要相信每个儿童都有无限可能,我们可以和儿童一起,寻找一把合适的尺子,甚至是一组套尺,让内涵多元、情境多元、主体多元、方式多元、过程多元、结果多元的评价促成孩子们精彩的成长。

这是一位小学班主任的亲身经历以及对学生评价的感悟。由此可见,错误的评价导向、内容、方式依然存在于小学班级评价中,足以引起我们的警醒。评价,是指人们根据一定的标准和系统的信息对某一事物或对象的具体事实所进行价值判断的过程。[①] 综合素质评价是学校教育教学体系中的重要环节,它对学生素质的各个方面、各个过程进行多渠道认证,是对学生主动发展的积极引导和支持手段。2020年,中共中央、国务院印发的《深化新时代教育评价改革总体方案》强调树立科学的教育评价导向,将立德树人成效作为教育评价的根本标准。通过完善德育评价、优化智育评价、强化体育评价、改进美育评价、加强劳动教育评价,建构"五育并举"的教育评估体系,着力推动学生在思想品德、学业水平、社会实践、艺术素养、身心健康和劳动素养领域的全面发展。

学生综合素质评价在教育的循环体系中属于"出口"问题,有导向、激励、调节(反馈)、检查、甄别、筛选等功能,时间不同、地点不同、对象不同,评价内容和评价方法各有不同。在传统教育理念里,教育投入受到了更多方面的关注,而教育教学的产出却鲜受重视,这也在一定程度上助长了家长和学校的教育焦虑。因为看不清,或者未得到科学的产出评估,学校和家长不断加码孩子的教育投入,将孩子的闲暇时间填满,以此来舒缓对产出"没底"的心理恐慌。而科学的综合素质评价体系实施则可以从产出的角度,倒逼教育教学的正向、合理投入,推动班级德育变革,进而形成科学评价应有的逻辑。为了使综合素质评价具有可操作性,我们可以设计翔实而具体的评价流程(见图6-1),即明确评价目标→寻找理论依据→确定评价指标→制定量化标准→选择评价工具→过程性操作实施→及时反馈评价结果→运用改善德育过程。

[①] 艾立国,高伟星.完善评价机制　促进学生发展[J].现代教育科学(中学教师),2012(04).

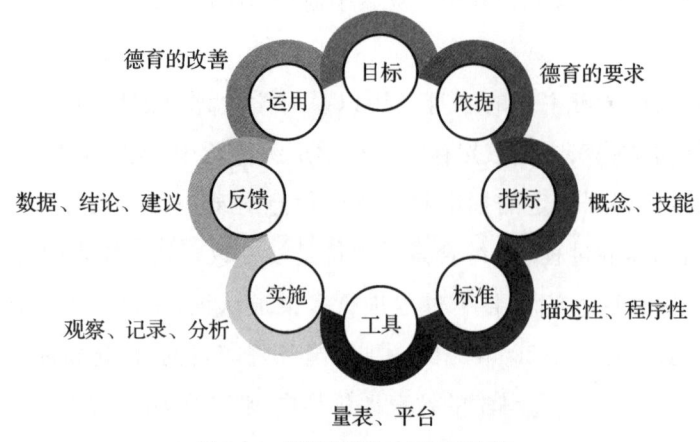

图6-1 科学的综合素质评价流程

一、品德发展评价：儿童成长的支点

教育是农业而非工业，学生品德发展评价应基于生本认知，立足学生长远，聚焦理想信念、社会责任和行为习惯，对学生发展现状进行客观描述，在此基础上进行价值判断。以学生品德发展水平为镜，诊断德育工作现状，并依据评价改进、完善环境或条件，营造教育生态圈，以促进德育实践更好地满足学生品德发展的需要。而当下的学生品德评价存在量化标准不明、评价工具匮乏、过分量化、分层定性等诸多困境，班主任需要更新品德评价观念，构建符合学生道德发展规律的品德评价体系。具体而言，应关注学生品德发展的潜在性、动态性、能动性和可塑性，结合学校、社会、地域，观照学生主体发展需要的多样性和差异性。

（一）多维"画像"，实现成长激励

党的二十大报告明确提出，要落实立德树人的根本任务，培养德智体美劳全面发展的社会主义建设者和接班人。因此，教育评价改革要兼容国家育人要求和学生成长的道德诉求，通过调查问卷等定量评价和情景体验、生活观察、成长档案袋等质性评价互补佐证，实现不同年龄段"三位一体"的道德要素评价衔接与进阶，让学生品德发展评价成为有生命活力的绿色评价。以下是南京市月华

路小学的"月华好少年"评价机制①,可供参考。

为全面评价学生的发展势态,促进学生全面发展,学校制定并开展"月华好少年"争章评价活动。星星娃、月亮娃、太阳娃三种"月华好少年"奖章的评选,主要围绕学校课程体系中的八个标准(特别讲礼仪、特别亲自然、特别爱阅读、特别会合作、特别能想象、特别善自理、特别乐锻炼、特别能表现)展开,每个评价内容针对不同年段、年龄的儿童都有校本的具体规范、目标、细化行为标准、活动参与量化标准和相应的任务清单及表现水平测评,具有实际操作性和指导性。评价过程充分尊重儿童的自主性和个体差异性,鼓励儿童循序渐进地向自身挑战;发挥儿童的主动性,为实施本细则开展的一切工作和活动,都充分考虑到儿童的兴趣和需要,注重调动所有儿童的积极性,甚至放手让儿童自己策划、组织和实施;评价内容和标准是非竞争性的,所有学生均可根据自身实际情况参与评价活动,摒弃选拔、竞争意识,强化普及观念,提倡自己和自己竞争,鼓励儿童不断地为自己设定新的目标,通过自身努力达成,获得成就感;注重评价过程,注重素质培养,每一名儿童在评价活动中不断地挑战自我、突破自我、战胜自我,不断感受成功的喜悦,使今天胜过昨天,明天胜过今天,自身综合能力稳步提升,收获"带得走"的学力。此项多元特色评价体系充分发挥"奖章"的激励功能,融合学校、家庭和社会的合力育人功能,让学生通过积极主动地参与表现性评价活动,在丰富多彩的争章体验中,自主、快乐、健康、全面地成长。

班主任可以利用班队活动时间,与学生共同探讨班级争章活动的目的,培养学生争章的竞争意识。在班主任指导下,根据学校活动的要求和班级实际情况确定本班学生在本学期争取哪些方面取得明显的进步,确定所要争章的学生人数。通过开展丰富多彩的达标训练和实践体验活动,调动学生积极性。学生在参与活动的过程中,对标"画像",班级每周进行一次考评,学校每月进行一次考评,学期末进行一次大汇总考评。达到争章标准的学生颁发相应的奖章。没达到既定标准的学生适当调整目标,进行正确归因,确定继

---

① 摘自:南京市月华路小学《"月华好少年"争章活动方案(3.0修订版)》。

续努力的策略,争取在下一阶段完善自我。获得的奖章是孩子们多维画像的见证,同时这些奖章激励孩子们继续刻苦学习、努力实践,力争获得更多奖章,不断取得更大的进步。

"特别讲礼仪"奖章标准如下。

类型	具体规范	年级	目标	细化行为标准	活动参与量化标准	任务清单
特别讲礼仪	1. 面容整洁、衣着得体、发型自然、仪态大方 2. 讲究卫生、爱惜粮食、节约用餐、食相文雅 3. 用语文明、心平气和、耐心倾听、诚恳友善 4. 尊敬师长、友爱伙伴、宽容礼让、诚信待人 5. 遵守交规、礼让三先、扶老助弱、主动让座 6. 遵守秩序、爱护环境、专心欣赏、礼貌喝彩 7. 善待景观、爱护文物、尊重民俗、恪守公德 8. 按规行礼、心存敬畏、严肃庄重、尊重礼俗	一年级	初步了解基本文明礼仪规范	(1) 按要求穿规定的校服 (2) 每天早晚必须洗脸、刷牙,保持面部干净 (3) 不留长指甲,指甲内保持无污垢,饭前便后要洗手 (4) 经常整理仪表 (5) 坐有坐相,站有站样,走有走姿,面带微笑,举止文明,落落大方	(1) 熟记社会主义核心价值观、"八礼四仪"和文明校园建设"六个好"标准,并自觉践行 (2) 交到一个好朋友 (3) 在学校活动中担任一次礼仪使者	(1) 校长室、学生活动部随机抽样考核,发放奖章 (2) 各班结合班情考评发放奖章(争章率70%)
		二年级	充分了解基本文明礼仪规范	(1) 预备铃响起,应迅速回教室入座,做好课前准备 (2) 读写姿势标准 (3) 课堂上,各种物品要轻拿轻放。全神贯注地听讲,积极思考问题并举手发言 (4) 认真倾听,不随便打断别人的讲话,不取笑他人 (5) 课堂小组合作时,有合作和全局意识,听从组长安排,分工协作,积极与伙伴沟通	(1) 熟记社会主义核心价值观、"八礼四仪"和文明校园建设"六个好"标准,并自觉践行 (2) 自觉佩戴红领巾,行标准队礼 (3) 课堂礼仪表现突出,所在班级承办一次课堂展示活动	(1) 校长室、学生活动部随机抽样考核,发放奖章 (2) 各班结合班情考评发放奖章(争章率70%)

续 表

类型	具体规范	年级	目标	细化行为标准	活动参与量化标准	任务清单
特别讲礼仪	1. 面容整洁、衣着得体、发型自然、仪态大方 2. 讲究卫生、爱惜粮食、节约用餐、食相文雅 3. 用语文明、心平气和、耐心倾听、诚恳友善 4. 尊敬师长、友爱伙伴、宽容礼让、诚信待人 5. 遵守交规、礼让三先、扶老助弱、主动让座 6. 遵守秩序、爱护环境、专心欣赏、礼貌喝彩 7. 善待景观、爱护文物、尊重民俗、恪守公德 8. 按规行礼、心存敬畏、严肃庄重、尊重礼俗	三年级	自觉遵守基本文明礼仪规范	(1) 课间活动不大声喧哗，不追逐打闹，积极参加有益身心健康的各种文体活动。遵守游戏规则，爱护游戏伙伴 (2) 集体外出活动时服从管理 (3) 参加竞赛活动时，遵守比赛规则，尊重竞争对手，不故意伤害对方，对对方的冒犯或过失宽宏大量。遇到有争议的问题，要按照程序向有关人员提出，心平气和地进行沟通 (4) 在展示自我的同时，注意谦虚礼貌，尊重他人的长处 (5) 积极参加综合实践、社区服务与社会调查等活动，遵守交通规则，遵守社会公德，说话、提问有礼貌，举止大方，彬彬有礼 (6) 出入教室、功能室、会场等活动场所时要轻声慢步，按指定线路有秩序地行走，不拥挤，不抢道 (7) 各种活动中，都要注意保护环境，培养"绿色行为"，如爱护花草树木、节约水电、随手捡纸、垃圾按要求分类放置等	(1) 熟记社会主义核心价值观、"八礼四仪"和文明校园建设"六个好"标准，并自觉践行 (2) 主动与师生打招呼，自觉佩戴红领巾，行标准队礼 (3) 在学校活动时，承担一次少先队礼仪接待工作	(1) 校长室、学生活动部随机抽样考核，发放奖章 (2) 各班结合班情考评发放奖章（争章率70%）

续　表

类型	具体规范	年级	目标	细化行为标准	活动参与量化标准	任务清单
特别讲礼仪	1. 面容整洁、衣着得体、发型自然、仪态大方 2. 讲究卫生、爱惜粮食、节约用餐、食相文雅 3. 用语文明、心平气和、耐心倾听、诚恳友善 4. 尊敬师长、友爱伙伴、宽容礼让、诚信待人 5. 遵守交规、礼让三先、扶老助弱、主动让座 6. 遵守秩序、爱护环境、专心欣赏、礼貌喝彩 7. 善待景观、爱护文物、尊重民俗、恪守公德 8. 按规行礼、心存敬畏、严肃庄重、尊重礼俗	四年级	自觉遵守基本文明礼仪规范	(1) 与人交往时,面带微笑,主动互相问好 (2) 做任何事,先征得他人同意,交谈诚恳,轻声细语,尽量不影响别人 (3) 不随便翻看他人物品 (4) 诚恳接受老师的教导。和老师、同学有不同意见时,能心平气和地进行沟通,不赌气,不吵闹,不在背地里非议他人 (5) 尊重同学,互助互爱,主动帮助有困难的同学,游戏时遵守游戏规则,相互礼让,对同学的过失或冒犯要宽宏大量	(1) 熟记社会主义核心价值观、"八礼四仪"和文明校园建设"六个好"标准,并自觉践行 (2) 自觉佩戴红领巾,行标准队礼 (3) 仪式教育时集会纪律良好,不喧哗,文明观演(现场考核,发放奖章) (4) 民主评议时,同伴评价高	(1) 校长室、学生活动部随机抽样考核,发放奖章 (2) 各班结合班情考评发放奖章(争章率70%)
		五年级	自觉遵守基本文明礼仪规范	(1) 不无故在校内或校园周边区域逗留 (2) 尊师孝亲,体谅他人 (3) 团结同学,不欺凌弱小 (4) 遵守公共秩序	(1) 熟记社会主义核心价值观、"八礼四仪"和文明校园建设"六个好"标准,理解其内涵,并自觉践行 (2) 自觉佩戴红领巾,行标准队礼 (3) 学习礼仪课程并掌握一定的礼仪规范要求,能代表班级,参加一次学校集体活动,举止文明,符合礼仪规范	(1) 校长室、学生活动部随机抽样考核,发放奖章 (2) 各班结合班情考评发放奖章(争章率70%)

续 表

类型	具体规范	年级	目标	细化行为标准	活动参与量化标准	任务清单
特别讲礼仪	1. 面容整洁、衣着得体、发型自然、仪态大方 2. 讲究卫生、爱惜粮食、节约用餐、食相文雅 3. 用语文明、心平气和、耐心倾听、诚恳友善 4. 尊敬师长、友爱伙伴、宽容礼让、诚信待人 5. 遵守交规、礼让三先、扶老助弱、主动让座 6. 遵守秩序、爱护环境、专心欣赏、礼貌喝彩 7. 善待景观、爱护文物、尊重民俗、恪守公德 8. 按规行礼、心存敬畏、严肃庄重、尊重礼俗	六年级	自觉遵守基本文明礼仪规范	(1) 自尊自爱,注重仪表 (2) 诚实守信,礼貌待人 (3) 遵规守纪,勤奋学习 (4) 勤劳俭朴,孝敬父母 (5) 严于律己,遵守公德	(1) 熟记社会主义核心价值观、"八礼四仪"和文明校园建设"六个好"标准,理解其内涵,并自觉践行 (2) 自觉佩戴红领巾,行标准队礼 (3) 礼仪规范,担任护旗手、文明督导员、校园形象大使等职务,能在礼仪课程中顺利结业,并承接一次学校招生等接待宾客任务或参与一次学校或社会集体活动	(1) 校长室、学生活动部随机抽样考核,发放奖章 (2) 各班结合班情考评发放奖章(争章率70%)

(二) 动态考量,让成长可见

学生品德发展是动态的,动态评价属于一种注重过程的评价模式,与传统的关注结果的评价模式不同。动态评价不仅注重终结性评价结果,而且重视对学生潜能的激发,对促进学生的综合发展和道德水平的提升具有重要作用。

班级动态评价可以依托大数据,借助班级各类评价平台,依据品德发展评价标准,自主拍摄教育主题微课,充实网络学习资源。学生学习体验后,结合班级各类奖章、奖状的颁发,将学习过程以图文形式上传至评价软件,让评选过程可视可见,形成数字化评价体系,指引学生立足当下,规划未来。同时使提供者、分享者、评价者的角色自由转换,形成行动资源共享共建的良性循环。

1. 成长手账

每一个学生的成长经历都是一次探索性的人生旅行,班主任可以联合学科教师、家长、学生代表,共同设计一份"旅行护照",制作成长手账,以图文、视频、音频等多种方式,让学生、老师、家长、社区共同参与记录场景地图、任务清单、关键事件和体验感悟,留下每一个难忘的成长瞬间。

2. 成长报告

学生品德发展是螺旋上升的过程,班主任可以采取寻找一个榜样、开展一次访谈、讲述一个故事、编写一份小报等形式,完成系列化的成长报告,实现对学生品德发展的全域感知。通过自我和朋辈的过程性评价,促进学生道德水平的不断提升。

3. 道德成长地图

在丰富的成长体验后,儿童需要回归自我,结合实践体悟成果进行自我再认知。可以指导学生设计一份属于自己的品德发展规划,在此过程中绘制道德成长地图,实现自我价值体认的再攀登。

二、学业发展评价:支持儿童思维远征[1]

教育的根本目的是促进学生的全面发展。学业发展评价更关注立德树人的教育根本目标,全域、多维度培养学生的人文底蕴、科学精神、学会学习、健康生活、责任担当、实践创新六大核心素养,引导学生做有道德的创造者。学业发展评价除了应具备甄别和选拔的功能外,还应聚焦学生学习的高阶思维形成过程,对学生的学习习惯、创新精神、学业水平进行全面评价。实时记录学生在完成校本、生本任务过程中的实时表现,让思维生长可见,实现知识的迭代和思维的进

---

[1] 夏翠莲.为儿童高阶学习导航[M].南京:南京出版社,2022:330.

阶。通过评价,培养学生终身发展和应对未来挑战所需的学习能力。

基于这样的理解,学业发展评价可以针对特定的学习目标,通过可视化的表现性任务设定,嵌入式观察学生在任务情境中的实时表现,分析判断学生在学习过程中的思维水平、综合素养和情感态度,从而指导学生深度参与,提升发现问题、提出问题、解决问题的能力,让自觉探究成为学习主体的乐趣,拥有完整的学习历程。这样的评价不是单纯选拔人才,而是为培养适应未来社会的人才提供沃土。

新一轮教育改革强调形成学生积极主动的学习态度,使获得基础知识与基本技能的过程同时成为学会学习和形成正确价值观的过程,即培养目标应包含知识目标、能力目标和情感态度与价值观培养目标。学校教育要培养学生"带得走"的终身学力,既要培养学生终身学习的能力,还要为学生今后的工作、学习和生活积淀一定的思想观念、价值观念。

因此,新课程理念下的教学评价,不仅是知识与技能的评价,还应涵盖对过程与方法、情感态度与价值观的评价。从评价的内容来看,评价突破了学习结果评价的单一范畴,它包含了对学生"知识与技能""过程与方法""情感态度与价值观"的多元评价内容。从评价的方法与技术上看,它不是简单的定量分析,而是将定量分析与定性分析相结合,鼓励学生个人参与评价,运用学生成长档案、小论文、答辩、各式各样的小制作等多元化的表现性评价形式。例如,小组合作学习评价将学生的合作学习过程纳入评价的范畴,激发学生合作探究的主动性。此类表现性评价形式有利于展示学生的特长,张扬学生的个性。再如,学生成长档案根据学科课程标准,对学生学科学习的关键能力、学习过程中的态度与习惯进行表现性描述,全程记录、客观评价学生学习发展变化的全过程,淡化横向比较,关注个体差异,强化思维能力培养。此类表现性评价形式更倾向于对学生个体学习情况的纵向比较,确保每个学生全方位、深度卷入评价的全过程;注重学生综合运用所学知识进行思维活动或实践操作,进而创造性地解决问题,个性化地展示自身才能和特长,促进学生自我学习小结或反思。既定的评价标准反向成为学习生活中的一种交流工具,让学生用发展的眼光审视自我。

在评价的过程中,用"等级制"取代"百分制",学生可以对标找差,在榜样引领示范下,逐渐清晰自身优势和缺点,在教师、同伴和家长的帮助下,拾级而上,充分利用自己的已有经验和知识,进行自我反思、自我教育和自我调控,形成自主发展的动力,养成对自己的学习和生活负责的能力和习惯。

(一) 坚持多元激励三个原则,让学业发展评价增值

学业发展没有年龄限制,只有学段和年级的区别。好奇、探究、发散、联结、迁移、综合和创造等学生的学习要素,需要我们变纯粹的甄别比较为客观的诊断改进,并坚持多元激励原则,在日常学业发展指导和评价中帮助学生不断呈现并发展。

1. 学业发展评价的全面性

学业发展评价首先应该是全面的,包括知识掌握、技能运用、思维能力和情感态度等。这样的评价可以更准确地反映学生的整体表现,并提供他们在不同领域中的强项和改进空间的信息。

儿童发展的可能性具有普遍性,但更具个别性。因而课程教学的开发与评价要面向全体儿童,指标可以多元,方式可以多样,既要适应"每一个",也要关注"这一个"。为了更加全面、立体地评价学生的阶段性学习成果,教师可以结合学生的身心特点,创设主题式的、综合性的游戏评价活动。例如,南京市月华路小学以"漫游金陵"为情境,将二年级上册第一到第四单元的语文课文内容,包括植物篇、动物篇、风景篇等,和识字、朗读、背诵、口语表达等语文能力融为一体,进行综合评价。

活动开始前,各班学生领取老师们精心准备的《游园闯关手册》。为了鼓励学生有计划地开展自主复习,手册内设置了一页"我的闯关作战策略"的内容,学生在闯关前以表格、思维导图等丰富多样的形式,整理自己的游园作战策略,真可谓目标精准、方法得当、操作性强!

学生们秩序井然地来到第一关"万木天堂",他们准确流利地说出"通关密令"(课文片段),现场书声琅琅。部分"高阶玩家"还现场挑战"汉字大师",随机说出一个带有木字旁的汉字,个个自信十足。"'字'在动物园"里,学生们快乐地投掷沙包,流畅地认读"水族馆"和"飞禽走兽馆"的词语,并顺利地将动物们送到正确的家。"创想影视城"关卡将长篇课文以电影场景的方式带入活动现场,机智的学生们不仅正确认读了词语,还能用词语进行口语表达,说出了许多完整、生动的句子。在名画陈列室里,学生们迅速地看图答地名,在汉字收藏室里,他们准确地修补了古诗的残缺,在亲切的"美术馆馆长"的引导下,他们入情入境地背诵古诗,活动现场充满了诗情画意。最后,学生们来到了美丽的"世博园",充满智慧的闯关小达人们不仅回顾了许多描写风景的词语,还将学到的词语进行迁移、想象,描述身边的美丽景色。

这样全方位的任务性评价过程,趣味盎然,学生们不由自主地勇敢迎接挑战,在一个个新颖的闯关任务中锻炼了解决问题、分析问题、想象等思维能力,更直观地感受到语境之美、语用之趣。测评活动结束后,教师还引导学生自主评价自己的通关成果,分析薄弱的地方,将不足之处和提升方法填写在游园思维框中。通过丰富多彩的师生评价、生生评价、自我评价,孩子们获得了满满的成就感,习得了用高阶学习方式助力未来学习的新策略。

2. 学业发展评价的连续性

学业发展评价应该是客观、连续的。这意味着评价应基于事实和证据来做出判断,而不受主观偏好或个人情感的影响,这是一个持续的过程,而不是一次性的测试。通过定期评估,教师和学生可以了解学习进展,并及时采取措施来纠正问题和提高学习效果。连续评价还可以帮助学生建立自我反思和自我调整的能力,培养他们用学到的知识解决生活中实际问题的能力,形成终身学力。

你能想象出几把筷子、若干碗碟,一家人围坐在一起,就构成了生活中的数学小课堂吗？将课堂学习评价延展到课外,最能考察孩子的学习能力,评估孩子的学业发展水平。例如,二年级学生在课后收到了一份实操训练挑战书,孩子一边回顾课堂上的乘除法知识,一边分水果,先数好水果的总数,再数好家里的人口数,然后平均分给每个人,最后还列出乘法算式,一家人其乐融融！也可以完成教师预设的主题学习任务,比如测算校园每月产生的电费,比较超市购买的散称糖果和包装成品糖果哪种更实惠,用最少的钱买一餐所需最新鲜、最适量的食材……这样的持续性学习评价,操作性强、趣味性浓,其最大价值体现在学生数学高阶学习方式的建构,它的生命力还在于规则的不断变化,能够让刚经历知识探究过程的学生不断进行方法的演练和应用。

3. 学业发展评价的创造性

学业发展评价应根据每个学生的特点和需求来定制。不同学生具有不同的学习风格、兴趣和能力,因此评价应该考虑到这些因素,并提供个性化的反馈和支持,从而激发学生的学习动力,促进他们的成长和发展。

"举一而三反,闻一而知十,乃学者用功之深,穷理之熟,然后能融会贯通,以至于此。"学习的终极目标是创造,因此,学生可以在教师的引导下,基于语文学科开展跨学科学习的综合性主题研究。例如,将语文与美术学科相结合,展示小组合作研究的"汉字的秘密";将语文与劳技、音乐学科相结合,进行童话、寓言故事的展演;融合语文与科学学科,介绍一个小制作、小发明,在生活中学习语文等。让创造性的学业发展评价成就一个个"跨界全能王"。

(二) 注重关键学习事件成长,让学业发展评价增效

所谓关键学习事件,是指学生在学业发展过程中发生的,能够对学生的学习成长产生重要影响的比较重大的学习活动或事件。随着新时代发展和现代化建设的逐步深入,对人才的需求逐渐向技术型、创新型和管理型人才转型,国家选拔人才的方式也在不断转变,这一切带动了教育评价的创新改革,也必将带来班主任教育观念与评价方式的转变。表现性评价作为一种新的评价方式,既能够积极调控学生的学习方式,促进学生深度学习,又能够实现评价维度的多元化,更能够关注到学生的核心素养发展,实现评价结果的公正与可靠。鉴于教育评价的多元化特点,班主任可以抓住关键学习事件对学生成长进行综合性评价,以促进学生学业发展水平的整体提升。

关键学习事件包括关键教学事件、关键活动事件、关键研究事件、关键交往事件等。对学生而言,完成一门重要课程、参加一次重大活动或培训等重要的教育经历,参与一次志愿者服务并获得经验的实践经历,承接一次科学竞赛并尝试解决复杂问题的成功体验,履行一次领导职责并完成困难任务的过程等,都能成为关键学习事件。而经历关键学习事件的过程中,更需要注重情感体验与价值引导,注重兴趣点燃与潜能发掘,重视反思重建、分享对话等环节的过程性评价,从而追寻关键意义,进行价值引领。

例如,三年级学生在学习了《道德与法治》三年级下册第三单元第一课《大家的"朋友"》后,发现了身边存在的众多公共服务设施,也了解了公共设施给我们生活带来的便利,知道了公共设施和日常生活的密切联系,懂得了公共设施的重要性,通过生活中的观察,学生们更发现了周边"口袋公园"易建难管的诸多问题。于是,班主任在班级发起"少年城建先锋号"海选,引导学生们实地走访、调查研究、小组讨论,积累民生素材,分析社会现状,进而组建探访小分队,走进城市规划部门、社区服务中心、实践基地,发现问题,思考、创新解决路径。

在应对关键学习事件时,班主任还应适时关注学生的学习情绪,及时给予评价反馈,指导学生积极主动地直面挑战,通过合作、探究等多元的学习方式接纳、享受生命过程,同时鼓励学生大胆质疑、分享、对话,从而不断自我设计,不断完善和超越自我,培养学生真正养成爱护公共设施的习惯。这个过程就是基于关键学习事件成长的学业发展评价。在这一评价过程中,学生的积极性、主动性、创造性被充分激发。更可贵的是,学生有了责任感和使命感,他们把"思路讲清楚,方法讲到位,内容讲精彩"视为自己义不容辞的责任。长此以往,学生就会呈现出主动思考、积极探究、勇于发现、敢于实践的学习样态。

三、社会实践评价:彰显生命丰富样态

习近平总书记强调,要重视实践育人,坚持教育同生产劳动、社会实践相结合,让学生在亲身参与中认识国情、了解社会,受教育、长才干。社会实践评价对增强学生社会责任感、提高学生社会实践能力、促进学生社会性发展有重要的导向作用。主要评价内容包括学生参与社会调查、研学实践、志愿服务、公益劳动、职业体验、安全实训等综合实践活动的情况。

社会调查是指学校组织学生到爱国主义教育基地、革命历史类纪念场所、大型公共设施、重大工程基地、国防基地、科技基地、农业基地、自然保护区等资源单位进行考察、调查和探究。研学实践是指学生通过校外教育活动,在与平常不同的生活体验中开阔视野、丰富知识,加深与自然和文化的亲近感,培育自理能力、创新精神和实践能力。志愿服务是指学生利用自己的时间、技能、资源、善心为邻居、社区、社会提供非营利、无偿、非职业化援助的行为,服务社会公众生产生活和促进社会发展进步。公益劳动是指学校组织学生参加校内及校园周边社区的公益劳动,主要包括校园内公共设施的卫生保洁、绿化美化、普及文明风尚、为孤残老幼服务、送温暖献爱心等。职业体验是指学校组织学生到职业院校等场域参观、学习、体验等。安全实训是指学校组织开展各类安全演练及实训体验,开展火灾、地震、校车等突发事件逃生演练,组织学生在学校公共安全教育体验教室、区域公共安全教育体验中心、公共安全教育场馆等地进行安全实训。

社会实践评价是以社会实践能力为核心,对问题解决能力、信息处理能力、合作交流能力、社会服务能力、创意设计能力、综合理解能力等项目进行全域性、过程性的档案袋评价。但当前社会实践评价存在重甄别选拔轻发展激励、重统一要求轻个性展示、重教师评价轻多元参与、重量化呈现轻质性评价、重事务开展轻常态落实等方面的问题。这些问题的出现有传统教育评价理念的影响、学生参与评价过程的薄弱、教师评价素养的匮乏、综合实践活动保障体系的不足等方面的原因。对此应转变观念,树立正确的教育评价观;凸显个性,确立过程与结果相统一的评价内容;加强沟通,提升多主体的评价参与度;改进方法,强化以写实记录和档案袋为主的质性评价;调整思路,确保学生评价工作的常态化实施。

在评价内容的调整上,要尽可能尊重学生的多样化发展,兼顾学生参与课程的过程和标志性成果。同时,在重视统一评价内容的同时,尊重学生的个性表现。在社会实践评价中,学校层面需要有统一的评价标准,结合《中小学综合实践活动课程指导纲要》的学段目标,从价值体认、责任担当、问题解决、创意物化四个部分综合评价学生的表现。强调多主体的共同参与,如学科教师、学生、课程专家、学生家长、校外人员等,每一主体根据不同的活动主题结合自身的专业背景提出评价内容的标准,商讨后确定一致的评价框架。评价标准的内容要兼顾学生的学习过程与结果。除学校层面统一的评价标准外,还应体现学生活动的独特性和个性化。各学校应在评价内容上留有给学生进行个性化展示的余地,在标准设计上侧重学生选择的活动领域的不同方面。学生选择的领域不同,如果还用统一的标准进行评价就显得不够灵活贴切,这时就需要研究不同活动领域的侧重点,进行个性化评价。如在小学中年级的综合实践活动学生评价中,不同的活动主题评价内容可以有所差异:"让鸡蛋飞"实验设计的评价内容有情感态度、合作交流、学习技能、实践活动、课堂表现等,"趣味运动总动员"的活动则包含了情感态度、学习方式、实践能力、交流协作等方面。这样的设计针对不同活动、不同年级学生的实际需求展开,评价内容较为贴切合理。

此外,学生社会实践评价还需要结合过程性和结果性的评价内容(见表6-1)。过程性的评价内容是对学生参与综合实践活动的表现进行评价,主要包括学生的思想态度和能力发展状况;结果性的评价内容是对学生最后的作品或成果进行评价,主要包括作品的科学性、创造性等。过程性和结果性的内容相辅相成,缺一不可。需要注意的是，学校根据社会实践评价理念所设计的评价内容框架，要结合本校实际和师生意见进一步优化，促进评价的适切性和可操作性。评价内容的观测点需要指向学生真实存在且可观察、可评析的行为表现，提升评价的科学性和客观性。不同年级在评价内容的设计上需要有所侧重并层层递进，使评价内容相互关联并衔接紧密。评价内容需选取学生具有代表性和典型性的行为表现进行记录，保证评价的简洁性和公信力。档案袋评价内容可以明确列出可观察、可记录、可评价的学生行为表现，由观察者描述具体的情境并进行记录。这种设计简洁明确，评价内容具体清晰，便于操作，确保了评价的真实性和可靠性，对于学生认识和改进自我也有积极意义。

表 6-1 学生社会实践评价内容主要框架

维度	二级指标	三级指标	主要观测点
过程性的评价内容	思想态度	积极性	主动准备和参与各项活动，对活动有无抵触情绪等
		责任性	能承担相应的活动任务，遇到困难是否直面困难等
		纪律性	遵守活动开始和结束时间，在活动中是否打闹说笑等
	能力发展	实践能力	主动思考，善于提出和尝试解决问题，用多种方式搜集信息，及时反思自己在活动中的表现等
		交流与合作能力	乐于协助他人，主动求助于他人，合理表达诉求，倾听他人意见，分享自我感悟等
		创新能力	能提出新的想法，尝试性地利用新技术解决问题等
结果性的评价内容	作品的科学性、思想性	主题明确，内容积极向上	作品主题符合国家标准，无违反国家要求的言论
		证据充分，结论正确	运用资料证明作品观点的正确性
		运用的方法恰当科学	作品论证过程使用的方法正确
	作品的创造性	作品内容获取和加工属原创	未抄袭他人作品
		作品方法、结论、结构、思路等有创新	作品方法、结论、构思等有一方面或多方面与众不同
		作品内容符合学生的生活实际	与学生生活实际关系紧密
	作品的合理性	语言表达通顺简练	语言通顺，无错别字
		格式规范	符合作品的一般格式要求
		逻辑顺畅，结构完整	内容组织有逻辑性，框架合理

注：结合不同的活动领域设计适宜的评价内容，可酌情调整。

社会实践评价的最终旨趣不在于学生对基本知识和技能的掌握,而在于学生综合素质的发展和可迁移通用能力的提升,因此更适合运用客观描述和记录等质性评价方式。例如,电子平台和写实记录即可发挥评价的导向性功能,学生在写实记录中要写出自己的实际经历、实践感悟和实景展望;学期结束前,每个学生需遴选材料,基于日常记录的感悟整理出最深刻的、最能连续或集中反映个人特质的典型事例,制作成个人推介材料,展示在成长记录平台上,形成自我小结。在写实记录中,指导学生恰当、合理地再现活动,并及时反思自己的所作所为;在整理遴选代表性事例中,学生重新认识和发展自我,能够更加清晰地了解自我的个性潜能。

四、艺术素养评价:打开与美相遇的大门

《中小学生艺术素质测评办法》指出,学校美育工作的特点是以美育人、以文化育人,提高学生的审美和人文素养。艺术素养评价旨在促进学生在艺术领域的学习、体验、表达,根据学生差异进行观察和分析。其评价过程多采取质性评价方式,注重儿童的对美的探索过程,而不是学习结果;注重儿童的个性审美差异和发展差异,而不是千篇一律;注重评价与教学活动的有机结合,而不是为评而教;注重艺术表达的即兴、生成特点,而不是机械达成;注重儿童综合艺术素养的评价,而不是简单甄别和选拔。

将艺术素养评价作为一项重要评价内容,对提高整体教育质量有至关重要的作用。有研究表明,从小被鼓励了解艺术史、广泛接触艺术作品、参加艺术实践活动的孩子更具想象力和创造力。艺术素养评价带给儿童的不仅仅是增长艺术知识,更多的是开阔视野,形成发现美、创造美的意识,提升解决问题的能力,让儿童像艺术家一样创造美好生活。

"读万卷书,行万里路",儿童艺术素养评价不能仅局限于教室内、课堂上的艺术教学,还要通过项目化实践,延伸至户外,开展多样化的艺术评价。例如,在绘画中锻炼孩子的观察力、专注力和想象力,在手工和陶艺创作中锻炼孩子的手脑协调能力和艺术思维,在自创乐器、编创曲目、演绎角色过程中交互体验创作的快乐,在写生和研学活动中给孩子们亲近大自然的机会,领略世界各地的艺术风采,品鉴不同地域的历史文化和艺术特色,拓展孩子们的艺术视野,培养审美和艺术兴趣。

(一) 主题艺术展,探索增值评价

学校可以结合中华优秀传统文化教育,在二十四节气的观察、研究、创作中,引导儿童走进纯真童心、品味童趣、畅想童梦,通过室内美术、户外美术的感受与学习,提高精细运动技能、手眼协调能力、解决问题的能力、横向思维、复杂分析能力和批判性思维能力。

阳春三月,繁花尽绽,老师们不妨把课堂从室内搬到户外,组织主题写生艺术展。写生是绘画创作的基础,是观察生活、了解生活、概括生活的最有效方法,也是直接面对对象进行描绘的一种绘画方法,与模仿作画有着本质上的区别。美丽的教学楼、挺拔的大树、绽放的花朵……校园里的一切都有可能激发儿童艺术创作的欲望。没有老师的范画,没有座位的限制,儿童能够怀着满心的自由和喜悦,进入主动绘画的状态。他们用手中的画笔畅想未来,播撒希望,用天真的慧眼感悟生命的成长,用神奇的画笔涂鸦想象的浪漫,用随性的线条与丰富的色彩表达自己的理解和感受。

色彩缤纷亮丽的油彩画、富有创新意识的手工作品、融合传统文化的剪纸作品等,不拘泥于形式的艺术作品展就是艺术素养评价的工具和平台。独特、个性的作品内容流露出对自然、对生活的热爱,在儿童心中种下的艺术种子悄然生根发芽,这就是增值评价的意义所在。

(二) 户外艺术实践,激发家、校、社多元主体评价积极性

"闲暇出智慧","双减"政策实施以来,"五育并举"、提质增效的课后服务社区拓展课程为儿童提供了多元的潜能展台,也有利于激发家、校、社多元主体评价的积极性。

社区露天电影的观赏经历便能引起学生协同家长进行户外艺术实践的研究热情。"三尺生绡作戏台,全凭十指逞诙谐,有时明月灯窗下,一笑还从掌握来。"没有电视、电影之前,最古老的动画片当属世界非物质文化遗产——皮影戏。儿童在教师、家长、社区的协助下,将传统剪纸、窗花、地方戏曲和口技等表演融合在一起,参与社区的皮影戏表演。他们通过对皮影戏的相关知识信息收集、信息整合、总结归纳、色彩外形适配、关联事物思考定稿、完成创作等一系列实践,用

思维导图的形式输出自己的学习成果。从中可以深度感受一个民族和地域的历史记忆、共同情感和经验智慧,在此基础上进行有针对性的思考与整合,探索中国优秀传统文化的根与魂,从而完善自己的艺术认知结构,拓展艺术学习方式,提高自我管理和选择学习的能力。

五、身心健康评价:守好"绿色指标"

教育中的"绿色指标"是指教育评价符合教育科学,遵循学生身心发展规律,充分运用发展性评价理论,开发并建立过程性评价机制,借助问卷、星级卡、成长记录袋等多样态的评价工具,采用自评、互评、他评等评价方式,对学生的身心健康发展进行持续、有效的巩固。

身心健康绿色评价指标体系包含身体发展评价和心理发展评价两部分内容(见表6-2)。其中身体发展评价指标主要围绕学生身体形态机能、健康生活方式进行评价,心理发展评价指标则侧重于学生审美修养、人际沟通、情绪行为调控能力的评价。

表6-2 身心健康绿色评价指标体系

评价内容	评价指标	评价要点
身心健康	健康生活	(1) 饮食营养健康,讲究卫生,按时作息,保证充足睡眠,养成坐、立、行、读、写正确姿势;积极参加体育活动,坚持每天锻炼身体至少1小时,坚持做广播体操、眼保健操 (2) 树立珍爱生命、安全第一的意识,掌握安全、卫生防疫等基本常识,注重日常预防和自我保护,具备避险和紧急情况应对能力 (3) 不过度使用手机,不沉迷网络游戏,不吸烟、不喝酒、不赌博,远离毒品
	身心素质	(1) 体质健康监测达标,掌握1~2项体育运动技能,有效控制近视、肥胖、脊柱姿态不良等 (2) 自尊自信、自立自强,乐观向上、阳光健康、心态合理表达、控制调节自我情绪;能够正确看待挫折,具备应对学习压力、生活困难和寻求帮助的积极心理素质和能力

在了解上述身心发展评价指标的基础上,教师可创造性地设计身心发展访谈卡、观察体验表、活动评价卡等评价工具,细致记录学生的身心发展情况。在评价中,教师应注意保护学生的自尊心,关注学生个体差异,注重激发学生的内

在发展动力,并根据学生的实际需求,在身体健康、同伴交往、亲子沟通、情绪调节与表达、行为控制等方面进行评价指标的细化。充分发挥积极心理学思想对学生身心发展评价的积极作用,引导学生注重获得良好经验的过程,将学生积极的思考、行为和感悟从无意识向有意识的经验习得转变,帮助学生在情绪、社会化、人格等方面形成内在的获得感和成就感,促进其身心健康发展。

小学生身心发展规律参见表6-3。

表6-3 小学生身心健康发展规律一览表

年级	身体发展特点	心理发展特征	教育方法建议
一年级	身高体重处于平稳发展的时期心率、血压和肺活量等其他生理指标都不稳定 骨骼易弯曲,肌肉力量较小,需要精细化动作训练 脑功能发育处于"飞跃"发展的阶段,大脑神经活动的兴奋性水平提高,表现为既爱说又爱动	对小学生活既感到新鲜,又有些不习惯 以感性思维为主,好奇、好动、喜欢模仿,注意力集中时间较短 具有向师性	帮助学生认识学校、班级和小学生基本规则,带领学生熟悉环境,建立良好的师生关系、同伴关系,以培养习惯和兴趣为主,引导学生学会愉快地学习
二年级	骨骼肌肉茁壮成长 血液循环较快,心跳较快	培养自信心的关键期,但是情绪缺乏稳定性,且自控力不强 直观、具体、形象的思维能力提高,但理性思维仍有待发展,有意注意力仍需培养 关注同伴关系,但更多要求朋友能服从自己的愿望和要求	树立身边的榜样,引导学生学会自我控制,巩固良好学习习惯;帮助学生了解情绪,体验并正确表达情绪;引导学生正确认识友谊,学会建立双向互动的朋友关系
三年级	女生的身高体重等各项指标开始突增 大脑处于迅速发展的时期,心理活动更稳定	学生情感发生变化的转折期,从情感外露、浅显、不自觉,逐渐变得内控、深刻、自觉;但在学习和人际交往中,情绪控制能力有限	由于学生交往范围扩大,各种困扰也随之而来,需要积极安抚其不安情绪;通过悉心陪伴和耐心引导,及时纠正其不良行为习惯
四年级	此年龄段的学生属于身体发育最快的时期 大肌肉群发育比小肌肉发育早,适合安排跑、跳、投等活动的练习	学生的学习从被动向主动转变,但社会交往经验缺乏,对事物的理解与分析能力以及辨别是非的能力还有限,缺乏问题解决能力	及时引导帮助学生发现问题、分析问题、解决问题。通过科学的策略,激发学生对自然和社会的探索激情和求知欲望

续　表

年级	身体发展特点	心理发展特征	教育方法建议
五年级	身体发育处于增长率高峰阶段，进入生理第二发育期 骨骼肌肉尚未发育完成，要保持正确且充分的体育锻炼 大脑神经系统进入脑发展第二加速期	竞争意识增强，对学习优秀的同学开始产生敬佩之情 独立能力增强，喜欢自发组成小团体 不轻信吹捧，自控能力逐步增强	激发学生的责任感、使命感，做事情的坚持性，帮助学生树立进取的人生态度，促进自我意识发展
六年级	学生身体发育再次进入一个高速发展期，即青春期。部分女生由于月经初潮的到来，引起生理、心理上的一系列变化 身高体重和骨骼肌肉处于身体发育的最高峰时期 大脑机能显著提高，脑重量已经接近成年人水平	开始进入青春早期，自主意识逐渐强烈 喜欢用批判的眼光看待其他事物 有时还会对老师、家长的干涉进行反抗抵制；初步形成个人的性格和人生观	密切关注学生的心理变化，在关注学习的同时，更要关注心理的变化发展。逐步为小升初做准备，对初中的学习、生活和生涯规划等方面多做了解和计划

六、劳动素养评价：锻造幸福的"清单"

劳动教育是全面贯彻党的教育方针的基本要求，是实施综合素质评价的重要内容，是培育和践行社会主义核心价值观的有效途径。劳动已成为一门独立的学科，纳入 2022 年新课程标准。近年来，劳动教育存在诸多薄弱环节和问题，中小学生劳动机会减少、劳动意识缺乏，出现了一些学生轻视劳动、不会劳动、不珍惜劳动成果的现象。为此，劳动教育应立足于学校教育、家庭教育、社会教育相结合，从从小培养劳动习惯入手，培养学生的劳动意识，帮助学生形成良好的行为习惯，促进学生健全人格的发展。其中，劳动素养评价改革可以有效推进学校劳动教育的实施，而劳动教育的评价形式需要学校的积极探索。通过建立健全劳动清单制度，明确学生劳动任务，可以使学生劳动素养评价有章可循；智慧云平台以及移动终端等数字媒介的数据分析使学生劳动素养的过程性评价、表现性评价成为可能。要让儿童受益于劳动素养评价改革，在劳动中逐渐成长为能吃苦、勇担当的合格公民。

（一）制定清单，明确劳动素养评价标准

教育部颁布的《大中小学劳动教育指导纲要（试行）》明确指出，劳动教育具有鲜明的思想性，要强化劳动观念，弘扬劳动精神。学校劳动素养评价应结合各学段学生的身心发展特点，制定详细的劳动教育清单，将劳动教育渗透到学生的日常生活劳动、生产劳动和服务性劳动中。①

在日常生活劳动中，以自我服务为主。不少学生在父母的悉心照料下成长，自主劳动意识淡薄，作为家庭的重要一员，儿童需要承担相应的生活服务义务，履行家庭职责。学校可以设置符合不同学段学生年龄特征的日常劳动活动，融入生活德育的"大概念"结构思考，通过家庭角色体验课程，对学生进行劳动素养评价。通过扭转儿童习惯性接受、享受等背离成长本质的教育价值和行为倾向，唤醒儿童未来生活责任的行动自觉，培养学生良好的生活能力、卫生习惯，使其会劳动、爱劳动，同时引导学生树立自立自强的意识、懂得尊重劳动者。

在生产劳动中，学校要通过劳动教育校本课程以及校内外劳动基地的实践活动，让学生初步体验种植、手工制作等简单劳动，学会使用简单的劳动工具，掌握相关的劳动技术，理解劳动创造价值，珍惜劳动成果。通过劳动让学生体会团队协作的重要性，逐渐学会与他人合作。

在服务性劳动中，学校可以以传统节日为教育契机，通过开展送温暖、表孝心、传递爱心等活动，带领学生体会劳动创造财富和价值，使学生能够利用知识、技能为他人、社会提供服务，树立服务意识，强化社会责任感。

此外，为了让劳动教育更具时代性和发展性，学校还可以丰富劳动清单内容，把劳动教育和家乡的非物质文化传承、现代科技特色相结合，让学生感受新时代劳动的意义，感受创造性劳动对社会发展的贡献，深刻感悟"劳动创造幸福"的生活真谛。

（二）搭建平台，确保劳动教育评价实施

为使劳动清单的执行落到实处，引导学生在实践中养成良好劳动习惯、尊重

---

① 胡宏娟.依托大数据平台，在教育评价改革中锻造幸福少年——以劳动教育为例[J].教育家.2022(45).

劳动、崇尚劳动,学校的劳动素养评价体系要进行全方位的评价维度建构,从劳动观念、劳动习惯、劳动能力等多方考量学生在劳动教育中的发展。评价过程中,可采用全样本数据采集,客观准确地反映学生在劳动中的表现。例如开发专属的学生电子档案,以图片、视频和音频的形式记录学生在学校或家庭中从事的劳动,经班主任审批后,分享至班级电子班牌和家校交互平台,让学生、家长和教师通过前后对比,看到学生的进步,让学生获得成功体验,有热情继续参与劳动教育,同时为教师的阶段性劳动素养评价提供有力的数据支撑。每学期末,系统自动生成每位学生专属的劳动档案,呈现学生在各类劳动中的真实状态,为学生留下一份有"温度"的劳动纪念。

在劳动素养评价系统中,教师、家长、学生均可参与所有的评价环节,对学生劳动过程中的表现赋分。学生可利用劳动实践获取的积分兑换相应的小礼品,将精神奖励转化为物质奖励,激发劳动素养提升的动力。

(三) 参照清单,实现过程性与结果性评价的统一

劳动素养评价仅仅依赖学校教育是远远不够的,劳动教育的最终目标是服务与生活,更需寻求家庭教育的助力。教师可依据既定劳动清单,发布学生每月应开展的日常生活劳动项目,由家长指导孩子完成相应的劳动并打卡,班级内所有教师、学生、家长均可相互查看并点赞。校内,学校有义务为学生开设校本劳动课程,创造更多的劳动情境,具体课程参考见表6-4。

表6-4 校本劳动课程

课程内容	课程价值	课程目标
小小收纳师	求简	掌握基本收纳、整理、打扫、清洗窍门,把维持家庭生活环境的整洁、有序视为自己的家庭责任
小小保洁员	归元	
小小水电工	联通	会下水道疏通、软件安装、系统杀毒等简单的技术工作;能理性制订家庭消费计划,合理支配采买费用,规划收支平衡,把维护家庭生活的稳定视为自己的家庭责任
小小理财师	赋能	
小小电脑工程师	思变	
小小厨艺师	变构	掌握基本的烹饪技能,会照顾家中亲人,能增添生活乐趣,把提升家庭生活精神品质视为自己的家庭责任
小小保育员	至善	

学校每学期针对不同年级从劳动清单中选择不同的主题,面向全体学生开展"劳动达人挑战赛",凡是达标的学生都能获得劳动奖章,将劳动奖章的获得情况记入学生综合素质评价系统。

科学评价是专业的、开放的,是让"不可能"变成"可能",让"较少可能变成"更多可能"。只有在显性的教育面前,孩子才有更多隐性的、自由的学习和生长空间,而这样的评价探索促使我们更加接近教育评价改革的精髓。

问题与思考

1. 学生综合素质评价中,评价主体的价值判断是贯穿评价活动的核心环节。你认为综合素养评价是否要制定绝对的评价标准?

2. 你赞同将学生劳动教育的考核结果纳入综合素质评价的要素和评优评先的重要参考范畴吗?为什么?

3. 学生综合素质评价强调"五育并举",涵盖学生全方位的发展,需兼顾过程性评价和终结性评价,你认为这是班主任的额外负担吗?

拓展阅读

1. 刘云生.第五代教育评价来了!如何探索建立学生立体评价范式?[J].人民教育,2020(21).

2. 柳夕浪.学生综合素质评价:怎么看?怎么办?[M].上海:华东师范大学出版社,2016.

3. 中华人民共和国教育部.中小学教师培训课程指导标准:班级管理[M].北京:高等教育出版社,2020.

第七章

循循然善诱人
——小学生发展指导

女儿的同学管她叫"23号女生",因为在50人的班级里,每每考试,她的排名经常是第23名。爸爸妈妈为此想了很多办法,女儿也很努力地学习,但她的成绩仍是中等。于是爸爸妈妈"悄无声息地放弃了轰轰烈烈的揠苗助长活动"——

恢复了她正常的作息时间,还给她画漫画的权利,允许她继续订《儿童幽默》之类的书报,家中安稳了很久。我们对女儿,是心疼的,可面对她的成绩,又有说不出的困惑。

周末,一群同事结伴郊游。大家各自做了最拿手的菜,带着老公和孩子去野餐。一路上笑语盈盈,这家孩子唱歌,那家孩子表演小品。女儿没什么看家本领,只是开心得不停地鼓掌。她不时跑到后面,照看着那些食物,把倾斜的饭盒摆好,松了的瓶盖拧紧,流出的菜汁擦净,忙忙碌碌,像个细心的小管家。

老公看看我,我知道,他心里一定是空落落的。他一定是希望女儿能接受别人的掌声,而不是只为别人鼓掌。

野餐的时候,发生了一件意外的事。两个小男孩,一个奥数尖子,一个英语高手,同时夹住盘子里的一块糯米饼,谁也不肯放手,更不愿平分。丰盛的美食,源源不断地摆上来,骄傲的他们看都不看,只盯住眼前这一块小小的半碎的饼,并不理睬错过了什么。

大人们又笑又叹,连劝带哄,可怎么都不管用。最后,还是女儿,用掷硬币的方法,轻松地打破了这个僵局。我与老公对视一眼,我心头有微微的纳罕:没想到,这个不声不响的孩子,竟是个处理矛盾的高手呢!

回来的路上堵车,一些孩子焦躁起来,大人也开始不耐烦了。车里没有了早晨其乐融融的气氛。女儿大大方方地开口了,新鲜的笑话一个接一个,她自己很平静,可全车人都被逗乐了。

嘴里说着,她手底下也没闲着。那大堆装食品的彩色纸盒,被剪成了许多栩栩如生的小动物,引得这群孩子赞叹不已。到了下车的时候,每个人都拿到了自己的生肖剪纸。看到孩子们围着女儿连连道谢,并要求女儿在剪纸上签名时,老公禁不住露出了自豪的微笑。

期中考试后,我接到了女儿班主任的电话。首先得知,女儿的成绩,仍是中等。对于这个消息,我与老公并不感到意外,不过,班主任说有一件奇怪的事想告诉我,他从教30年了,第一次遇见这种事。

语文试卷上有一道附加题:"你最欣赏班里的哪位同学,请说出理由。"除女儿之外,全班同学竟然都写上了女儿的名字,理由很多:热心助人、守信用、不爱生气、好相处等,写得最多的是乐观幽默、善良聪明。班主任还说,很多同学建议,由她来担任班长。他感叹道:"你这个女儿,虽说成绩一般,可为人,实在是很优秀啊。"

我开玩笑地对女儿说:"孩子,你快要成为英雄了!"正在织围巾的女儿,歪着头想了想,认真地告诉我,英语老师在上课时曾讲过一句格言:"当英雄路过的时候,总要有人,坐在路边鼓掌。"她轻轻地说:"妈妈,我不想成为英雄,我想成为坐在路边鼓掌的人。"

我猛地一震,默默地打量着她。在温柔的灯光底下,她安静地织着绒线。淡粉的线,在竹针上缠缠绕绕,仿佛一寸一寸的光阴,在她手里,吐出了星星点点的花蕾。我心里,竟是蓦地一暖。

那一刻,我忽然被这个不想成为英雄的女孩打动了。这世间,有多少人年少时渴望成为英雄,最终却成了烟火红尘里的平凡人,并且终其一生都不能释怀。如果健康,如果快乐,如果没有违背自己的心意,我们的孩子,又何妨做一个善良的普通人。

长大成人后,她不会是最耀眼的那一个,她也许会成为:贤淑的妻子,温柔的母亲,甚至热心的同事,和善的邻居。在那些漫长的岁月里,她都能安然地,过着自己想要的生活。作为父母,还想为孩子祈求,怎样更好的未来呢?[1]

---

[1] 刘继荣.坐在路边鼓掌的人[M].北京:中信出版社,2015:3-8.

这是我国台湾女作家刘继荣多年前写过的一篇文章,说的是她女儿的故事。故事很简洁,内涵很丰富,意义很深刻,能引发人们对儿童发展指导的诸多思考。首先,就教育的终极目的而言,我们追求的是知识,是分数,是升学,还是学生素质的全面提升和个性的健康发展?其次,就教育的进程和速率而言,我们是把人生、教育看作"不输在起跑线上"的百米赛跑,还是视为顺其自然地行走及顺其自然行走中的积极引导?再次,就教育的方式方法而言,我们对学生是根据成人的"经验"生拉硬拽,还是把阳光洒满道路,让孩子怀揣自尊、信心、希望踏上征程?答案虽然显而易见,落地却是任重道远。党的二十大提出了教育高质量发展的目标,小学生的发展指导是一个极度考验班主任专业理念、专业能力、专业技术能否适应高质量发展要求的领域。小学班主任要更新教育观念,树立正确的教育思想,从全面育人的角度,对学生的理想、学习、生活、生涯、心理健康等各方面进行指导,全面培养学生的核心素养。

一、理想指导

理想是人类前行的明灯,在理想的感召下,人类才不断走向进步与文明。班主任要引导学生扣好人生的第一粒扣子,从小树立远大的理想,并鼓舞学生朝着自己的梦想不断前进。

(一) 社会理想指导

小学生理想教育指导的目标在于,将个人与社会、国家的价值取向实现融通,相互支撑。如果只关注、满足个人发展的价值取向,学生就很难处理好个人与集体的关系,可能只有"中国脸"而没有"中国心",成为"精致的利己主义者",社会发展、国家发展的价值观就可能被边缘化、虚无化。班主任要把国家和社会追求的奋斗目标转化为学生内在的信念,把学生的志向引导到为社会主义、共产主义事业奋斗的轨道上来,把我国建设成为富强民主文明和谐美丽的社会主义现代化国家。

周恩来总理在少年时代就树立了"为中华崛起而读书"的远大志向,从青年时代起更树立了"愿相会于中华腾飞世界时"的革命抱负,并献身于中国人民的解放事业，成为我国无产阶级早期革命运动的杰出活动家和奠基人之一。周总理以自己的伟大革命实践，实现了他青少年时代的远大理想和革命抱负。班主任应引导教育学生，从小胸怀天下，播下理想的种子，确立社会主义核心价值观，确立伟大的中国梦，做一个有益于国家、社会与人民的人。

(二) 生活理想指导

班主任对学生的生活理想指导，是指立足学生的现实生活，为他们的理想生活指明方向、确立目标，并通过具体的教育行为引导学生奔赴理想的生活，使每个孩子活出"理想"的模样。生活理想指导大致包括以下几方面：指导学生养成健康的生活与饮食习惯，塑造强健的体魄；指导学生形成优雅的生活理念与方式，铸就美丽的心灵；指导学生参与必要的家务与日常劳动，掌握基本的生活技能；指导学生学会和谐的交往礼仪与模式，建立良好的人际关系。

如果一个学生缺乏生活理想，那其在成长过程中，往往会行为懒散，得过且过，躺平颓废，精神不振，生活一团糟。这是因为这类学生缺乏对美好幸福生活的目标追求，缺乏对未来的积极希望和行动，还会常因生活中的挫折而感到悲观。因此，班主任要对学生从小进行生活理想的指导，在他们幼小的心灵里播撒生活理想的种子，促进他们迸发向往理想生活的勃勃生机。

那么，班主任如何加强对学生的生活理想指导呢？首先，要引导孩子确立生活理想的目标，对于自己的家庭生活、学习生活、人际交往等方面要有发展的目标与规划。其次，要指导学生养成健康、优雅的生活方式与行为习惯，促进学生身心健康发展。再次，要引导学生在日常生活、集体生活和家庭生活中感知生活的美好。生活处处都有美，只是需要一双发现美的眼睛，生活中的小幸福、小美好都需要我们用心感受，要引导学生体验美、欣赏美、表达美、创造美，铸造美丽心灵。此外，在班集体建设与同学的人际交往中，也可以引导学生发现自己的归属感与价值感，从而体验生活的美好意义与人生价值。

下面案例中的班主任设计了"happy time"活动，就是对学生进行生活理想指导的一种有益实践与探索。

我们的"happy time"

每周五是我和孩子们约定好的"happy time"。每到这个时候,孩子们都会对一周的表现进行复盘。

"请大家想一想,这一周当中你为班级做了哪些贡献?"我将话题一抛出,孩子们就你一言我一语,争先恐后地说出自己都为班级做了些什么。

小思最先举手,他自豪地说:"每天早上我都会早早进班,开始打扫卫生。"小宇不甘落后,大声地说:"现在初冬时节,同学们很多都感冒了,所以我每天都关注班级的开窗通风。"小翔说:"每天放学的时候,我都会提醒同学们不要落下水壶。"小齐骄傲地说:"每天班级的小点心都是我和其他同学一起发放的。"

我清了清嗓子说:"孩子们,那我们试着在小组中讨论一下,看一看同学们分别都可以拿到什么样的爆米花集赞卡。"有的同学说,主动打扫教室卫生这就是"勇担当";有的同学说,和同学一起干活这是"善合作"……孩子们说着自己的贡献,说着他人的奉献时,眼睛都亮亮的,似乎闪耀着光芒。我想:每周"happy time"发放的这一张张爆米花集赞卡,不仅鼓励着孩子们的成长,更重要的是让孩子们在成长中找到了自己的价值感和归属感。

(三) 道德理想指导

教育就是教会学生做人,做对社会有价值的人。教师的职责在育人,班主任要把教学生学会做人作为工作的重点,教育学生做自尊自爱的人,做有公德心的人,做自律的人,做坚强的人,做高尚的人。

中共中央颁布的《公民道德建设实施纲要》,明确了公民道德建设的基本要求:爱祖国,爱人民,爱劳动,爱科学,爱社会主义。班主任必须指导学生遵守基本的道德规范,爱国守法,明理诚信,团结友善,勤俭自强,敬业奉献。同时要引导学生形成良好的道德习惯和健康的人格,坚定理想信念,热爱祖国,热爱共产党,热爱劳动,遵纪守法,使孩子们成为有理想、有道德、有文化、有纪律的时代新人。

(四) 职业理想指导

职业理想指导,是对学生进行有关职业发展前景的指导。它主要是从社会发展需要和职业自身发展前景两个方面向青少年提供相关资料和信息,从而树立青少年热爱职业的积极态度和自豪感,提高他们的自尊心和自信心,形成强大的心理动力,激励他们提高职业活动的抱负水平,确立职业成就意向与目标。

班主任老师要引导学生在职业理想上将社会发展需要和自身实际结合起来,成为对社会有用的人才。班主任可以通过讲故事、介绍榜样人物的方式,帮助学生进行职业理想的塑造与培养。

飞天传奇

同学们,你们一定很崇拜中国航天员吧!看他们穿着白色的宇航服,头戴透明宇航头盔,多么的神气呀!

中国进入太空的第一人是谁呀?是杨利伟叔叔。中国漫步太空第一人又是谁呢?是翟志刚叔叔。三巡太空的宇航员又是谁呢?是景海鹏和聂海胜。你们知道谁是"摘星星的妈妈"吗?是宇航员王亚平,她还在太空上给我们上有趣的太空课呢,让我们近距离地感受宇宙的神奇和星球的美丽,这种感觉啊,简直太棒了!

习近平爷爷称赞宇航员队伍为"四特部队"——特别能吃苦,特别能战斗,特别能攻关,特别能奉献。小朋友们一定会认为翱翔在宇宙太空中非常的有趣,漂浮在太空中,就像小鸟一样飞翔。

可是小朋友们一定不知道杨利伟叔叔第一次进入太空时那艰难的 26 秒。火箭和飞船由于当时技术不是非常成熟,急剧地抖动。在接受采访的时候,他是这样说的:五脏六腑似乎都要碎了,觉得自己快不行了。

想要实现飞天梦,每一个宇航员都要经历多年的魔鬼训练。而在每项魔鬼训练中,都有一个紧急暂停按钮,但是我们伟大的航天员们,没有一个人在训练过程中按过暂停,他们用坚强的意志力战胜了一次又一次的魔鬼训练。

失重飞行训练、转椅训练、水槽出舱训练、飞行技术训练,每一项都在挑战人的意志力。航天员在离心机里训练的时候,五官都被挤得变形,呼吸非常困难。

魔鬼训练,是不是非常的辛苦呀?作为航天员最难的是什么呢?杨利伟叔叔给出的答案只有两个字:学习。

一年的课程航天员们需要在三个月内学完,所以航天员的学习内容非常非常多,他们穿梭在课堂、训练场和宿舍之间,白天上课,晚上复习预习,我们经常能看到航天员公寓灯火通明,成了名副其实的"不夜城"。

一分耕耘一分收获,功夫不负有心人。航天员们如同超人一样,完成了非常困难和具有挑战性的"太空穿针"行动:航天员在太空中驾驶飞船,采用手动的方式和正在运行的天宫1号进行严丝合缝的对接。航天员刘旺在7分钟内就完成了"太空穿针",比自动对接还快了3分钟,是不是令人惊叹!这成绩是他反复训练了1500多次的结果呀。

这么辛苦的训练和付出,是不是意味着在我们追逐航天梦的时候就会万无一失呢?其实啊,即便做好了充足的准备,也会面临着意外的发生。航天员们在准备合力拉开舱门时却只拉开了巴掌大的缝隙,终于把舱门开启的时候火警的警报声又响起,但是他们的信念非常坚决:"任务必须完成,着火也得出舱!"这才有了宇航员翟志刚手持五星红旗在太空挥舞、向全世界问好的场景。但是谁都想不到他们刚刚经历生死的考验。

航天员们返回地球,出舱后第一时间展示国旗。航天员翟志刚叔叔是这样说的:无论发生什么情况,我们都要完成任务,让五星红旗高扬在太空。作为第一个飞上太空的女航天员王亚平阿姨说:在太空中不管做不做梦,我都已经在自己的梦里。小朋友们,你们瞧,他们用自己的实际付出和坚强意志,实现了飞天梦。

龙翔九天腾云驾雾,我们是龙的传人,希望我们每一个同学的心中都有属于自己的航天梦。让我们传承航天精神,胸怀飞天梦想,向航天员叔叔阿姨学习,用自己的实际行动,实现属于自己的梦想![1]

---

[1] 改编自:舒畅.飞天传奇——实现飞天梦[J].家教世界,2023(8).

二、学习指导

学习是学生的主要任务,也是促进学生健康成长的主要途径,班主任要在指导学生的学习上狠下功夫。

(一) 学习兴趣的培养

古今中外,凡有成绩者无不对自己所从事的事业有着浓厚的兴趣,兴趣推动着他们孜孜不倦地追求而最终取得成功。科学家丁肇中用 6 年时间读完了别人 10 年的课程,最后终于发现了"J 粒子"。记者问他:"你如此刻苦读书,不觉得很苦很累吗?"他回答:"不,不,不,一点儿也不,没有任何人强迫我这样做,正相反,我觉得很快活。因为有兴趣,我急于要探索物质世界的奥秘,比如搞物理实验,因为有兴趣,我可以两天两夜,甚至三天三夜待在实验室里,守在仪器旁。我急切地希望发现我要探索的东西。"兴趣是最好的老师。引导学生学会学习,引领学生发现学习的乐趣,是班主任的重要工作。学生只有对学习感兴趣,才能把心理活动指向和集中在学习的对象上,使感知觉活跃,注意力集中,观察细致,记忆持久而准确,思维敏锐而丰富,激发和强化学习的内在动力,从而调动学习的积极性。兴趣的形成和家庭教育、教师的教学、周围环境的影响、学习者有意识的自我培养有关。那么,如何有效地培养学生的学习兴趣呢?

一是要保护儿童的好奇心。好奇心是儿童的天性,他们对无限广阔的宇宙会提出各种各样的问题,教育者应热忱而耐心地听完孩子所提出的各种问题,然后尽可能地加以解答。如果一时不能回答,可查阅相关书籍或请教他人,更可以和孩子一起想办法寻找答案,并启发孩子进一步思考。这样孩子学习与探究的兴趣会越来越浓,从而促进思维能力的提升。

二是要创设儿童喜闻乐见的教育情境。在教学过程与班会活动中,班主任有意识地创设儿童喜欢的教育情境,如故事情境、游戏情境、质疑情境、操作情境、竞赛情境等,可以激发学生参与学习的兴趣,积极地投入到学习中,提高学习成效。

三是要对孩子给予积极期待并正向鼓励。任何人都有被别人信任、认同的需要,而当这种需要得到满足的时候,就会更加感到鼓舞和振奋,从而以饱满的热情投入到学习工作之中去。每个孩子的心灵深处都有着对发展的渴求,班主任应敏锐机智地看到孩子的上进愿望,给予充分的尊重、信任并加以正确的引导。比如正面肯定孩子:"你行!你一定能行!我相信你一定会进步!""你在这方面表现特别突出,我相信你在其他方面也一定能同样出色!"充分满足孩子内在的心理需求,从而促进其学习行为。

四是要注意优化教育方式,实施愉快教育。教师授课时要采用教学艺术,既能深深地感染和吸引学生,使自己教得轻松,又让学生学得愉快并赢得学生的喜爱、信赖和敬佩,从而使学生对学习产生浓厚的兴趣。生动风趣的教学不但能活跃课堂气氛,而且能加深学生对知识的记忆。教师授课时要有丰富的情感,从而激励学生的学习情趣。丰富的情感是课堂教学艺术的重要部分,也是教师道德情操的要求。富有情感色彩的课堂教学,能激起学生相应的情感体验,激发他们的求知欲。

五是让学生在学习中获得成就感。孩子在学习中体验到自己有进步,会使他们得到自我肯定,从而进一步激发学习热情。美国教育心理学家桑代克揭示出学生学习的三大定律,其中之一就是效果律,即:当学生学习后体验到满意的效果,学生就会产生进一步学习的愿望;相反如果学生学习后得到了烦恼的、不满意的效果,那么学习行为就会终止。因此,班主任应该设法让孩子体验到学习以后的愉悦和成功感。

犹太人的智慧也值得我们学习,孩子刚懂事时,母亲就会将蜂蜜滴在书本上,让孩子去舔书上的蜂蜜。其用意是告诉孩子:书本是甜的。有一位班主任每天放学前都会带着"礼盒"来到教室,分发"甜蜜糖果"给当天表现优秀的或者进步的学生。学生接过糖果放入嘴里的时候,他感受到的不仅是糖果本身的甜蜜,更有读书、努力带给他的永远不会消逝的甜蜜。

(二) 学习动力的激发

1. 教育学生明确学习的目的和意义,增强学习的自觉性

班主任应通过多种形式、多种渠道对学生进行学习目的性和学习意义的教育,使学生把当前的学习同未来参与社会生活联系起来。小学生处在特定年龄阶段,对学习价值的认识有时不是非常明确,从而表现出学习动力不足。这就要

求班主任必须进行学习目的教育,把学习的外部要求转化为孩子自身内在的学习需要,以增强其学习的动力和自觉性,变"要他学"为"他要学"。

2. 及时反馈,使孩子知道学习的结果状况以及有关矫正信息

小学生受年龄特征的限制,自我意识水平还不高,对自己的学习结果并不十分清楚。如果能够及时地让孩子了解自己的学习结果,可以加强孩子学习的动力。及时给予结果反馈既能让孩子们看到自己的进步,提高学习热情,增加努力程度;又能让他们发现自己的不足,激发上进心,促进其克服缺点、改正错误,争取更好的成绩。

3. 引导孩子正确认识学习成功和失败的原因

寻找、认识学习成绩成功和失败的原因,在心理学中称为归因。不同的归因对学习动力和积极性的激发起着重要作用。如果把学习成功的原因归结为自己的努力,就有利于增强学习动机,提高学习积极性;而如果把学习失败的原因归结为个人努力得不够,也可能提高学习积极性。所以引导学生正确归因,对激发学生的学习动力具有重要作用。为了使孩子在归因时减少和消除误差,班主任应当积极引导孩子掌握归因的基本技能。

4. 多鼓励表扬,为孩子成长赋能

学生成长需要鼓励表扬,正如植物生长需要阳光雨水。在和学生的相处过程中,鼓励表扬比其他任何手段都重要。一个成长动力不足的孩子,很可能是没有得到足够的鼓励与表扬。班主任应该始终坚持给学生适时的鼓励和表扬,激发孩子蓬勃向上的内驱力。

为了更好地发挥鼓励表扬在学生学习与成长中的作用,班主任应注意以下几点。

第一,鼓励表扬应有针对性,要使用恰当的激励语言。

第二,鼓励表扬时,应加强对学生的学习目的教育、理想信念教育,让他们在体验到成功与快乐的同时,进一步明确学习和发展的重要意义。

第三,鼓励表扬要考虑孩子的个性特点、性别特征和年龄特征。例如,对于个性比较内向、懦弱的学生、年龄小的学生,应更多给予鼓励和表扬;对于个别发展迟缓的孩子,可以先表扬他某一方面(如音乐、美术、体育、劳动等)的特长与进步,以鼓励孩子将其成功之处进一步迁移到其他方面的发展。

5. 直面挑战,不断超越自己

每一个挑战,都会激发孩子的潜力,使他们获得源源不断的学习动力,成为他们学习进步与身心发展的催化剂。

班主任可引导学生在学习生活中有意识地不断给自己设定新的目标。例如针对新学期伊始制定的学习目标,在学习过程中可以不断引导学生思考,"自己的目标达成了吗?""是通过什么方式达成的?"通过分享直面挑战的有效经验与做法,再尝试给自己设定新的目标,引导学生在设定目标与实现目标的过程中,不断超越自己,取得更大的进步。

(三) 学习方法的指导

学习方法是学习指导中的一个重要方面,班主任应指导小学生掌握科学的学习方法,如预习时如何找生字、查字典,复习时知道怎样记忆和反馈,等等。授人以鱼,不如授人以渔。

班主任可以从以下几个方面对学生进行学习方法指导。

1. 制订具体计划

"凡事预则立,不预则废。"要真正学好知识,发展自己,不仅要确立目标还必须制订切实可行的具体计划并加以实施。

5个"W"和2个"H"

Why——为什么学习,即学习的目的、意义和作用。明确了这一点才会去学习。

What——学什么,做哪些事,完成什么任务,达到什么目标。这是学习的对象及其指引的方向。不明确这一点,学习就不知道从何进行,该做什么。

Who——我是"谁",即我是个什么样的人,基础水平和能力如何,有何特点,学习中的长处和短处各是什么。对自己有了充分的认识后,才能根据自己的特点制订适合自己的学习计划。

Whom——应该取得谁的帮助,与谁一起学习。

When——如何安排学习时间,每一项学习内容各占多少时间等。

How——如何学习,采用什么方式和方法学习。

How much——学多少，要达到什么程度。

我国著名教育家陶行知先生曾写过这样一首诗并常常以此激励他的学生：

我有八位好朋友，肯把万事指导我。

你若想问真姓名，名字不同都姓何：

何事、何故、何人、何如、何时、何地、何者，

好像弟弟和哥哥。

还有一个西洋派，姓名颠倒叫几何。

若向八贤常请教，虽是笨人不会错。

2. 规定完成时间

给自己规定完成任务的期限。完成任务总是需要一定的时间，但并不是给的时间越长，完成得就一定越好。相反，规定的期限、时间越长，反而会使人松懈，不能抓紧时间集中注意力，心里总会安慰自己说反正时间还多呢，现在松一点没关系，以后再抓紧就是了。久而久之，就会产生做事拖拉、磨蹭等不良习惯。因此，根据任务的多少框定完成时间，而且要尽量把时间留得紧一些，这样有利于注意力的高度集中，提高学习效率。

为最大限度增强学生学习的专注度，提高时间利用与学习效率，确保学习任务与学习目标的有效达成，可采用"限时学习法"。所谓"限时学习法"，就是给自己设定学习时限的一种方法，也是一种有效的时间管理工具，其基本做法是：选择一个待完成的学习任务，将闹钟定时设为 25 分钟，其间学习者高度专注，中途不做任何与学习任务无关的事，如开小差、喝水、看手机等，直到闹铃响起，然后在纸上做个记号，短暂休息（3～5 分钟）。接着开始新的任务，设定闹钟，如此循环。

柯比(W. C. Kirby)教授谈专注力[①]

美国哈佛大学商学院工商管理系柯比教授认为，普通学生与优秀学生的差距，主要在于专注力的不同。

---

① ［美］柯比.学习力［M］.金粒，编译.海口：南方出版社，2005：1.

专注，就是把所有光线集中到一点的凸透镜，是学习力中最具有凝聚效力、整合效力的品质。就像如果用放大镜在太阳下对准一张白纸，几秒钟之内，白纸就会燃烧，这是人人皆知的聚焦现象。

不要去幻想学习中的捷径，你所要做的，就是将身体与心智的能量锲而不舍地运用在同一个问题上而不厌倦，你入迷了，就距成功不远了。

格拉宁在《奇特一生》中赞美柳比歇夫时说："他通过他的方法证明，如果把一切集中到一个目标上，可以取得那么多的成就。只要连续多年有系统地、深思熟虑地采用他的方法，你就可以超过天才。"

在哈佛，最大限度学到有用的知识，是每个学生都渴望的，但是学习的道路漫长而遥远。于是，学习便成为一场艰苦的赛跑。最终达到目的的人并没有更多的有利条件，大家的先天条件都差不多，他们只是比别人多了一份专注，一份执着。

在我所工作的文理学院，有几个非常爱搞恶作剧的学生，并没有什么恶意，只不过想给繁重的学习增添乐趣。他们最常做的一件事是，在女学生正在做实验的时候，故意一起注视她。他们并不扮怪相，也不笑，也不说话，只是紧紧地盯着那个正在做实验的人——直到这个女学生意识到有人在坚定地注视着自己，开始脸红，心神不安，手忙脚乱，把试管和酒精灯打翻为止。

但是，他们也并不是都能成功，如果有的女学生将全部精力都专注于自己的实验，那几个爱搞恶作剧的学生就没有任何办法了。因为，她已全神贯注于实验之中，根本就察觉不到恶作剧的存在，当然就不会受到任何影响。

学生在学习中需要有专注精神——上课时要集中精力听讲，看书时要聚精会神，做作业时要专心致志，这是学习最根本的保证。有的学生天资聪明，智商很高，但学习效果却很差，很重要的原因就是缺乏这种专注力。

有一个学生叫玛格瑞斯，他刚进哈佛的时候，为了取得好成绩，花费了大量的时间，往往学习到深夜。可是，这样持续一段时间以后，他的成绩并没有提高，相反，身体却日渐疲劳，对学习产生了一种厌倦心理。

他的教授赖特帮助他总结了教训——他错误地将时间与学习效果画上了等号。赖特给了他一个忠告：三心二意地坐一天，不如一心一意干一小时。他还举了一个现实的例子：当你在游戏的时候脑子里还在琢磨着数学题，玩得自然不尽兴,反过来道理亦成立。学习不是空想,不能心猿意马,只有在一定的时间内心无旁骛,才有可能得到灵感女神的垂青。

就像乔治·古维叶(古生物学家)说的那样:"注意力是知识的窗户,没有它,知识的阳光就照射不进来。"

蒙台梭利也认为:"最好的学习方法就是让学生聚精会神学习的方法。"在她看来,在学习时是否具有专注的态度比知识本身还重要。

由此可见,专注对于学习来说是多么的重要。如果你想得到理想的学习效果,就必须善于培养自己的专注精神,善于集中注意力。

提升专注力的几个建议:

我经常问那些在学习上感觉有困难的学生,他们最想提高什么。提到最多的就是如何集中注意力。注意力是专注的重要特征,如果我们注意了,我们就会把思想和感官完全地投入到学习上而不会分神。而集中注意力的能力,其实是可以提高的,而且有各种各样的方法。

首先,在情绪上要做好准备。在学习之前先把思想集中起来,考虑一下将要学习的内容。例如,你可以在开始听教授讲课之前先花十分钟坐下好好看一看这节课将要学习的内容。这样的心理准备应该作为仪式保留下来,即使你离开学校以后,也要坚持这样做。

其次,全神贯注与休息是密不可分的,就像觉醒与睡眠的关系。如果你想得到理想的学习效果,就必须善于培养自己的专注精神,善于集中注意力。但注意力也是需要暂停的。休息时你可以放松自己,在敞开的窗前深呼吸以为大脑重新输入氧气,让眼睛休息休息,吃些零食,听一段古典的奏鸣曲或是到四处散散步。

不过,许多学生一谈起提高注意力,就想到在家或在教室自学,而很少有人考虑他们在上课时的注意力。

去年我就学习态度问题随机抽查了 50 名学生,问到他们上课时的专注程度。结果,有 1/5 的学生说:"在上课时,我常常向窗外看。如果我能集中注意力的话,学习成绩就会提高。"有 2/5 的学生说:"我会不由自主地向窗外看一两分钟。"

剩下 2/5 的学生则说:"对我来说,上课时全神贯注是非常有效的,每次上课我都能有所收获。"还有一个学生告诉我：每当他坐在前排的时候，注意力就能很集中。而如果他坐在很靠后的位置时，"就会像在电影院里，身子向后一靠，如同在看娱乐片"。

怎么解决这个问题呢？你可以在上课前考虑在这节课中想学到什么，并且打算把每次课上听到的内容以何种精细的程度融入你个人的知识结构中。对这一问题的回答是具有决定意义的，因为这样你就能够把注意力集中在教授的授课上。

最后，我再提出一个建议，它可以帮助你集中注意力：一个学习周期开始时先记一下时间，如9:00，在学习告一段落时也记一下时间，如10:30。这个小措施会让你很快看到大效果。你不仅能够更专心地学习，而且尤为特别的是你可以问心无愧地享受休息。

我是在上大学时发现这个诀窍的。我当时有写学习日记的习惯，除了对一般的精神状态、观察学习与忘却的规律做些评点外，我每次都要写上一个学习周期的起始时间和终止时间。因为我想搞清楚每周最多能有多少小时我可以高质量地进行学习，而不表现出过于疲劳的状态。

很快我就发现，通过记录学习时间，我能更好地集中注意力。后来，我还将这个方法进行了一些改动——在一段学习时间里加入尽可能多的学习任务，比如，我限定自己看完一定量的材料用多长时间。这种压力大大地激活了我的大脑，同时又能使我对所要学的东西更加专注。直到现在，我还在用着这个方法，我想，我会一直用下去。

3. 有效复习

一是要及时复习。艾宾浩斯的遗忘曲线表明，遗忘的进程是先快后慢。因此复习应赶在识记过的材料还没有被大量遗忘前进行，当天所学的内容必须当天复习巩固。如果等过几天遗忘了很多的时候再来复习，势必事倍功半。并且，要在很短的时间内解决好几天积累下来的问题，也是不现实的。

二是要多样化复习。某一单调刺激反复作用于大脑，会使人感受性下降，产生疲劳。因此，复习可采取前后内容的比较、归类、画图、列表、错误分析、解题等多种形式进行，变单调刺激为新异刺激，从多角度加深记忆痕迹。此外，还可通过眼耳手脑并用,使记忆痕迹通过不同感觉通道得到叠加和综合。

三是要经常复习。识记过的内容需要经常复习才能实现"根深蒂固",只复习一两次的看似记住了的知识痕迹仍会消退,或者即使能记住,也不能准确灵活地应用。所以需要经常复习,不断加深记忆痕迹。

4. 高效解题

高效解题有以下几点注意事项。

(1) 准确理解题目的字词语句,不匆忙作答。认真审题,理解题意。

(2) 整体把握题目中的各种关系。

(3) 在理解题目的整体意义后判断题型。

(4) 善于进行双向推理,既能进行由已知到未知的顺向推理,又能进行由未知到已知的逆向推理。

(5) 克服思维定式,扩散性思考。遇到"钻进去后出不来"的情况时,应设法摆脱它,寻求新的解决问题的方法。

(6) 选择最佳思路。要从众多的思路、方法中选择最经济、最合理、最有效的,并用它来解决问题。

(7) 及时对解题思路进行总结和反思。总结反思能够促进知识的概括迁移。可以抓住最基本的题型,将其牢固掌握。平时坚持做难题笔记和错题摘录,明确自己知识的不足之处并加以防范。这样举一反三,有利于对知识的融会贯通。

5. 应试

学生在实际考试时可运用以下有效方法。

(1) 统览全卷。翻开试卷,先花几分钟时间对试题的数量、类型、各题占分比例等进行浏览,并对各题难度以及回答所需时间做大致评估,做到心中有数。

(2) 适度紧张。考生在考试过程中保持适度的紧张感,有助于提高答题的准确性。

(3) "量体裁衣,看分花时。"占分比例小,花时少些,答案可简略些;占分比例大,多花些时间,答案要详细、充实些。

(4) 先易后难。答题时遵循由易到难的顺序,可获得成功的体验,增强作答信心。

(5) 简明扼要。试题评分的标准答案通常以要点或纲目形式出现,评分人一般以此为标准到考生的答案中去寻找要点,因此答案应简明扼要、准确精练。

（6）卷面整洁。考生答题,应时刻注意字迹清晰工整、标点准确、答案布局协调和谐,保持整张试卷的整洁美观,以争取较高的卷面分和评分者的心理印象分。

（7）"力求不丢一分。"要争取拿到能拿到的每一分,不因粗心而失分,使自己的水平得到充分的发挥。

（8）检查修正。试题答完后,大脑暂时转入相对放松状态,检查容易发现解题过程中出现错漏的问题,从而提高答案的准确性、完整性。

杜绝学生考试作弊也是现实中教师需要应对与解决的问题。有位数学老师是这样做的。首先,他对学生说:"考试作弊说明同学们想在考试中取得好分数,在某种程度上表明想上进,但是这样做不仅违反纪律,而且在考试中偷看材料肯定会提心吊胆,并不痛快。所以,下次单元测验我允许大家带一张 A4 纸,上面可以写自己想写的任何东西。"同学们一听都很兴奋,于是纷纷认真准备自己的 A4 纸,有的甚至用蝇头小楷写得密密麻麻,不放弃任何一个角落。考试结束后,老师让大家把自己所写的 A4 纸都贴到教室后面展览。同学们很好奇地互相观摩,结果发现有的学生在上面就单纯抄题目,有的抄上公式,有的不但列出知识提纲,还列出它们之间的联系……特别是考试分数公布后,学生都很有感触:为什么张××能考好? 为什么李××考不了高分? 同学们从 A4 纸上写的内容出发,开始交流学习哪种方法好。老师组织学生对总结的方法进行讨论,并且预报下一次单元测验只能带半张 A4 纸进考场。考完试后照例展览。再下次考试,老师只让带四分之一张 A4 纸……这样能带进考场的纸张越来越小,学生就只能对知识进行越来越精练的归纳总结。在这个过程中,学生不但认真复习了功课,达到了考试"监督学生复习、巩固知识"的目的,也在实践中学会了画概念图提取要点和其他很多有用的学习方法。

这位数学老师通过让学生带纸张进入考场的方式,巧妙地使学生通过反思和相互学习掌握了很多好的学习方法。这个过程虽然没有老师的直接介入,却比老师直接教授学习方法更有效,因为这些方法是学生通过自己探索并与同学交流之后总结出来的。

（四）学习习惯的培养

美国心理学家威廉·詹姆斯说过：播下一个行动，你将收获一种习惯；播下一种习惯，你将收获一种性格；播下一种性格，你将收获一种命运。小学班主任应注重培养学生养成良好的学习习惯，为他们的终身发展奠定良好的基础。

1. 学会倾听

（1）上课不做小动作、不做与学习无关的事。

（2）认真倾听其他同学发言，看他们发言是否正确，有没有需要补充的。

（3）认真听老师讲解，并按要求完成练习。

2. 善于思考

（1）上课专心听讲、认真思考、积极发言。

（2）善于发现，大胆发表自己的见解，有不懂的问题主动向老师请教。

（3）课前预习知识，不明白的地方提前做好标记。

3. 敢于提问

（1）勤于思考、敢于质疑，与人交流、不怕说错。

（2）发言时，要站直，讲普通话，口齿清楚，声音洪亮。

4. 与人合作

（1）主动和同学、老师合作，敢于表达自己的观点和见解，共同解决问题。

（2）与同学交流时，尊重别人的意见和观点。

5. 自主读书

（1）养成边读边想、圈点勾画、写读书笔记的良好习惯，注重知识的积累。

（2）乐于读书，愿意和书交朋友，养成阅读的好习惯。

（3）爱护书籍，不在公共书籍上乱写乱画。

6. 认真书写

（1）读写姿势端正，会正确执笔，做到"三个一"：眼离书本一尺，胸离桌子一拳，执笔处离笔尖一寸。

（2）保持卷面整洁，不乱用涂改液和修正带。文字和符号使用规范，格式要美观。

7. 按时完成作业

(1) 坚持复习巩固当天所学的知识,认真完成并细心检查作业。

(2) 注意运用所学知识解决实际问题,培养自己的各种能力。

8. **搜集资料**

(1) 利用查阅图书、上网浏览、实地观察等渠道主动搜集与学习相关的材料,拓展自己的知识面。

(2) 对搜集的各种资料进行分析、归类、整合,培养自己的阅读理解、表达交流、搜集和处理信息的能力。

三、生活指导

随着科学技术的发展,生活节奏的加快,竞争意识的强化,社会对人的素质提出了更高的要求。对学生进行生活指导,帮助学生合理科学地安排自己的生活,培养学生适应现代社会的独立生活能力,为他们将来适应社会生活做好准备,是时代赋予广大教育工作者的重任。班主任对学生的生活指导,主要包括生活自理指导、健康生活指导、美化环境指导、理性消费指导、交往礼仪指导等。

(一) 生活自理指导

小学生生活自理的内容主要包括:整理个人卫生,如刷牙、洗脸、梳头等;自己穿衣戴帽;自我服务劳动,如叠被、洗衣、刷鞋、整理学习用品等。生活自理不仅能培养学生从小学会独立生活,养成自己的事情自己做的好习惯,而且还能增强他们独立生活所必需的劳动技能。

要做到生活自理,必须付出一定的劳动。班主任应向学生讲清生活自理和劳动的目的与意义,培养他们从小就不依赖家人的光荣感和自豪感,形成劳动意识,端正劳动态度,培养劳动品质,训练劳动技能。

小学生生活自理的主要空间是家庭。班主任要与家长保持密切联系,家校紧密配合,根据学生不同年龄提出不同的要求,由易到难,循序渐进,共同督促学生实现生活自理的目标。

班主任可以设计开展关于劳动的班级活动,促进家校合作,丰富学生的课余生活,着力打造特色家长劳动课堂,邀请家长走进课堂,和孩子一起劳动成长。班主任还可以在劳动教育的班级活动中增加亲子项目,如和父母一起打扫厨房、整理书房等,不仅促进了亲子之间的沟通,也让孩子们在劳动的过程中感受到快乐。

教育部印发的《义务教育课程方案和课程标准》将劳动从原来的综合实践活动课程中完全独立出来,并发布了《义务教育劳动课程标准(2022年版)》。日常生活劳动包括清洁与卫生、整理与收纳、烹饪与营养、家用器具使用与维护四个任务群,与学生的生活自理相关的有以下两个任务群。

(1) 任务群一:清洁与卫生。

内容要求:开展简单的清洁劳动,用笤帚扫地,用拖把拖地,用抹布擦桌椅等,用合适的洗涤用品洗碗筷等餐具,用肥皂、洗衣液等洗红领巾。依据颜色或文字提示辨别不同类型的垃圾桶,知道垃圾分类投放的要求。坚持用科学的方法洗手,独立完成与个人卫生相关的劳动。

(2) 任务群二:整理与收纳。

内容要求:根据需要,整理自己的生活用品、学习用品,如衣物、玩具、书本、文具等。整理自己的书包、课桌和居室的抽屉及书桌,能按照物品类别、形状等整齐摆放,初步建立及时整理与收纳的意识。

"彩色夹子"引发的小故事

"老师,我们是不是也要带彩色夹子来呀?"放学的时候,小思同学忽闪着大眼睛,很认真地问我。一时间,我没有反应过来,好奇地问他:"为什么要带夹子来呀?"

他清了清嗓子,非常严肃地告诉我:"老师,我发现今天晨会的时候,二(6)班的劳动方法非常好!在垃圾袋上夹上夹子,垃圾袋就会'乖乖听话',所有的垃圾就会稳稳地兜住,再也不会出现垃圾乱跑的情况了。"听了他一番话,我这才恍然大悟。原来,晨会分享了其他班级做得好的劳动方法,没想到这一席话,就让小家伙牢牢地记在心里,还想把学习到的劳动方法用到自己的班级中,真是一个会学习的小家伙呀!

听了他的话,一群小家伙围拢过来,他们七嘴八舌地说:"老师,我也要带,我也要带！我们都觉得这个方法好极了！"看着这一张张认真的小脸蛋、一双双高举的小手，我不禁笑了。我接着话茬说："老师真不如你们，活学活用，主动实践，你们太了不起了！"

看来，我们只需要把劳动的种子播撒在孩子们的心田，开花结果大概只是时间的问题，今天不就已经生根发芽了吗？

（二）健康生活指导

健康生活指导的内容主要包括：引导学生在课堂上保持正确的姿势，摒弃"手背后，脚并拢"的做法；指导学生做好早操和眼保健操；运动时间和强度要适宜；对高年级学生进行生理知识教育，使其了解自己的身体构造及生理机能；指导学生养成良好的饮食习惯，进食定时、适量，不暴食，不挑食，使摄取的营养丰富又平衡，获得足够的热量、蛋白质和维生素；督促学生坚持体育锻炼和适当参加体力劳动，促进骨骼钙化，增加骨骼力量，增大肺活量，增强抗病能力；指导学生合理安排时间，遵守作息制度，保证足够睡眠时间；教育学生养成良好的卫生习惯。《义务教育劳动课程标准（2022年版）》在烹饪方面对小学不同学段的学生提出了不同的要求：第一学段（1～2年级），要参与简单的家庭烹饪劳动，如择菜、洗菜等；第二学段（3～4年级），学会做凉拌菜、拼盘，学会蒸、煮的方法，如加热馒头、包子，煮鸡蛋、水饺等；第三学段（5～6年级），做2～3道家常菜，如西红柿炒鸡蛋、煎鸡蛋、炖骨头汤等，还要会设计一顿营养食谱。

（三）美化环境指导

美的环境能够塑造美的心灵。优美的环境不仅能使学生置身于舒适、温馨的氛围之中，而且能发挥"桃李不言，下自成蹊"的作用，潜移默化地陶冶学生的性情。

美化环境的基础是保持整洁。班主任要设置好岗位，安排好任务，排好卫生值日表，加强督促检查。同时要引导学生爱护公共财物，不摇树，不摘花，不乱扔纸屑和瓜皮果核，维护环境整洁。

要美化环境，关键要有追求美的意识。可以在教室的一角设置"自然角"，在讲台上放置一盆花,在墙壁上布置"艺术天地"等。这些其实并不复杂,重点是要有意识,要动手去做。

要引导学生美化环境,就要用基本的美学知识来武装学生。班主任要积极开展审美教育活动,使学生形成正确的审美观点和健康的审美情趣,培养学生初步形成感知美、理解美、欣赏美、创造美的能力。

我是环保小卫士

一年一度的运动会开始了,伴随着音乐声,孩子们依次都来到了运动场。我看着一张张期待的小脸,大声地说:"今天运动会,老师很好奇你们都带了哪些宝贝呢?"话音刚落,小苗说:"我带了水杯!"小宇说:"我带了帽子!"小萱说:"我带了塑料袋!"同学们都掏出了五颜六色的塑料袋,争先恐后地要展示给我看。我好奇地问:"你们为什么不约而同地都带塑料袋呢?""哈哈哈,我们要用塑料袋把丢弃的垃圾一件不落地捡起来!"

吃过午餐,说干就干!孩子们七手八脚地将一个个食品外包装都放进塑料袋,还有四个同学合作拿着一个特别大的袋子一起捡。有的同学非常细心,拿了好几个袋子,分类装垃圾。看到阳光下他们忙碌的身影,我想给他们一个大大的赞!

劳动的种子俨然在孩子们的心里生根发芽了!

(四) 理性消费指导

市场经济通过各种媒介不可避免地对小学生正确消费观的形成带来了许多消极影响,班主任要对学生进行正确的消费指导。

首先,引导学生辩证地认识金钱的作用。一是不能简单地认定金钱是万恶之源,要通过自己的踏实劳动,积极地创造财富;二是在肯定金钱作用的同时,要明确反对金钱至上、金钱万能的观念。其次,倡导以勤劳节俭为荣、以懒惰奢侈为耻的风气。根据小学生易从众等心理,组织学生深入生活实际,参观或参与各种生产过程,引导学生了解劳动者的艰辛。最后,根据学生的年龄特点,可通过创办班级小银行、为"希望工程"捐款等活动,循序渐进地引导学生树立正确的消费观。

(五) 交往礼仪指导

马克思指出:"一个人的发展取决于和他直接或间接进行交往的其他一切人的发展。"小学生正处在这样一个特殊而又重要的发展阶段,他们面临着社会适应和社会学习的双重任务。一方面,他们必须适应学校和集体生活;另一方面,在这种具体的社会适应和交往中,小学生继续着社会化的进程,并养成与之相符的社会规范意识和文明行为习惯。交往礼仪在一定程度上反映了人的素养与品格,在某种意义上也体现了儿童社会化的程度。

对小学生进行礼仪指导,主要包括以下几方面内容。

1. 尊师礼仪

师生关系是小学生最重要的社会关系。老师既要有亲切感,帮学生克服最初的胆怯,又要有威信,帮助学生树立尊敬师长的意识。

(1) 见面礼仪。见到老师应主动问候致礼,具体方式包括行少先队队礼、问好、点头微笑等。在某些特殊场合可以免礼(如厕所、食堂),不要随便打扰正在工作或谈话中的老师。

(2) 上课礼仪。上课预备铃响应立即进教室,安静等待老师上课;上课开始时响亮问好、致礼;回答老师提问应举手,答话时要立正,不随便打断老师讲课;下课时应起立答礼。

(3) 办公室礼仪。进办公室要轻轻叩门并喊"报告";不随便进出办公室,更不要打扰老师工作;不随便翻动老师桌上的东西;对所有教职人员都应有礼貌。

(4) 谈话礼仪。和老师谈话时应注视老师,谈话时不做别的事情;不随便打断老师讲话,也不可东张西望。

同时,尊敬老师还要求尊重老师的劳动,如上课认真听讲,按时完成作业;不论校内校外都应对老师有礼貌。

2. 同学礼仪

养成良好的文明习惯,做文明的学生,平时同学间相处,也要讲礼仪、有礼貌。班主任可从以下几方面进行指导。

（1）同学见面要热情地互相招呼、问候。

（2）同学之间学会使用礼貌用语，如"您好""请""谢谢""对不起""再见"，等等。

（3）与同学交流时，要看着对方的眼睛，认真倾听，不打断别人的说话。

（4）同学间互相借用物品，一定要及时归还并表示感谢。

（5）同学间要互相帮助，相互关爱。

（6）同学间相处要礼让宽容。

3. 家庭礼仪

家庭礼仪与儿童的生活习惯、生活方式紧密联系，家庭礼仪不仅体现出儿童的教养，更对儿童的道德品质和交往能力有着广泛、直接的迁移意义。家庭礼仪主要包括以下几个方面。

（1）称谓与问候。要亲热地对家庭成员使用正确称谓，相互问候，如睡前问安、早起问早、进门问好等。可以传递情感，创造温馨的家庭氛围。

（2）餐桌礼仪。如饭前洗手，帮助父母做些力所能及的准备工作，招呼长辈先入座，咀嚼时不要发出太大的响声，不挑食，用餐时如果打喷嚏要侧转身体或用餐巾纸捂住嘴，学会正确夹菜、喝汤、吐骨的方法，学会饭桌边交谈，如说些有趣的或让大人高兴的事情等。

（3）做客和待客。做客应进门问好、出门道再见；不随便翻动主人家的东西；收礼须经大人允许并道谢；待客应热情礼貌，学会招待客人，双手捧杯敬客人，并学会恰当称呼等。

四、生涯指导

生涯指导是帮助学生在生涯探索的基础上进行生涯规划，尽可能实现其理想生活方式的一种互动式教育实践活动。生涯指导的目的在于引导个体以更加广阔的视野来审视个人的职业选择与人生发展之间的内在联系，并在此前提下对个体所拥有的各种发展资源进行评估，通过促进个体自主有序的发展来实现个人与社会之间最积极有效的互动。

对小学生进行生涯指导主要是引导学生从小树立成才的志向或职业目标。

在我国现行教育体系下,学生偏重学业和考试成绩,综合素质和职业技能易被忽视,学生没有明确的职业发展目标,这与我国职业生涯规划教育缺失有关。从小学就开始关注未来的职业发展更有利于学生尽早形成有具体目标和有针对性的学习志向。

班主任从学生入学开始,就应该对他们进行生涯指导,使他们正确认识自己,发现自己的兴趣和爱好,树立理想,为将来的发展储存能量。学生一、二年级通过生涯规划课程,逐渐正确认识自己,养成良好习惯;三、四年级明确自己的喜好与特长;五、六年级学习如何让自己的优点发扬光大,正确处理好自己成长过程中遇到的各种困惑。

针对小学生的年龄与心理发展特征,对他们进行生涯指导要注意以下几个方面。

(一) 了解自我状况和确立个人价值观

生涯指导要协助个体了解自我,不仅要了解个体的能力、能力倾向、兴趣、个性等情况,还要辨析和澄清个人的职业期望和价值倾向,具体包括:我的价值观(关注什么)、我的兴趣(喜欢干什么)、我的个性(适合干什么)、我的特长(擅长干什么)、我的弱项(不能干什么)、我的能力(能干什么)等。

(二) 学涯与升学指导

学习与升学是每个小学生生涯发展所要面对的最主要任务,学习与升学指导要协助学生为未来升学选择专业和就业选择职业做好准备,具体包括:学会学习、学会生活、学会健身、学会做人、学会创新;对每个学年每个阶段要达到的目标、发展的程度进行设计规划;对未来的学校(初中、高中、大学)的追求并为之付出实实在在的努力等。

(三) 职业认知指导

班主任可以组织学生开展社会调查、参与社区志愿服务等进行职业体验,也可组织学生寻访各种职业的社会需求、职业环境、职业特点、对知识技能和人才素质的要求,培养职业兴趣,培育正确的劳动观念和人生志向。在尊重学生个性化发展的基础上,班主任可以为学生提供不同职业的工作内容、发展前景、人才需求状况、职业人成长历程等职业体验资源内容,为学生的终身生涯发展奠定基础。

(四) 兴趣与潜能开发指导

生涯辅导要发现并挖掘个人的潜能,包括自信心、认知潜能、意志潜能、行为潜能、专业与职业倾向潜能等方面,班主任要给予学生充分的机会,以有针对性的方式去发展和表现其个人才能;同时还要协助学生适应快速变迁的社会环境,以帮助达成学生生涯发展目标。

(五) 职业理想指导

班主任可通过主题班会启发学生思考、分享自己的职业理想,比如让孩子们交流"我的生涯规划是什么",从而让学生明确生涯规划的意义,与梦想、幻想、想象进行区分。

小活动:未来商店

教师开设一个未来商店,同学们整理好自己的资源,它包括美好的品质、自身的特长、优点等,可以到老师的未来商店来换购自己的未来资源。

让学生在活动中更加明确自身现在具备的实现生涯规划的资源有什么,还需要付出哪些努力。

心理学家霍兰德根据大量的分析研究,将职业兴趣分为六种基本类型:艺术型、研究型、实际型、传统型、企业型和社会型。

我们每个人都属于其中一种或几种类型的组合。这六种类型并非对立的、有清晰边界的,而是有着各种不同的关系。如下图所示,相邻两种类型在各种特征上最相近,相关程度最高。距离越远,两个类型之间的差异越大,相关程度越低。每种类型与其他五种类型存在三种关系:相近、中性和相斥。

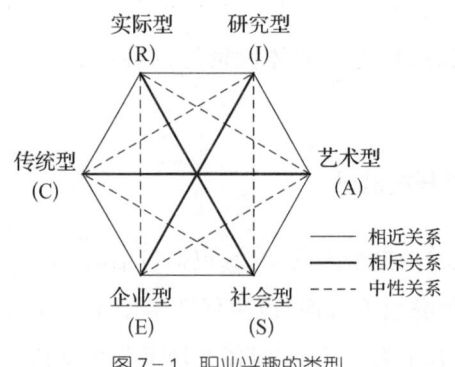

图 7-1 职业兴趣的类型

(1) 艺术型(Artistic)。

喜欢的活动:创造、自我表达、写作、音乐、艺术和戏剧等。

喜欢的职业:作家、艺术家、音乐家、诗人、漫画家、演员、戏剧导演、作曲家、乐队指挥和室内装潢人员……

(2) 研究型(Investigative)。

喜欢的活动:信息处理、探索和理解,研究那些需要分析、思考的抽象问题,喜欢独立工作等。

喜欢的职业:实验室工作人员、生物学家、化学家、社会学家、工程设计师、物理学家和程序设计员……

(3) 实际型(Realistic)。

喜欢的活动:愿意从事实用性的工作,喜欢户外活动或操作机器,而不喜欢在办公室工作。

喜欢的职业:制造业、渔业、野外生活管理业、技术贸易业、机械业、农业、技术、林业、特种工程师……

(4) 传统型(Conventional)。

喜欢的活动:组织和处理数据,喜欢固定的、有秩序的工作或活动,希望确切地知道工作的要求和标准,愿意在一个大的机构中处于从属地位。

喜欢的职业:会计师、银行出纳、行政助理、秘书、档案文书、税务专家和计算机操作员……

(5) 企业型(Enterprising)。

喜欢的活动:喜欢领导和影响别人,或为了达到个人或组织的目的而善于说服别人。

喜欢的职业：商业管理、律师、政治运动领袖、营销人员、市场或销售经理、公关人员、采购员、投资商、电视制片人和保险代理……

(6) 社会型(Social)。

喜欢的活动：帮助别人，与人合作，热情关心他人的幸福，愿意帮助别人解决困难。

喜欢的职业：社会学者、导游、福利机构工作者、咨询人员、社会工作者和社会科学教师……

人们一般都倾向于寻找与其兴趣类型相一致的职业类型，追求充分施展其能力与价值观，承担令人愉快的工作和角色，职业也充分寻求与其类型相一致的人。

请在上述六种类型中，选择你自己的兴趣类型，在"我的人职匹配表"中填写至少三项你喜欢的活动与职业，并写下你选择的理由及感想。

我的人职匹配表

我的兴趣类型	我喜欢的活动 （至少三项）	我选择的职业 （至少三项）	我的理由与感想

今天我们探索了自己的职业兴趣，其实每一种兴趣类型都有各自的特点，以及适合自己的职业。随着现代社会的发展，人们的兴趣和能力呈现多元的特点，职业世界变化速度也在加快。兴趣类型与职业分类已不再是完全一一对应的关系，当今社会出现了如图7-1中对角类型代码的人群，如SAR、SAC，他们也能在职业中发展出自己的天地。

因此，希望同学们动态探索自己的职业兴趣，发展自己的优势，不断体验，找到适合自己的兴趣与职业的关联点。

五、心理指导

有了健康的心理,学生才能求知,获得道德的成长,实现德智体美劳的全面发展。

随着社会的快速发展,一些学生容易出现心理问题。学校主要通过开设心理辅导课和心理咨询来帮助学生解决心理困扰。同时,面对全体学生进行发展性心理教育,发展他们的心理潜能。在心理指导方面,班主任可以起到独特的作用。

(一) 培育积极的心理品质

国际积极心理学之父马丁·塞利格曼经过长期研究,认为人的积极心理品质包括6大类24种品质,这些是对学生进行心理指导的主要内容。

1. 创造力

鼓励学生创造性地考虑问题和做事;赞赏学生的机灵、灵敏、足智多谋,善于举一反三、触类旁通;鼓励学生对事物有自己的独特见解,一旦有了目标,就会使用创新并以适当的行动来达到该目标;鼓励做事不受陈规束缚,能灵活运用知识和经验,能够想出新思路、新方法;鼓励从事发明、创造、创新活动。

2. 好奇心

鼓励学生认识、了解更多的事物;教育学生对任何事物都无偏见,具有开放的好奇心和对事物的兴趣;赞扬学生爱提问、爱探究的精神;支持学生寻求新奇,保持对事物的敏感,愿意接受新事物。

3. 开放的思想

培养学生多角度、多层次地考虑问题,不草率下结论;指导学生善于依靠证据做决定,面对证据能够改变观点;学会慎重考虑每件事的所有因素,不轻易否定自己;锻炼学生的逻辑思维能力、变通能力。

4. 热爱学习

教育学生喜爱学校、喜欢上学;喜爱图书,喜欢阅读;鼓励学生从报刊、电视、网络等媒体上获取信息,熟悉图书馆、博物馆等有学习机会的地方;指导学生从日常生活中学习知识、掌握技能、增长见识、积累经验;赞赏学生对新事物感兴趣,积极主动地接近、接受新事物;提倡自愿学习,而不是因为某种外界压力或诱惑才学习。

5. 洞察力

鼓励学生透过现象看本质,能够看清事实、讲通道理、找到意义;教育学生善于了解和解决生活中重要与复杂的问题,能够对事物的走向给出准确判断;引导学生学会识人且善解人意;教育学生冷静耐心地处理事情;引导学生帮助别人分析、解决难题,为他人提供有智慧的忠告。

6. 真诚

提倡真心实意,不虚情假意,不虚伪;教育学生真实坦荡,不掩饰想法,真挚诚实,不说谎骗人;树立正直榜样,学会对自己的言行负责;努力使学生的真实需要和情感不被误解。

7. 勇敢

教育学生遇到挑战、威胁、挫折、痛苦,不退缩,意志坚定;教育学生在生命危险或面对困难时,尽管感到害怕和恐惧,但依然勇敢应对;教育学生遇到重大事件或面对顽固病魔时,能坚忍、镇定地对待,乐观、阳光地面对;支持学生即使存在反对意见也为正确的事情辩护;培养学生的勇气与正义感,能够依靠正确的信念行动。

8. 坚持

教育学生说到做到,做事善始善终;教育学生无论怎样的学习任务,都要尽力准时完成;鼓励学生接纳有挑战性的工作或事项,有信心并成功完成它;提倡勤奋、用功,有耐心,做事锲而不舍;学会做事不分心,有恒心;帮助学生在完成学习任务的过程中获得愉悦和满足感。

9. 热情

教育学生乐观面对一切事物,做每件事情都带着激情,都积极、主动;教育学生努力做到精力充沛,无论做什么都全心全意、竭尽全力,不三心二意或半途而废。

10. 友善

教育学生有善心,与人为善,常常为别人着想;教育学生有同情心,理解别人,关心别人,经常主动帮助别人,从中得到快乐;引导学生对人友善、宽宏大量。

11. 爱

教育学生珍惜与别人的亲密关系,特别是那些互相分享和关怀的关系;指导学生拥有爱和被爱的能力;教育学生内心要拥有爱,同时自己也被别人接纳、喜欢、亲近、需要。

12. 社会智能

帮助学生了解和理解自我,准确地找到自己的位置,知道如何做能适应不同的社会情境,能充分地把自己的优势和兴趣利用起来;引导学生了解和理解他人的动机和感受,接受别人的思想和情感,很容易识别他人的心情变化;引导学生主动与人交往,学会与他人建立信任关系;教育学生欣赏、赞美、激励他人,掌握社交技巧,能够很好地协调人与人之间关系。

13. 公平

教育学生对他人一视同仁,对事公正合理,不会因自己的偏见影响任何决定;给予每个学生同样的发言机会和发展机会;教育学生对人对己一律平等,分配公平,交易公平。

14. 领导力

培养学生的宏观决策能力和筹划能力,使其善于从大局出发,制定长远发展规划和远期目标;教育学生坚持信念,有雄心、有信心、有精力、有毅力;教育学生善于鼓励团队成员参与决策、管理,不批评和打击团队队员的积极性和工作热情,用思想来指导团队发展,而不是事无巨细地插手每一个工作细节;帮助学生掌握用人技巧,学会协调关系、化解矛盾,营造良好的氛围和组内关系;教育学生相信团队队员个个都是最棒的。

15. 团队精神

帮助学生融入团队,使团队有凝聚力,个体有归属感,为团队建设尽心竭力;教育学生忠于团队,自觉维护团队利益,并积极、主动、认真、负责做好本职工作;教育学生尊敬领导,但不会愚昧而自动地顺从他人,会考虑大局;教育学生即使有时大团队目标会与自己的目标不同,但仍然尊重并重视团队的目标。

16. 宽容

教育学生宽容那些犯错误的人,原谅别人的过失,给他人第二次机会;教育学生原谅那些得罪过自己或欺负过自己的人;引导学生做到友善、宽宏大量,心中不存怨恨。

17. 谦虚

教育学生为人谦和，不招摇，不寻求成为他人关注的焦点；教育学生言行有度，不张扬，不炫耀，用事实说话；教育学生学会虚心向别人请教。

18. 谨慎

教育学生做事应深思熟虑，谨慎选择；引导学生在做事过程中注重细节，认真细致；教育学生平时小心慎重，不盲目冒险，不做自己以后会后悔的事，也不说将来会令自己后悔的话。

19. 自律

教育学生自觉控制自己的欲望和冲动；教育学生自觉控制、调节自己的情绪；教育学生有纪律，自觉规范自己的认知与行为，自觉遵守法律法规，自觉遵循道德规范，注重礼仪。

20. 审美

引导学生发现美，善于发现周围环境及日常生活中美好的事物、人物；引导学生欣赏美，懂得欣赏大自然、艺术、科学等各领域的美。

21. 感恩

教育学生真诚地向他人表达自己的感谢，如感谢父母的养育，感谢老师的教导，感谢别人的支持帮助；教育学生对美好的事物心存感激；教育学生欣赏他人的优点和品德；教育学生感恩祖国，励志成长。

22. 信心

教育学生有远大理想和切合实际的目标，知道自己要什么并做好充分准备；引导学生以积极心态看待现实生活，对未来充满信心，相信幸福掌握在自己手中。

23. 幽默

教育学生善于看到生活光明、轻松的一面，发现生活充满着乐趣，积极乐观地学习、生活；提倡用俏皮、笑话等方式，营造轻松、愉悦、欢快、开心的氛围；教育学生有分寸地开玩笑，绝不嘲笑、侮辱、戏弄他人。

24. 信仰

教育学生有信仰、有追求、有信念，确立自己的人生理想和人生目标。

(二) 矫正不良心理

班主任既要面对全体学生培养积极心理品质,也要针对个别学生存在的问题进行矫治。

小学生存在的心理问题主要表现在以下几个方面。

(1) 情绪问题,表现为情绪不稳定,自控能力较差。

(2) 学习问题,表现为学习内驱力不足,对所学课程缺乏兴趣,不愿学,产生厌学行为,缺乏学习技能等。

(3) 意志问题,表现为意志薄弱,对挫折的承受能力较低,遇到困难、挫折和障碍时就灰心丧气,一蹶不振,看不到有利的因素和发展的前途,盲目地否定自己,消极悲观。

(4) 人际交往问题,表现为师生间交往缺乏信任感,同学间关系不够亲密融洽,与父母有矛盾冲突等。

(5) 人格问题,表现为怯懦、自卑、自闭、任性,以自我为中心,很少想到别人,缺乏同情心,缺乏宽容精神,不愿帮助别人。

矫正学生的不良心理是一个长期而又复杂的过程,班主任需要协调家庭、学校、社会多方面的资源,采取适合当代小学生生理、心理规律和特点的方法。

(1) 创造良好的心理健康成长环境。班主任可以借助心理辅导室,配合学校心理老师指导学生解决在学习、生活和成长中出现的问题。帮助家长加强亲子沟通,树立正确的教育观念,掌握孩子心理健康教育的方法,以积极、健康、和谐的家庭环境影响孩子。班主任要为家长提供促进孩子发展的指导意见,协助他们解决孩子发展存在的问题。

(2) 教师要尊重学生,遵循学生的心理发展规律。尊重学生的权益,在教学和活动中以学生为主体,树立民主、平等的教育观,与学生平等交流与沟通,给学生更多的理解、宽容、尊重、关怀和引导。同时,教师要注重提高自己的心理素养,掌握科学的心理疏导方法,切实提高自身的基本理论、专业知识和操作技能水平,有效引导学生分析性格的优缺点,自觉进行性格锻炼,发展良好的意志品质。

(3) 开展形式多样的活动,诸如团体辅导、心理训练、问题辨析、情境设计、角色扮演、游戏辅导、心理情景剧、专题讲座、演讲会、辩论会等对学生进行引导。

带领学生多参加实践锻炼,如"青少年志愿者行动""军事夏令营",通过意志锻炼,培养他们的爱心和耐挫折能力。针对不同情况采用因人而异的方法,对心理孤僻、性格内向的学生,可让他们多参加集体活动,让他们感受到集体的温暖可爱,从而培养他们开放的性格;针对存在学习兴趣不浓、学习动机不强、学习习惯不好等情况的学生,可以采用个别辅导、集体辅导、小组辅导、家访等方法。

问题与思考

1. 在学生成长发展的过程中,家庭和学校是他们日常生活的两大场所,无论是家庭德育活动的开展,还是学校德育活动的开展,都对学生的成长有重要影响。现阶段,家庭德育效力不足的发展现状,在一定程度上阻碍了小学德育现实价值效用的发挥。作为班主任,你是怎么看待这个问题的呢?

2. 小学生的生活指导(如养成良好生活习惯、从事力所能及的劳动、提高独自处理事务的能力等)一直是一个令班主任头痛的棘手问题,你有什么好办法吗?

3. 试着写出在实际的教育教学过程中全面育人的反思性案例。

拓展阅读

1. 魏书生.班主任工作漫谈[M].桂林:漓江出版社,2020.

2. 陈宇.班主任工作十讲[M].北京:教育科学出版社,2014.

3. 钟杰.一个学期打造优秀班集体[M].福州:福建教育出版社,2015.

4. 田恒平.中小学班级常规管理[M].上海:华东师范大学出版社,2008.

5. 万玮.班主任兵法3:震撼教育36计[M].北京:教育科学出版社,2010.

6. [美]艾斯奎斯.成功无捷径:第56号教室的奇迹[M].李弘善,译.北京:光明日报出版社,2015.

7. 赵坡.班主任如何破解德育低效难题[M].北京:中国轻工业出版社,2016.

8. 王晓春.做一个专业的班主任[M].上海:华东师范大学出版社,2008.

9. 李镇西.爱心与教育:20周年纪念版[M].桂林:漓江出版社,2018.

10. 张万祥.致青年班主任[M].北京:教育科学出版社,2012.

第八章

涓涓细流润心田
——小学班主任工作艺术

班主任工作是一门艺术。在班主任的教育过程中,循循善诱的语言,以情润心的感化,教育情境的濡染,师生心灵的交流、撞击和融合,"弹钢琴"般巧妙的点拨,"灵机一动"的创造性发挥等,无不显示着艺术的特性。掌握班主任的工作艺术,对提高工作效率、加强班级建设、促进学生发展有巨大的推动作用。

一、谈话说理的艺术

谈话说理是班主任通过摆事实、讲道理的方式对小学生进行正面教育,从而启发学生觉悟、提高学生认识、指导学生行为的一种方法。这是班主任工作中最常用、最基本的教育方法。

(一) 根据需要,选定谈话方式

1. 理解谈心式

人与人交流的前提是感同身受的理解。班主任要善于从儿童立场出发,找到共情点,与学生当面交换意见、交流思想。理解谈心式的谈话多用于课外个别教育。谈话前,班主任对学生思想状况和个性特点应有比较深入的了解,努力挖掘学生闪光点。谈话内容事先要有所准备,谈话时态度要诚恳,要耐心倾听学生的想法,尊重客观事实,不盲目判断,不损伤学生的自尊心;通过眼神激励学生说真心话,与学生交流思想、感情时要真诚;注意调动学生的积极性,因势利导,让学生体会到老师的真情与关爱,产生改变的积极动力。

2. 欣赏激励式

欣赏激励容易让学生产生振奋的感受。实践证明，欣赏激励比其他方式更有效。班主任要善于放大学生的优点，用积极的评价与暗示帮助每个孩子找到属于自己的位置与精彩，比如常说："你努力想办法解决问题，真会思考！""这件事你想得很周到，真值得我们学习。""我知道你很不开心，来个拥抱，再试一次，不要灰心！"针对优点结合具体事例的语言更能帮助孩子获得自信。

班上学生小陆平时很调皮，总会惹是生非。他生日那天，我给他送上生日诵诗，向他祝福。当我打开嵌着小陆头像的诗歌《笑的花朵》时，孩子们踊跃地诵读起来："当春天到来，雪融化了，还有小雨滋润着，你的笑就会发芽开花……亲爱的小陆呀，你开放的是蜜蜂花，香喷喷的，像笑的芬芳，引来了惬意的夏天。"随着音乐渐缓，小陆笑了，眉梢微微挑起，那份激动不言而喻。接着，一组小陆从开学以来点滴进步的照片徐徐展开，作业本的渐渐清晰、书写的渐渐端正、劳动的特别积极、助人的美好行为，让所有孩子惊讶于小陆的变化，又一次重新审视小陆的进步。其实，小陆有着像"笑的花朵"一样的美好心灵，他是个需要不断激励的孩子。面对种种不足，那种无所谓的态度正是一种心灵的封闭。现在一旦触发了他最敏感的情感之弦，小陆就会释放不同凡响的能量，而这就是给我们的一个个惊喜。接下来，孩子们的声声祝福更让小陆感受到自己成长的快乐。

3. 讨论辨析式

当学生对某些问题认识不明确或有不同意见时，教师应组织学生列出问题清单进行讨论，通过辨析做出正确判断。这样的教育遵循学生内在的声音，是引导学生自我教育的一种方法。当然，教师对讨论的问题应有明确的态度，以便学生形成正确的是非观念。如对"追星"问题，可以设置一个辩题"追星利大于弊，还是弊大于利？"，让正反双方做好搜集资料、提炼观点等各项准备，学生在辩论中发现问题、据理力争，最后得出结论"追星可以，但要把握一个度"。

4. 阅读迁移式

指导学生阅读有教育意义的书籍、报刊并引导学生进行反思，是谈话教育的一种有效方式。班主任要组织学生学习英雄人物的传记、生动的故事及其他科学、文艺方面的文章,读后要指导学生写读书笔记、读后感等,还可以组织学生进行讨论。如共读《人鸦》,孩子们跟瑞夏德一路走来,一路成长。当孩子们看到因为逃离不想做数学题、渴望自由自在而选择了做乌鸦的瑞夏德最终还是决定变回自己时,他们的心灵受到了巨大的震颤。这对孩子们的冲击力很大,他们认识到任何群体都有自己的责任,都要做好本职工作。学生的任务是学习,应当更好地丰富自己、完善自己,未来才能为社会贡献力量。于是,他们懂得了成长要选择正确的方向,坚持不懈地去追寻;他们更明白不要做语言的巨人,要做行动的巨人。当故事中人物的精神深入人心时,就会产生一种榜样的力量,从而有力地推动孩子们向榜样学习。

学生的成长不是一帆风顺的,往往问题多多。对待"问题"学生,可以尝试"三步法":冷处理,使躁动的心恢复平静;讲宽容,使叛逆的心被爱感动;谈感想,使肤浅的认识得以深化。

(二) 优化环境,创设谈话氛围

1. 选择恰当地点

班主任的谈话要取得良好的效果,必须根据不同的谈话目的、内容,选择恰当的谈话地点。

班主任通常会在办公室里与学生谈话。在办公室里谈话,给人的感觉就是正经、严肃、认真。如给个别同学布置班上的工作,了解班上的情况,研究某个问题,这些都不是一两句话能够讲清楚的,需要以严肃、认真的态度来对待。对那些严重违反校规、班纪的同学,叫到办公室里来谈话,进行批评教育,会让他意识到事情的严重性,从而有助于他认识和改正错误。

如果班主任想接近学生,洞察学生心理,听学生的真心话,那么在办公室里交谈就不太适合,学生总会感受到一种压力和一定程度的束缚,心理上放松不了。特别是还有其他老师在场时,会更紧张、拘束,不愿意把心里话说出来。如果是在校园的书吧、操场、林荫小道,学生的心情放松、情绪稳定,这时候与他们边散步边聊天,就更容易走进他们的内心。

此外,对那些性格比较内向、胆小的学生,在办公室里谈话的效果不会很好,他们可能根本不是在"谈话",而是在"听话";而对那些顽皮、经常挨批评的学生,在办公室里谈话的效果也更差,任老师"苦口婆心",他也"油盐不进"。对这些学生,最好先减轻他们的心理负担或对抗情绪,比如先与他们在操场上活动,然后再在过程中"随便聊聊",效果会好得多。

2. 保持适当距离

距离产生美。保持适当的谈话距离,也是一门学问。

班主任与学生进行谈话,究竟应保持怎样的距离?一般来说,班主任与学生交谈的内容比较严肃,距离要远一些,反之则可近些。对较多学生谈话,距离要远一些;而对个别学生谈话,距离则要近些。在正式场合谈话,距离要远一些;在非正式场合谈话,距离则可近些。与开朗活泼的学生谈话,距离要近一些;而与性格内向的学生谈话,距离则要远一些。谈话时两人间的距离通常保持1.5～2米,可根据具体情况适当调整。

班主任与学生谈话,既不要"拒人于千里之外",也不要动辄就促"膝"谈心,保持适当的距离会使谈话的双方都感觉到心理放松。

3. 扮演合适角色

人在不同的场合,总是扮演不同的角色,言行举止都受其角色心理的支配。班主任要保证谈话效果,必须用儿童的视角看世界,这样才能更好地触发儿童情感,增强儿童改善自我的决心。

班主任首先要把自己的角色扮演好。班主任要时刻为学生做好言行榜样,衣着要整洁、大方,不穿奇装异服,不浓妆艳抹,不过分华丽,避免不必要的地位上的距离感和心理上的隔阂感;要随时注意自己的言谈、举止、态度是否符合教师的身份。如果班主任在与学生谈话的过程中言语粗俗,对学生嘲讽、讥骂甚至体罚,学生就会产生失望、抵触的情绪,关闭本欲打开的心理"通道"。

班主任还应根据不同的谈话目的、内容、对象和自身特点,巧妙转换角色。有时应该做严厉的师长,有时可以做亲切的大哥哥大姐姐,有时应该做无微不至的爸爸妈妈,有时要做知心的朋友,这样才更容易准确地体察到学生的情绪、需求和兴趣。

班主任还应根据不同情况,诱导学生进入特定谈话角色,激起儿童积极行动的力量。如对班干部说:"你是班干部,应该时时处处起模范带头作用。"这位班干部就会对自己严格要求。找"后进"学生谈话,可先表扬学生的近期进步,给他戴"高帽子",他就会感到被肯定和信任,较愉快地接受班主任对他的批评和要求。

(三) 讲究技巧,提高谈话质量

1. 开启说话通道

有些班主任找学生谈话,往往是唱"独角戏",学生始终处于被动的"听"的地位,尽管班主任不断提醒学生对话,但学生始终一言不发,最多只是"嗯""啊"地应付,缺乏有效交流,这样的谈话是不会有什么效果的。

谈话刚开始时,气氛容易沉闷,因为学生可能还缺乏必需的心理准备,往往不知道班主任为什么要找自己谈话,准备谈什么内容,会不会批评自己,顾虑很多。这时,班主任要设法解除学生的心理顾虑,以和蔼可亲的态度、细腻丰富的情感、亲切友好的语气、恰到好处的分寸来创设良好的谈话情境。谈话时可采用类似"老师是你的知心朋友""老师很愿意听听你的意见""班上出现这件事,你能帮老师出出点子吗?"这种和善的话来诱发学生交流的欲望,也可以先与学生寒暄一番或先表扬学生近来的进步。切忌一见面就给学生"下马威",把学生说话的"闸门"关死。

谈话过程中,班主任应特别留心学生的情绪变化。如果发现学生欲言又止,不妨静静地等待,给机会让学生先说。学生说话的时候,不要轻易打断,要耐心地让学生把心里话"倒"出来。学生中断说话时,不要急躁地催促他继续,应设法打消学生的顾虑,并允许学生稍作思考,给他整理思绪的时间。学生说话时,班主任要及时予以适当的反馈,采用诸如表情、姿态、感叹词、稍作评论等方式来表达自己对学生谈话的热情和兴趣。有时,班主任微微一笑、赞同地点一下头、一个充满热情的"对"字,都是对学生的有效鼓励。学生有了说话的欲望,谈话工作就成功了一半。

2. 达理还须通情

古人云:"感人心者,莫先乎情。"班主任和学生谈话,冰冷的态度、空洞的说教、严厉的批评都会关闭学生的心灵,甚至引起学生的逆反心理。因此,谈话既是思想交流的过程,又是沟通情感的过程,要"达理"必先"通情"。班主任要像对待自己的孩子、朋友那样,理解、尊重、信任和爱护学生,多说"我们",才能使学生敞开心门,心悦诚服地接受班主任的建议和指点。

班主任在学生面前,一要热情谦虚。不要居高临下、盛气凌人,更不要动辄板起面孔训人。二要做到思想和感情表达一致。谈什么样的内容,就应该真诚地表现出相应的感情倾向,不要明明在批评学生,却面带笑容,轻描淡写;明明在表扬学生,却一脸冷漠,似乎很不情愿。三要集中注意力。谈话时眼睛要看着学生,表示出对所谈问题的关心和重视,不要东张西望,顾左右而言他。四要耐心疏导。不要奢望与学生一谈就"通",一说就"灵",更不要幻想所有的问题都在一次谈话中迎刃而解,要做到有气者来时先消气,急躁者来时你不急,无礼者来时你有礼,自己有错时敢认错,谈不顺畅时另想法,一次不成时等下回。用一句广告词来形容与学生谈话的原则,那就是"真诚到永远"。

3. 重在因人而异

与学生谈话,关键是要有的放矢、对症下药。班主任要全面把握学生的心理,了解学生的个性特征,根据不同的学生采取不同的方法。

(1) 劝慰式。

劝慰式是"随风潜入夜,润物细无声"的谈话方式,一般适用于期望、激发、鼓励学生好学上进的情况,也适用于性格内向、感情细腻脆弱、心理承受力差的学生(特别是一些女生)。谈话时,班主任要措辞得当、语气委婉、态度和蔼、感情真挚,先找学生的优点予以具体夸赞,再循序渐进地切入主题。

(2) 诱导式。

诱导式是以温柔而坚定的方式对学生指点开导、循循善诱,一般适用于有坏习惯且自觉性、自控力较差的学生。班主任要有诚心、耐心、恒心,动之以情、晓之以理、导之以行,持之以恒地反复沟通、引导,切忌急躁冒进,不要想着"一口吃成一个胖子"。特别对一些成绩落后的、顽皮的学生,班主任要以"精诚所至,金石为开"的精神,坚持用爱滋润学生的心田。

(3) 爱抚式。

爱抚式是用爱心、诚心、慧心去唤醒学生的谈话方式,辅以平和的语调、温柔的表情、动作,一般适用于努力未果的学生、有生理缺陷的学生、受了委屈的学生及有悔改表现的学生。对这些学生,班主任要给予安慰和理解,用足够的爱去温暖学生冰冷的心,点燃他们心中的希望之火,帮助他们找到前行的方向,防止他们产生"破罐子破摔"的不良心理。

(4) 暗示式。

暗示式是选择适当时机,运用教育机智寥寥点拨、微微提醒学生的谈话方式,一般适用于偶犯或初犯错误,自觉性较高又要面子的学生。对这种学生,班主任要宽容,相信他们只是"一时糊涂",谈话时将隐含的期待传递给学生,点破不说破,有所暗示又不轻易捅破那层"纸",从而促使学生自我反思,产生自我激励的作用。

(5) 警钟式。

警钟式是通过强调问题的严重后果来唤起学生警醒,使其幡然悔悟的谈话方式,一般适用于那些屡教不改、"小错不断,大错不犯"的学生。对这类学生,班主任要措辞严厉,态度严肃,有理有据,指出问题的严重性,施以必要的压力,使学生产生畏惧心理,催生改变力。"敲警钟"时要注意态度强硬的同时,也要让学生感受到班主任的爱,不要让学生产生被逼进"死胡同"的感觉。

(6) 直入式。

直入式是单刀直入、就事论事、不扯闲话的谈话方式,一般适用于性格外向、开朗、直爽的学生。对这些学生,班主任谈话宜直截了当、快人快语、要言不烦,切忌婆婆妈妈、吞吞吐吐、欲说又止,否则会引起学生反感。这类谈话能顺应开朗学生的性格,让他们感到老师对他们的关注与信任,从而产生向上的动力。

(7) 笔谈式。

笔谈式是师生借助书信往来的谈话方式,好处是谈话内容简洁、清楚、有针对性,谈话双方能更平等、友好地交流,一般适用于学生存有心理障碍或碍于面子难以在班主任面前启齿的情况。笔谈前,班主任要认真分析孩子的情况,思考激励学生克服不足的方法;笔谈时,要做学生的知心朋友,先向学生敞开心扉,更要守信用,为学生保守秘密。这种谈话,既可使师生在充分思考后尽情"谈"出心中的想法,又能避免当面谈某些问题的尴尬。

二、分类指导的艺术

不同的学生,在思想品德、智力、性格等方面总是不平衡的、有差异的。根据学生的不同特点,分类指导、因材施教是做好班主任工作的关键。

对学生进行分类指导,可从不同的角度入手,如家庭出身(干部家庭、知识分子家庭、工人家庭、农民家庭等),籍贯(本地、外来),居住区域(城市、农村),家庭结构("三代同堂"家庭、"核心家庭"、离异家庭等),子女构成(独生子女家庭、非独生子女家庭),所处年级(低年级、中年级、高年级),性别(男生、女生),班级角色(学生干部、普通学生),等等。

(一) 低、中、高年级的分类指导

1. 低年级

低年级学生年龄小,活泼好动,自控力弱,依赖意识较强。从幼儿园的游戏状态进入正式学习,容易出现拖拉、厌倦、生气等不适应的症状。如果没有根据他们的特点进行针对性的指导,他们会对学校、学习、交往产生恐惧心理,从而不利于成长与发展。

低年级班主任要特别注意两点:一是低年级学生身上还带有很多的幼儿特征,要允许他们有比较长的适应过程,不要用简单粗暴的方法让他们被迫"一步到位";二是要充分认识学生的个体差异,努力挖掘学生的可爱之处,用亮点的展示带动不足的改正。有位教育家说过:当一年级老师面对差不多都是六七岁孩子的时候,从他们的准备状态来说,实际上是3~11岁。因此,要特别注意因材施教,加强个别指导。

第一,刚入学阶段,班主任要热情地带领学生参观校园,为他们介绍有意思的校园生活、即将学习的科目、和蔼可亲的任课老师,并鼓励他们积极与同伴交往,在班级活动中踊跃展示。

第二,从小处着手,注重习惯养成。班主任要对学习、品德常规提出具体要求,从上课、作业到列队、劳动等,都要有条不紊、循序渐进、耐心细致地进行规范,使学生养成良好的学习、生活习惯。

第三,对低年级小学生加强学习辅导。班主任要培养学生认真的学习态度,想方设法激发他们的学习兴趣;要培养他们良好的学习习惯,教会他们正确的学习方法;要启发他们积极思维,养成积极发言、踊跃展示的好习惯。

第四,精心组建班集体。班主任要着力培养学生的团结合作精神,充分发挥榜样的积极作用,形成正确的班级舆论,有计划、有组织地开展各种班级活动,促

进班集体的形成和发展。

2. 中年级

小学中年级学生思维由具体形象向抽象逻辑过渡,在比较、分析、综合的基础上能做到抽象概括,并进行简单的判断与推理。他们的交友范围逐渐扩大,伙伴意识大大增强,伙伴间和小团体中的规则对他们更具约束力。他们的自我显示欲增强,活泼好动,更注重课外的阅读和玩耍。

中年级班主任要特别注意三、四年级是学生性格和行为模式形成的重要时期,这时候容易出现行为偏差,如果不及时纠正,会对以后的学习和生活产生负面影响。

针对学生自我显示欲强、活泼好动的特点,班主任要把他们的兴趣和精力引导到正确的轨道上,可以在班上多设置一些"岗位",让他们以主人翁的意识参与班级管理,满足他们的表现欲望,培养他们的责任感,发挥他们的创造力。

针对学生伙伴意识增强、老师的影响逐渐"弱化"的实际情况,班主任要想方设法走近学生,创设喜闻乐见的活动,在愉快的交往中拉近师生关系,让学生感受到教师对他们的信赖和呵护。

针对学生容易因课外活动放松学习的问题,班主任要对学生进行学习目的、学习态度的教育,加强常规管理,以品学兼优的学生为榜样,实行"导师制"引领学生成长。另外,要加强对小学生课外阅读和活动的指导,培养学生投入学习、参与活动的兴趣,使他们学得轻松,玩得愉快。

3. 高年级

我很高兴成为五年级学生,尽管老师和父母对我的要求比以前严格多了。前几天,我们到三年级学生的教室,看到一些留下来学习的学生,就帮助他们攻克难题。那些孩子把做过的题给我们这些"小老师"看,当我们给他打钩时,三年级的学生说:"还是大姐姐大哥哥们好!"我听了心里美滋滋的。

以前,我不愿教别人,感到害臊。现在,为了当一个好"姐姐",我决心努力改变自己。

这是一个五年级小学生的作文。它表现出高年级的学生已意识到,自己在学校的许多场合中,已经或应该处于领导地位,责任感和自主意识大大加强。大部分学生都能进行抽象思维,他们开始把自己的学习与未来生活联系起来,学习的热情和自觉性都有了明显进步。另外,小学生到了高年级,一个显著的心理变化就是性意识的觉醒。由于生理、心理上的急剧变化,他们常常既害羞又兴奋,感到既神秘又好奇,有的则茫然不知所措,表现为紧张和害怕,心理体验丰富而又微妙。他们开始对异性感兴趣,希望在别人面前表现自己,以求得到异性的关注。男孩格外争强好胜,而女孩则更加注意自己的仪容。男女生之间出现微妙的对立关系,但实际上却是在吸引对方注意,并存在着对异性的关心。

高年级班主任要特别注意培养学生的责任感,教育他们加强自我修养,提高他们学习和生活的自觉、自主性,引领他们在各方面为低年级学生树立榜样。

人们往往认为青春期性教育是中学的事,小学这方面几乎还是空白。但随着我国儿童的普遍早熟,青春期教育在小学高年级应适时开展。

小学高年级的青春期教育不仅要教给学生一些关于性的信息和知识,更应是一种人性教育,即要把人本来具有的本能的、动物性的、冲动的"性"提高到具有社会性的、道德的、作为人的"性"的高度进行教育。

一是培养他们高尚的道德素养、健康的审美情趣和较强的自控能力。二是通过浅显易懂的科普读物让学生了解自己身体的构造和功能,了解人是怎样成长的;引导他们正确面对自己身心的变化,养成良好的生活习惯;采用正确的途径和方法解答学生关于性的疑问。三是要教育男女生相互理解、相互尊重、相互合作。

班主任在进行青春期教育时,要开展集体活动,积极引导男女生在活动中学会正确交往和关心;要充分认识儿童青春期的生理和心理特征,不可把个别学生身上出现的行为偏差视为"洪水猛兽",要加强个别指导。班主任更应发挥榜样作用,为学生的成长提供参考。

(二) 优、中、困学生的分类指导

1. 学优生的指导

学优生一般指那些品学兼优,可供学生学习、效仿的好学生。在一个班里,学优生更容易获得教师、同学的良性评价,在班级地位高,有优越感,能作为榜样带动和鼓励同学们共同前进。为此,班主任要在全面分析学生情况的基础上,善于选择那些思想品德、学习态度、学习成绩以及人际关系等基础比较好的学生,或在某一方面发展比较突出的学生作为重点培养对象,加强对他们的指导。既充分发挥他们在班上的先锋模范作用,又促使他们得到最大限度的发展。

学优生由于学习成绩出色,或比较听话,容易使人产生良好的印象,他们的缺点、不足往往在光环的映照下不易被发现。班主任既要肯定他们的优点,也要适时指出他们的不足,并采取有效措施,促使其更快地进步。表扬要恰如其分,绝不能因偏爱而褒奖有余,更不能以偏概全、"一俊遮百丑",看不到他们身上存在的缺点,要经常鼓励他们正视不足、扬长避短、不断前进。

学优生一旦表扬次数多,就容易在一片赞扬声中沾沾自喜,甚至瞧不起其他同学,不愿意帮助后进同学,但优越感一丧失,心理异常脆弱,经不起挫折。班主任要教育他们摆正位置,让他们了解"一个人可以走得很快,但一群人可以走得很远",只有全体同学都进步了,自己才能获得更快的发展。要使他们明白:优秀是个"动量",在不断发展变化,只有戒骄戒躁,持之以恒地努力,才能不断获得新进步。

学优生感受到周围的期望值比较高,心理压力往往比较大。对他们的暂时落后或倒退,班主任用不着大惊小怪,指导他们用平常心找原因、寻方法,以免加深他们的思想负担,引起心理失衡。

2. 中等生的指导

在一次真心话大冒险的游戏中,小华羞涩地说:"我也很想发言,但瞻前顾后,总觉得说不到别人那么好,就不敢举手,但每次发言的人上台合影又很羡慕。"

小华的话让我心头一震,他在教室里静静地坐着,但内心是纠结的,我为何不在他为难的时候,给他搭建一个平台,让他在鼓励中享受"跳一跳摘苹果"的滋味呢!或许早一点地协同破解,会助力他拥有战胜自我的勇气,带来新的变化。

于是,我特意组织班会课《我们不一样,我们都很棒》,让每个孩子剖析自己的优点和不足,并在"生长树"上写下自己进步的目标和具体举措。每个孩子渐渐明白,学习就是从不会到会的过程,我们要努力从学会走向会学。对于平时表现中等的学生,我会特别注重与其交流,传递我对他们向优秀迈进的期待。量身定制的个人发展目标让每个孩子看到了希望,其实,他们笑得灿烂的那刻,就是在告诉我们:老师,你的期待让我开心,我会努力做个超越自己的好孩子。

以后的课上,我尽量关注每一位"小华",我用大拇指祝贺他们乐于挑战,用眼神传递我的鼓励关心,用文字表达我对他们的欣赏和建议。渐渐地,班上的中等学生在原有基础上纷纷跃起新的高度。因为他们知道,他们每一个都让我惦记,都能得到老师的重视与关爱,也都能在努力后开出属于自己的花来!

一个班级,学优生和学困生都是少数,中等生比例最大,可挖的潜力也最大。对中等生的教育,近些年来有一种欠妥的说法,叫"抓两头,促中间",占全班绝大多数的中等生,在一个"促"字下得不到应有的关心和帮助,在自由的成长空间平行式发展。其实,这批孩子身上潜藏着许多积极因素,如要求进步、羡慕品学兼优的好学生、希望得到老师的重视和信赖、有表现自己才能和智慧的愿望等,拥有巨大的向上潜力,班主任若主动了解他们,关心他们,每月给他们制定发展目标,他们就会享受到"跳一跳"带来的进步,紧随甚至步入学优生的行列,整体带动班级的全面发展。

班主任要创造良好的契机,让中等生有参与班级活动和表现自己才干的机会。如在班里经常组织多样化、分层次的小型竞赛活动,让每个学生在活动中都能获得成功的体验。还可以实行值日班长制度,设立"图书管理员""板报编辑""值日组长"和"路队长"等,让中等生参加到班级管理中来,使他们在为班级、为同学服务中表现自己、施展才华。

3. 学困生的指导

学困生通常是指那些在品行或学习等方面暂时落后的学生。他们在班上是少数,但因经常犯错误或学习落后,容易产生"破窗效应",影响班风。做好他们的指导工作,意义重大。

学困生一般都有较严重的自卑心理,他们总觉得自己不如别人,特别是和好学生在一起,有一种自惭形秽的感觉;同时又有很强的自尊心,对老师当面的批评或指责,会产生逆反心理和厌烦情绪。班主任对他们要充满爱心和信心,不能放弃对他们的关心和帮助,不能对他们的学习和生活采取不闻不问的态度,更不能一味责骂和挖苦；要多用开导、鼓励、肯定的正面诱导方法，和他们玩到一起、说到一处，赢得他们的信任，在分解具体目标的过程中消除他们的畏难情绪，逐步引导他们明确学习目的，端正学习态度，掌握学习方法，提高学习成绩。

每个学生都有向善求美的愿望，学困生也渴望成为人们心目中的好孩子，但往往缺乏毅力和自制力，在进步的过程中，易受外界影响而出现反复。班主任要悉心呵护他们追求进步的细小变化，挖掘他们身上的成功点、闪光点，有时甚至可用放大镜看待他们的长处，以期让他们获得更多的转化契机。要意识到转化工作的长期性和艰巨性，时时观察、常常提醒、多多鼓励，不厌其烦，坚持不懈。

对学困生进行教育，不仅要靠班主任去做，还要发挥班集体的教育力量，运用班集体良好的班风以及优秀学生的模范行为感染和影响后进学生，发动大家一起帮助学困生。同时，还要依靠班级任课教师、家长，共同做好学困生的转化工作。

三、表扬与批评的艺术

心理学家威廉·詹姆斯说过："人类本质中最殷切的需求是渴望被肯定。"好孩子是夸出来的，对学生良好思想行为进行表扬，能激发学生强烈的进取心，让学生愉悦地成长。当然，对犯了错误和存在不足的学生提出批评，这也是思想教育中惯用的一种方法。教育是塑造人的，把握好表扬与批评的时机与程度十分重要。

(一) 处理好表扬与批评的关系

1. 互相独立，不可替代

有些班主任抱着表扬能促进学生进步的想法，不管该不该表扬，各种"头衔""高帽子"满天飞，致使表扬泛滥、失去价值。学生或沾沾自喜，骄傲自满；或仅为获得表扬而努力，没有表扬就没有动力；或不以为然，习以为常；或听不得一句批评的话，心理脆弱。

也有一些班主任坚信严师出高徒，认为表扬会让学生浮躁，因此对学生要求过于严格，整天板着面孔、瞪着眼睛，"捕捉"学生的错误，一经发现，就脸露不悦之色,口发"雷霆"之声,致使班级气氛、师生关系紧张。学生或心理压力过大,整日想着如何躲避批评;或想方设法掩饰自己的错误;或信心下降,自卑感强烈;或面对批评不以为耻、反以为荣。

表扬作为对学生的一种好评和赞美,既标志着班主任认可的一种价值取向,又指明了学生今后言行所应遵循的尺度、标准。这是一种积极的"强化",班主任可以通过"你读书很认真,批注联系自己的生活,有进步!"等针对性的及时表扬,给学生以信心、勇气、责任感和荣誉感,起到鼓励先进、树立榜样、调动学生积极性的作用。批评虽是否定性评价,但入情、入理、入心的批评能唤醒学生警觉、自责,起到帮助学生修正错误、接受教训而免走弯路的正面作用,批评的时候要让学生感受到老师是在诚心诚意地帮助他。这两种方法各有侧重,彼此独立,不可替代。

2. 互相依存,不可割裂

表扬与批评是不可分割的整体,它们互相依存、互为条件。这种关系主要体现在以下几方面:一是它们是矛盾的两方面,没有表扬就谈不上批评,没有批评也就谈不上表扬,两者不会孤立存在。二是表扬一部分学生时,往往隐含着对另一部分学生的批评;反之,对一部分学生批评时,也往往体现着对另一部分学生的肯定。三是在具体操作过程中,往往批评中有表扬,表扬中有批评,即便是在一次教育过程中,对同一个学生,也可同时使用表扬和批评。

下面一则案例就体现了批评与表扬互相依存、互为条件的关系。

当年陶行知任育才学校校长时,有一天,他看到一名男生欲用砖头砸同学,就将其制止,并责令其到校长室。等陶行知回到办公室,见男生已在等他,就掏出一块糖送给他:"这是奖励你的,因你比我按时到了。"接着又掏出一块糖给男生:"这也是奖给你的,我不让你打人,你立即住手了,说明很尊重我。"男生将信将疑地接过糖果。陶行知又说:"据了解,你打同学是因为他欺负女生,说明你有正义感。"陶行知掏出第三块糖给他。这时男生哭了:"校长,我错了,同学再不对,我也不能采取这种方式。"陶行知又拿出第四块糖说:"你已认错,再奖你一块糖……我的糖分完了,我们的谈话也该结束了。"[①]

---

① 齐学红.今天,我们怎样做班主任[M].上海:华东师范大学出版社,2006:109-110.

3. 互相促进,相辅相成

著名教育家陈鹤琴说过,无论什么人,受激励而改过,是很容易的,受责骂而改过,却是比较不大容易的,而小孩子尤其喜欢听好话,而不喜欢听恶言。因此,在表扬与批评这对矛盾中,应以表扬为主,以批评为补充。表扬与批评,犹如车之两轮、鸟之双翼、人之手足,必须协同作战,互相配合,才能产生良好的教育效果。

富有经验的班主任在实际工作中都体会到,只有科学、合理地使用表扬的手段,才能真正起到鼓励先进、树立榜样的作用,在此基础上的批评才更具信服力;同样,只有公正、有效地提出批评,才能切实起到令学生改正错误、矫正缺点的功效,在此基础上的表扬才更具"诱惑力",更令学生神往并为之努力。所以,表扬与批评是互相促进、相辅相成的。

(二) 把握好表扬与批评的原则

1. 目的明确

表扬和批评谁,表扬和批评什么内容,表扬和批评要达到什么目的,这是班主任必须明确的问题。大而言之,通过表扬,要让学生懂得如何发扬自己的长处和优势,如何提高思想修养,如何学习,如何对待班级工作,如何向预定的目标前进;而批评的目的是指出学生的缺点和错误,使学生认识到自己的缺点和所犯错误的严重性和危害性,给他们指出改正的方法和措施,帮助他们及周围的同学提高认识,获得进步。小而言之,每一次表扬与批评都要有具体的目标指引。

在实际工作过程中,有些班主任往往不能清晰地意识到自己运用表扬和批评手段的目的所在,比如抱着"我是为学生好"的想法盲目从事,或根据自己的偏好对喜欢的学生多表扬,对不喜欢的学生就多批评。这些都是目标意识不强的表现,也是不正确的,违反了教育原则。

2. 客观公正

班主任对学生进行表扬和批评要基于事实、实事求是。要第一时间了解情况,对内容(如优缺点、事迹或事件、成绩或后果等)进行全面核实、确认,不能偏听偏信,或是靠自己想当然,要在客观分析的基础上做到心中有数。实施表扬和批评时,既不夸大其词,也不轻描淡写,更要避免个人偏见。教师要在分析的基础上,斟酌表扬和批评的对象和内容。

不能只表扬那些表现优秀的学生,而将一些表现欠佳的学生置于"遗忘的角落",应随时发现这部分学生身上的闪光点,及时给予表扬。同样,平时表现优秀的学生犯了错误,也应给予批评。只有这样,学生才会认可班主任,从而真正发挥表扬和批评的作用。

3. 因势而变

表扬和批评要因人而异。比如性格内向、整天一言不发的学生,如果有一天上课时主动发言,这就是件好事。尽管可能他提的问题质量不高,但也应加以鼓励和表扬。而另一个学生上课时喜欢插嘴,也许发言质量挺高,但也仍需对他进行先举手后发言等遵守课堂纪律的暗示或批评。

表扬和批评要因时而异。同样良好的表现,在低年级时应大加表扬,到高年级则不需多做肯定。发生在同一个学生身上的错误,开学初可以在公开场合统一提醒,学期中后期则要进行个别批评。有的错误出现以后,应马上提出批评;有的错误发生以后,则不必急于处理,让学生经过一段反思、自责的心理体验,再进行适当的批评效果会更好。

表扬和批评要因地而异。在甲班要表扬的内容,在乙班就未必要表扬。批评的对象和内容,有时要在教室里讲,有时应在私下场合里谈。有的话应在家长面前说,有的话则要避开家长。

4. 心理相容

表扬和批评时,要建立良好的心理氛围。班主任首先要树立正确的学生观,尊重学生,理解学生,要有和蔼、真诚的态度,要有主动与学生沟通思想认识的愿望,要想方设法与学生建立相互依赖的合作关系。只有在宽松的心理氛围中,表扬和批评才能取得良好的效果。

表扬和批评时,要研究学生的心理特点。班主任事先要对学生的认识、情感基础进行了解,把握学生的心态,比如学生喜欢什么样的表扬方式,哪些学生只能委婉批评,哪些学生要大力"敲打",等等。在这一过程中,班主任要善于察言观色,注意学生的情绪变化,及时调整方式方法,力争使教育的甘霖点点滴滴都洒落到学生的心田。

表扬与批评要取得集体舆论的支持。班主任在做出重大的表扬和批评举措前,要征求班干部和同学的意见,与集体中的大多数达成共识。缺乏集体舆论支持的表扬与批评,就有可能发生表扬了一个却挫伤了一批的情况,或是表扬了甲,甲在同学中受到孤立;批评了乙,反而其周围形成了一个支持圈。

(三) 运用好表扬与批评的方法

适用于小学生的表扬和批评的方法是多种多样的,以下简单介绍几种。

1. 表扬的方法

(1) 命名荣誉法。

对某一方面有突出表现的学生,可颁发各种奖项和荣誉称号,并出喜报进行宣传,如"写作高手""小小数学家""英语外交官""体育小明星""小小劳模""优秀干部""文娱活动积极分子"等。在授予荣誉前,既关注平日的积分制,也发动学生民主评议,取得集体舆论支持。授予荣誉时,要注意场景的布置,应做到气氛活泼、热烈、令人振奋。班主任的发言要真诚、庄重,使接受荣誉的学生感到自豪和愉快,并受到更高层次的激励和鞭策,让其他同学从他们身上汲取力量,受到教育和鼓励,形成你追我赶的上进氛围。

(2) 评价赞扬法。

对自尊心、上进心较强,各方面表现都较好,受表扬次数较多或不喜欢抛头露面的内向学生,可采用将正反思想和行为进行比较、分析的方法,充分肯定这些学生的好思想、好作风、好成绩。激励受表扬的学生继续保持,争取更大进步;鼓励其他同学向受表扬的学生看齐,达到共同进步的目的。这种方法有时采取不点名的方式,但由于入情入理、分析透彻,因而常能得到集体舆论的支持,振奋广大同学的进取心。

小A,一个虎头虎脑的可爱男孩,评论起车子是滔滔不绝,可一写起作业如同挑千斤重担,一个个歪歪扭扭的字如同小丑在舞蹈,见到写话更是头痛,一副不知所措的样子。

成功的奖赏会使学生产生喜悦的情绪,这种成功的喜悦又会转化为进一步学习的强大动力,激发他们强烈的求知欲望。我们何不把目光放在孩子细心的时候、动作快的时候,让孩子有一种"快"的心理暗示,从而多次强化后达到越来越好呢？

基于这样的思考，我开始留心小A现在在做什么。一次偶然的机会，我发现他对车子情有独钟，他的作业本上时常"设计"着不同型号、款式的车，有的我也叫不上名儿，真让我大饱眼福。为了用最有代表性的事物来激励他，我专门为他开设了一节口语交际课《走进车的世界》。当学习任务"请同学们先想一想，你认识什么车，简单地写下来再给大家介绍"一宣布，小A迫不及待地写下各种车的名字，连型号也一一标上，还试着按价格的高低排成一排。我拿出他的作品，假装惊讶地说："孩子们，小A今天第一个完成，他的介绍一定能让大家受益匪浅。"教室里顿时安静下来，小A眉飞色舞地介绍他认识的各种品牌汽车，风趣的语言令大家充分领略到不同车型、车速的风采。刚讲完，全场掌声雷动。我趁机表扬："孩子，你是未来的汽车专家，你今后发明的车子将是世界一流的，我相信你做作业的速度与质量也将是全班一流的。"表扬的力量果然是巨大的，小A的行为悄悄发生着变化。但根据他易变化的性格特点，他的学习必须依赖外在的兴趣调动和精神鼓励。于是，我不断尝试不同的表扬方式。有时拍拍他的肩说："老师喜欢你这样做。"有时心领神会地向他眨眼睛，有时竖起大拇指表示自己已经注意到他做得不错。当表扬的目标指向学生行为时，好的做法得到不断正面强化。当然，在积极评价的同时，我又给小A提出针对性的改进建议并辅之相应指导，这样有效促进了他的进步发展。积极的学习情感成了他前进的不竭动力，渐渐地，他的作业情况大为改观，成绩也逐步向好。本学期他在学校航模比赛中还获得了一等奖。这一切的变化让人喜出望外。

小A的成长历程让我更加确信，人生最殷切的需要就是渴望被肯定。孩子毕竟是孩子，你说他行他就行。对于学困生，我们要抓住契机给予鼓励，也就是，教师要善于做"及时雨"。"雨"要下得及时，既不可久旱后才降甘霖，也不要水漫金山无休止。有时我们不妨改变一下对学生的关注点，给他们的心理壮胆，给他们的精神加"钙"，给他们的努力助威。当我们用细心、爱心和耐心不断去发现，并把这些发现有效地转化为对学生的鼓励和赏识，学生会进一步明确自己的实力所在，从而进一步开发自己的潜力，有效地保持积极的学习情感。

(3) 默许赞同法。

默许赞同法就是运用种种暗示手段,如点头、微笑、默认等,对学生的优点和成绩进行表扬。由于表扬的语言含而不露,既可使受表扬者感到在表扬他,与班主任达成心灵默契,使受表扬的学生在无形的精神动力鼓励下,扬长避短,不断进步;同时又能避免由于表扬失真、失当而对周围同学产生副作用。此类表扬法较适合那些机敏、同学关系较差、不爱被老师直接表扬的学生。

(4) 背后赞美法。

一个班上,总有几个学生与班主任关系不够融洽,对抗、逆反心理较明显,或是性格孤僻、自负,班主任当面的表扬起不了多少作用,有时甚至还会引起他们的反感。对于这些学生,班主任可以在他们不在场的情况下,与他们的同伴议论、表扬他们的优点。这样可使这些学生感受到班主任的公平合理,增进他们对班主任的认同,逐渐对班主任产生依赖感和亲切感,并激发他们不断努力的热情。

(5) 契机鼓励法。

这种方法较适合曾经犯过错误或是在迷茫和落后状态下徘徊的学生。在他们处在转变的关键时刻,或是某个可喜的苗头开始萌芽时,及时抓住他们身上的"闪光点"好好做文章。这样既能使这些学生感到温暖和有力的支持,又能激励起他们克服困难、知难而进的勇气和信心。

(6) 图文表扬法。

图文表扬法就是利用文字、数表、图像进行表扬的方法。如利用墙报、黑板报、班级日志的记录,开展"小红花"评比活动,收集成绩数据,运用书面评语等方式对学生进行表扬。它能使学生产生再创先进的愿望,或激发学生奋起直追的渴求,以及改变现状的心理。这种方法有时能起到"无声胜有声"的效果。

2. 批评的方法

(1) 直截了当法。

对于性格外向、活泼好动的学生,直截了当的批评可能更易被他们接受。班主任在批评他们的时候,可以以"自己人"的身份单刀直入,不绕弯子,直接传递批评信息。对犯有严重错误又不肯承认或怀有侥幸心理的学生,措辞可以严厉一些,使他们受到触动,幡然悔悟。

(2) 委婉说理法。

对于自尊心强、性格内向、偶犯错误的学生,班主任宜用委婉说理的办法,与他们一起分析错误行为产生的原因和危害。有时可让学生自己谈谈认识,或让他们对照有关规定及好学生的标准,检讨自己的言行。这种方法把班主任的批评信息隐含在师生交流中,体现了班主任对学生的尊重和理解,往往更具说服力。

(3) 表示惋惜法。

那些平时各方面表现都很好的学生,悟性较高,一旦犯了错误,自责、后悔的心理会比较强烈。对于这些学生,过多的说理往往显得多余,班主任可以用带有强烈感情色彩的惋惜来表达自己的批评态度。如"你什么都好,就这方面存在不足,实在可惜","你要是不犯这个错误,那该多好啊","你本来可以评上'三好生'的,但现在……"这种方式既达到了批评学生的目的,又体现了班主任对学生的理解和爱心,效果更好。

(4) 含蓄"影射"法。

一些天真幼稚、年龄较小的学生,对道理的理解往往不到位,有时还不能清晰地意识到自己的错误。班主任可采取旁敲侧击的方式,寓批评于讲故事、打比方或意味深长的动作、言语之中,促使他们深思、自责。

著名教育家孙敬修见几个孩子在折树苗,便把耳朵凑过去,装出听什么的样子。孩子们好奇地问爷爷在听什么,他说是在听小树苗哭泣。"小树苗也会哭吗?""是呀!你们折了它,它当然要哭。它们说:它们要快快长大好为祖国'四化'建设服务,请你们不要损害它们。"孩子们听了,羞愧得脸都红了,后来他们自动组建了护林小组。未发一句责备之言,却取得了一般批评难以取得的效果。

(5) 以"扬"代"弃"法。

对于那些自尊心受到严重挫伤、丧失上进心、破罐子破摔的学生,批评可能起不了任何作用,这时班主任用表扬代替批评,不失为一种良策。既保护了学生的自尊心,又使学生看到了希望,还让学生感觉到班主任对自己的关爱和理解。使用这种方法,班主任要进行深入细致的调查研究,从学生身上找到闪光点,一分为二地分析问题,表扬时要恰如其分,不夸大其词,不轻描淡写。

(6) 戴"罪"立"功"法。

小学生犯下的许多错误往往是自控力差造成的,在认识上没有太大问题。对这样的错误,讲多少道理,也往往是徒费口舌,班主任不妨用写说明书、写心理病例、做一件好事、志愿服务一天等方式让学生来弥补错误。这种方法既能消除犯错误学生的心理负担,又能对他们及时进行真善美的引领,增强他们的集体荣誉感,学生往往乐意接受。

四、处理偶发事件的艺术

小学班级工作的教育目标、内容具有多样性,学生身心特征具有复杂性,再加上教育过程中的生成性,这些都决定了班级工作中会遇到许许多多的偶发事件。但把所有的偶发事件都看作"偶然"的、意料之外的,又并不确切,因为"偶然"中往往包含着"必然"。比如班级工作组织得不严密,对学生缺乏全面了解,班主任的自身水平有所欠缺等,都会提高偶发事件发生的概率。班主任要防微杜渐,尽量减少偶发事件的发生,遇到偶发事件时,要采取恰当的方式予以处理。

(一) 认识偶发事件的特点

1. 成因的不定性

偶发事件的成因往往比较复杂,难以确定。"导火索"可能是学生主动点燃的(如提的问题比较怪、搞恶作剧等),可能是学生被动引发的(如意外事故、性格异常等),可能是教师的疏忽造成的(如教学中把题目讲错了、批评学生的方法有偏差等),也可能完全是外在因素的波及(如某个学生的家庭变故、外人的突然闯入等)。偶发事件的成因是很难确定和预料的,班主任对此应有充分的心理准备。

2. 后果的破坏性

班主任开展教育活动通常都是有条不紊地按计划进行,而偶发事件会打乱正常的节奏,使活动效果大打折扣,如果处理不当,可能会导致师生关系紧张、对立,或同学间的矛盾加深,学生心理受到挫伤,班级凝聚力受到破坏。因此,班主任面对偶发事件时一定要冷静谨慎处理。

3. 处理的紧迫性

上面已经分析过,如果不马上对偶发事件进行恰当的处理,教育活动就难以为继,学生情绪就难以安抚,师生关系就难以理顺。因此,班主任面对偶发事件时一定要在最短的时间内找到最佳的解决方式,争取获得最理想的效果。

(二) 处理偶发事件的原则

1. 冷静沉着

偶发事件发生后,学生通常处在不冷静的状态之中,班级气氛也很紧张,学生们都十分关注班主任的态度和情绪。此时班主任应冷静沉着、及时处理,这不仅能够稳定事态,同时也是对学生的一种教育和示范,让学生的情绪也趋于平静,为处理偶发事件奠定良好的基础。

班主任如果缺乏冷静,急于解决问题,就容易偏听偏信、主观臆断,只从"现象"来认识和解决问题就难以把握处理好事件的分寸,增加处理不当和失误的风险。

2. 因势利导

遇到偶发事件,已不可能按步执行原来的工作计划,但也不能完全放弃,因势利导是处理偶发事件的一个重要原则。一是全面了解学生。班主任平时要注意观察学生,分析研究学生,积累和掌握资料。这样在遇到偶发事件时才能做到心中有数,处变不惊。二是努力形成较为融洽的师生关系。班主任平时要多组织各种活动,要善于调解学生之间的矛盾和排除学生的心理障碍。当偶发事件发生后,要善于与学生沟通,并取得集体舆论的支持。这样就便于与学生配合,使学生较能够接受班主任的临时安排,使偶发事件更容易得到妥善处理。三是要善于发现和捕捉偶发事件中的"闪光点"和转化的"契机",挖掘事件中的积极因素,化不利为有利,使之成为教育教学的内容和良好时机。

3. 重在教育

偶发事件虽然多数发生在个别学生身上,但处理时要着眼于整个群体,提高教育效果。除了涉及个人隐私的事件不宜公开处理外,大多数的偶发事件都可以"借题发挥",成为教育的重要资源。班主任处理偶发事件,不仅是要解决某个具体的矛盾,教育某个具体的学生,而且是要使大多数学生能够总结教训、提高认识、受到教育。

平时,学生的心理处于相对平衡状态,偶发事件会打破这种平衡心理。这时,他们对周围信息的反应特别敏感,是最易接受教育的时机。抓住这些时机,进行针对性教育,常可收到意想不到的教育效果。

(三) 处理偶发事件的方法

1. 降温处理法

降温处理法就是班主任把偶发事件暂时"搁置",或是稍作处理,留待以后再从容处理的方法。实施时,班主任要冷静沉着,不要轻易下结论,要稍稍平息已经激荡起的不平静的气氛,对偶发事件的处理进行预先的"交代",并让学生理解这样处置的缘由。

班上女孩小李骂了男孩小王,小王一冲动,就用直尺划了小李的脸,这时,我迅速联系小王妈妈带小李去医院清理伤口,并配了药。过了一晚,小李爸爸觉得女孩脸上万一留下疤痕很难看,就又一次发微信给小王妈妈,让她再买一个疗程的美容膏。小王妈妈不同意,于是双方父母又一次找到学校。

当着家长的面,我叫来两个孩子,并强调:孩子交流,父母必须保持沉默。小王挺活跃,先说是小李骂他,他请小李道歉,小李不愿意就用手指挖他。小李咬着唇。我轻轻拉过她的手,给她表达自我的力量:"你也说说看?是你先骂他的吗?哪个人不犯错呢!"这时,小李点了点头,然后挤出一句:"但他是用直尺划我的。"我忙肯定:"真诚的孩子最可爱,这叫敢于承认错误。"我又并把目光移向小王,"到底是用直尺还是用手指?诚实的孩子最受人信任。"小王看了看妈妈,喃喃地说:"是直尺。"现在,真相大白,两个孩子也分别道出自己的不足,我给他们竖起大拇指,并鼓励他们今后友好相处。

等孩子走后,小王妈妈来了气势:"小李先骂人,错在先,我医药费出了不会再买什么,我有底线的。""但我女儿毕竟受伤了,你要负责。"两个人不依不饶。我忙说:"现在事情水落石出,我们的修养体现在得理还要饶人。现在我们聚在一起是来解决问题的。"他们这才稍稍收敛,我继续说:"孩子不懂事,我们父母要懂事,之前王妈妈及时带孩子去医院,说明她是个明事理、负责任的妈妈。小李爸爸的担心我们也能理解。刚才看了小姑娘的疤痕,愈合很快,孩子的皮肤恢复力强,我们再观察一周,如果有点印子,就再涂美容膏,毕竟化学用品用多了也不是好事。今天聚在一起,就是给大家下台阶的机会,大家各让一步,退一步海阔天空。小李需要美容膏,小王妈妈若真不同意,也不强求。我一直说,孩子在我们班上,就是我的孩子,我来送给小李。"小王妈妈不好意思了,忙说:"一百多一支,我转两百好了!"当场便微信转钱给小李爸爸。小李爸爸也同意了这样的解决方式。趁此机会,我就跟他们聊起孩子成长过程中的教育问题,让他们要关注孩子的心理健康,多关心、多聊天,向正确方向积极引导,因为遇到的每件不痛快的事,都是深刻教育的好机会,只有关注孩子的成长,孩子的未来才更有希望。

由此可见,班主任要对偶发事件适当冷处理,尽量减少偶发事件的负面影响,争取调查了解的时间,等待最佳的教育时机,为全面、彻底地解决偶发事件做好充分准备。特别是调和父母间的矛盾时,不是简单地当评判员,而是要清楚知道目的,学会站在对方的立场考虑。这样给出的建议才更容易被大家认可,问题得以解决的同时也能达到家校合作的目的。

2. 以退为进法

习武之人都知道,单凭拳头是没有杀伤力的,只有将拳头收回再打出,才能克敌制胜。班主任教育艺术亦如此,当矛盾趋于激化、情绪趋于对立时,班主任的适时回避、退让,才能体现育人智慧,赢得主动权。退,不是无原则无理性的"撤防",而是绕弯、迂回,是进的阶梯和手段,是巧妙地把事情抛给学生处理,引导学生自我教育。以退为进,不是不处理,而是充分相信学生,引导学生自我教育、自我管理,从而达到自我提高的目的。

我班程同学体育课时一时冲动,用球砸玻璃窗,玻璃被砸得粉碎。怎样解决这一偶发事件?是停下球赛去处理,还是立即批评?这时,我变退为进,将这个事件交给学生:"球赛继续,问题课后处理。"下午,我进教室时,碎玻璃已被扫净,窗户上也安上了新玻璃。私下一问,是程同学认为自己太冲动、鲁莽了,中午自己配上了新玻璃。

3. 移花接木法

班主任处理偶发事件时，有时会遇到这样的情况：当时所要完成的任务和时间都不允许自己着手对偶发事件进行好好调查和处理，或是这样的事件原本也不必弄个水落石出，过一段时间后就不再是个事了。对此，班主任可利用学生身上的某个"闪光点"，根据小学生注意力容易发生转移的心理特征，把对偶发事件的处理巧妙地转移到另一件事情上去。

课间两个学生发生口角，上课铃响了，班主任劝他俩进教室。一个学生很快进去了，另一个学生因吃了亏，不愿进教室。班主任没有硬拖他进去，而是根据这个学生平时乐于助人的优点，亲切地对他说："你看我双手拿着这么多东西，你能帮我把小黑板拿进教室吗？"这个学生看了看老师，就接过黑板走进教室。老师马上对大家说："刚才两位同学吵了架，但是有的同学顾全大局，为了让大家上好课，还帮老师拿黑板进来，我相信他一定能上好课，有问题课后解决。"于是，那个同学回到自己座位，安心听课了。

像这样的偶发事件，大多数可让学生冷静后自己排解，班主任适时利用学生的特点及时转移，留下事情冷却时间，反而能维护学生形象，提升学生交往能力和处理问题的能力。采用移花接木法，关键是要找准"支点"，转移要自然，不能显得刻意。

4. 幽默化解法

对于造成尴尬局面的偶发事件，可以采用幽默化解法，不仅能调节情绪、缓解冲突，还能将一场冲突消于无形。教师用巧妙诙谐、机智有趣的语言、体态，活跃师生交往的气氛，愉快、智慧地进行教育的良方。

一位老师去上课时，刚迈进教室的门槛，就见一个纸折的"火箭""嗖"地飞到了讲台上。老师并没有发火，也没有大声训斥学生，而是笑容可掬地说："宇宙飞船上天，是人类为征服太空所驱，这支'火箭'在上课之前射向讲台，它的发射者一定为渴求知识而来。"那名搞恶作剧的学生平时挨批评已经习惯了，这次老师幽默的"表扬",反而使得他不好意思起来。接下来上课他听得比哪堂课都认真。①

像这样的处理,寓教于乐,妙趣横生,学生感受到的是春风拂面,是会心一笑,受到了熏陶和感染,自然更愿意投入学习。久而久之,学生还会逐渐形成幽默的品质,养成乐观豁达的气度和积极进取的精神。

问题与思考

1. 现在有的班级出现了一些缺乏上进心的学生,人们戏称现在的小学生也"躺平"了,请分析这种现象产生的原因,并思考如何指导这些学生。

2. 如果你班上学生的家长提出这样一个问题:"我们在家中多表扬、鼓励孩子,但收效甚微,偶尔打一顿却效果明显,现在,我究竟该用什么方法?"你将如何作答?

3. 俗话说:"一句话能使人笑起来,也能使人跳起来。"作为班主任,你应该怎样与不同的学生沟通交流?

拓展阅读

1. 齐学红.今天,我们怎样做班主任[M].上海:华东师范大学出版社,2006.

2. 封俊琴.阳光洒遍每一个角落:浅谈班主任对中等生的教育[J].读与写(上下旬),2014(8).

3. 张万祥.班主任工作艺术:100个千字妙招[M].上海:华东师范大学出版社,2013.

4. 钟杰.班主任如何说话,学生才愿意听[M].武汉:长江文艺出版社,2023.

---

① 齐学红.今天,我们怎样做班主任[M].上海:华东师范大学出版社,2006:110.

第九章

教,然后知不足

——小学班主任的专业发展

郭敏是江苏省南通师范学校第二附属小学教师。从教二十九年来,她勤奋刻苦、完善自我,追求卓越、超越自我。一开始她学历只是中师,通过自学考试,成为大专、本科生,又顺利读完研究生课程,获得浙江大学教育硕士;工作单位从南通国棉一厂第一工人子弟小学,到南通师范附小;获得的荣誉从区教坛新秀到区骨干教师到市骨干教师、学科带头人、南通市"十佳园丁奖",再到省特级教师;职称不断提升,最近她评上了正高级教师。在日复一日的平凡工作中,她以发展的眼光、平和的心态、研究的精神投入其中,欣赏儿童,赞美儿童,期待儿童,她认为教书育人,贵在教学相长,妙在静待花开。她主张教育是一种温情的、有兴味的、有意思的存在,让班级成为融美与共情的所在,让儿童在有情有境的"德育场"中享受童年、享受教育,铸造生命的激情与蓬勃的力量。在一次次挑战自我的磨砺中,她不断地挖掘自己的潜能,努力成为思想者、成长者、自觉者,成就"未知的自己";她一步步地实现着自己的人生梦想,快乐地成长。她是南通市德育名师工作室主持人,是江苏省班主任基本功大赛一等奖获得者,先后出版《情境活动的实践与研究》《无痕润德》两部专著,在省级以上报刊发表论文 30 余篇,成为江苏省小学班主任中的优秀代表。①

郭敏老师的专业成长经历给我们很多启示,每一位班主任的情况尽管都不相同,但是"在这样研究、学习的过程中,发掘自身的潜能,其实只要做了,一切皆有可能。人生本就是一场从本我、自我,进而走向超我的过程"。"当我们带着珍

---

① 郭敏.相遇:走向自主专业发展的新高度[J].名师之路,2022(11).

惜、感恩的心坚守职业理想,心态淡定、步履坚定地行走在'相遇'的路上,我们便会在不远的或遥远的某个地方,与理想的教育教学境界相遇,与一个渐趋完满的自我相遇。"因此,在专业发展的道路上,班主任只要不忘初心、牢记使命、立德树人、逐梦前行,就一定能取得丰硕的成果。在班主任专业发展中,首先要发掘自身的潜能,激发专业自觉,而班主任的专业自觉离不开专业自信,自信是做好工作的前提和基础;在专业自觉和专业自信的基础上不断探索,努力进取,最终实现专业自强,走向超我。因此,激发专业自觉是班主任专业发展的基础,增强专业自信是班主任专业发展的保证,实现专业自强是班主任专业发展的关键。

一、激发专业自觉:班主任专业发展的基础

专业自觉是班主任对自己所从事的教育工作专业性的清晰体认。专业自觉是班主任专业发展的前提和基础。班主任的专业自觉主要表现为对专业地位的深刻认识,对专业要求的正确把握和对专业责任的主动担当。

我国班主任专业化自21世纪初提出,至今已有二十多年,[①]并已逐渐为人们所认同,尤其是2006年教育部颁布的《关于进一步加强中小学班主任工作的意见》(以下简称《意见》)明确提出:"班主任岗位是具有较高素质和人格要求的重要专业性岗位。"当前,班主任专业化理念已得到教育行政部门和学校管理者的认同,班主任专业化建设已成为学校工作的一个重要组成部分。但不可否认的是,在班主任还没有真正成为专业性岗位的情况下,很多教师对班主任专业化的要求还不甚了解,对班主任工作本身并无任何明确的专业发展愿景,缺乏专业自觉。然而班主任专业化是自觉的,不是被动的;是清醒的,不是盲目的。班主任如果不能达到专业自觉的境界,那他只能在这个职业领地中无目标地"游荡",不可能做到有计划、有目标的专业发展。因此,促进班主任专业化发展,首先要激发班主任的专业自觉。

"自觉"是个体自我意识发展的主体表征,"自"是主体性的表述,"觉"是内心

---

① 班华.班主任专业化问题的探讨过程[J].人民教育,2010(5).

的觉悟和自我意识的主动觉醒与成熟。[①] 班主任的专业自觉是指班主任对自己所从事的教育工作专业性的清晰体认。专业自觉要求教师必须遵循班主任的专业标准,依据班主任的工作职责,不断习得与班主任相关的角色期望和规范的精神追求,是努力实现预期目标的理想状态的反映,是形成班主任独特生活方式的基础。

专业自觉的班主任具有自找压力、自定目标、自我塑造、自我评价等自主发展的意识和能力。班主任专业发展离不开专业自觉,而专业自觉要以"职业认同"为前提。"职业认同"是指一个人真心认为自己所从事的职业有价值、有意义,并能够从中找到乐趣。职业认同包含对职业身份、职业价值、职业活动的性质和内容的认同。班主任一旦有了"职业认同",就会热爱班主任工作,具有强烈的事业心和责任感,并自觉地追求专业发展。

习近平总书记指出:"教师是人类灵魂的工程师,是人类文明的传承者,承载着传播知识、传播思想、传播真理,塑造灵魂、塑造生命、塑造新人的时代重任。"班主任是中小学教师队伍的重要组成部分,是我国中小学教育的有效模式。班主任是贯彻党的教育方针,落实立德树人根本任务的中坚力量。在学校的各项工作中,班主任工作的重要性是不言而喻的,抓好班主任工作是关键。班主任的专业化水平直接影响学校的教育教学质量和学生健康成长。因此,班主任的专业自觉是要对专业发展有"自知之明",即至少应明确班主任是什么,班主任应该是怎样的,班主任是干什么的;主要表现为对班主任专业地位的深刻认识,对专业要求的正确把握和对专业责任的主动担当。

(一) 专业自觉是对班主任专业地位的深刻认识

班主任的专业自觉首先要明确班主任是什么,即班主任的专业地位。班主任是身份特殊的教师。《意见》指出:"班主任是班级工作的组织者、班集体建设的指导者、中小学生健康成长的引领者,是中小学思想道德教育的骨干,是沟通家长和社区的桥梁,是实施素质教育的重要力量。"这要求班主任对自己的专业地位要有深刻认识,在此基础上,坚定班主任是一种专业性岗位的信念,努力成

[①] 陈玉琨.教育:从自发走向自觉[M].上海:华东师范大学出版社,2012:7.

为学生的"主要精神关怀者",成为学生发展的"重要他人"。

1. 班主任是重要的专业性岗位

随着社会的发展与进步,社会职业分工越来越精细,专业化已成为社会职业发展的一个重要趋势。班主任工作也是如此。在教师专业化的背景之下,班主任正在由人皆可为的工作逐渐发展成为一种专门的工作,由教师的"副业"逐渐发展成为"主业"。

"一个优秀的班主任,首先应该是一个优秀的教师。"因此,教师专业性是班主任专业性的基础。但同时,作为一种特殊类型的教师,班主任的专业性又高于一般教师的专业性,是对教师专业的进一步深化和发展。这主要表现在,在班级授课制的背景下,班主任除了必须胜任一个普通教师的学科教学工作之外,还要承担班集体组建、运行、管理等职责,承担所辖班集体学生的精神引领、学习管理、生活规范、发展评价等职责。这些工作的开展,需要班主任具有专业的道德和情意、专业的知识和能力。因此,基于对班主任是重要的专业性岗位这一理念的认同,班主任专业化建设要求以专业化的理论为依据,对班主任进行专门的选拔、培养、培训、管理和使用,让班主任在专业认知上由职业型向专业型发展,在专业能力上由单一型向复合型发展,在劳动形态上由经验型向学者型发展。

班主任职业专业化不仅具有必要性,而且也具有可能性。自1904年《奏定学堂章程》规定在学校设立级任教师(班主任的雏形)以来,经过一百多年的发展,经过一代代班主任的努力,班主任工作积累了丰富的工作经验和工作理论,形成了系统的工作伦理、工作原则、工作内容和工作方法,使得班主任工作在中小学具有了难以替代的特殊作用,成为一个相对独立的重要岗位。这些理论和实践的累积和酵化,为班主任工作由职业向专业的发展提供了坚实的基础,让班主任专业化具有了充分的可能性。

2. 班主任是学生的主要"精神关怀者"

"精神关怀",这里是指教师对学生精神和情感生活的关注和帮助。在班主任的专业定位中,班主任最重要的角色是学生的精神关怀者。

"精神关怀"体现了班主任的劳动性质。雅斯贝尔斯说:"真正的教育是一棵树摇动另一棵树,一朵云推动另一朵云,一个灵魂唤醒另一个灵魂。"同所有的教育工作一样,班主任工作不是工厂流水线上的物质生产,而是一种精神性劳动,旨在传承文明、启迪智慧、丰富精神。因此,"精神关怀"更深刻、更准确地反映了班主任教育劳动的意蕴,体现了班主任以人为本的教育理念,表达了班主任对学生的情感和态度。①

"精神关怀"是班主任的主要任务。雅斯贝尔斯认为,"教育过程首先是一个精神成长过程"。精神生活是人区别于动物的重要标志,教育要使人成为人,就需要引领学生学会过多元化、高质量的精神生活,拓展学生的精神视野,促进学生的精神成长。因此,虽然班主任要关注学生的身心全面发展,努力"野蛮其体魄,文明其精神",但首先要关注的是学生的精神成长,让学生发展成为一个健全的"精神人"。

"精神关怀"主要是班主任的任务。全员育人的理念告诉我们,学校里的每一个教师都承担着教育学生的任务,都应关怀学生的精神成长。但毋庸讳言,相对一般任课教师而言,班主任更多地担起了"精神关怀者"的角色,学生精神生活的丰富,生命价值的实现,生命活力的激发,需要班主任深切地去关怀和引导。

"精神关怀主要是关怀学生的心理生活、道德情操、审美情趣等方面及其成长与发展,即关怀他们的精神生活质量和精神成长;关怀他们当下精神生活状况和他们未来的精神发展。"②因此,在实际工作中,班主任精神关怀应当体现在关注学生的精神需求,唤醒学生的主体意识,注重学生的个体差异,促进学生的全面发展等方面。

3. 班主任是学生发展的"重要他人"

作为成长中的个体,中小学生需要寻求学习、生活的导师、榜样和知己,需要寻求自己能够认同,同时又能理解自己、引领自己的"重要他人"。

"重要他人"是美国社会学家米尔斯在米德的自我发展理论的基础上首先明确提出的一个概念。所谓重要他人,是指对个体的社会化过程具有重要影响的具体人物。③ 也有人解释为"对个体的自我发展(尤其是在儿童时期)有重要影响的个人和群体,即对个人的智力、语言及思维方式的发展和对个人的行为习惯、

---

①② 班华.专业化:班主任持续发展的过程[J].人民教育,2004(15-16).
③ 吴康宁.教育社会学[M].北京:人民教育出版社,1998:244-247.

生活方式及价值观的形成有重要影响的父母、教师、受崇拜的人物及同辈群体"[1]。学生的重要他人可分为两个层次：一是互动性"重要他人"，二是偶像性"重要他人"。互动性"重要他人"是学生在日常交往过程中认同的重要他人，往往会对学生社会化的几乎所有方面产生潜移默化的影响；偶像性"重要他人"是指因受到学生特别喜爱、崇拜或尊敬而被学生视为学习榜样的具体人物，一般是社会知名人士，并非学生的直接互动对象。班主任与学生朝夕相处，对学生的身心发展产生着全方位的影响，是学生的互动性"重要他人"。

重要他人

一个周六的傍晚，我在《教师博览》上读到了毕淑敏的《谁是你的重要他人》。心，不由自主地疼痛起来。尽管，我亦如作者宽恕她的音乐老师般，早已宽恕了我的那位"重要他人"。

在我的记忆中，刘老师从未笑过。她是语文老师兼班主任，我却无论如何，也想不起她给我们讲过什么课文。

那时的我，是个努力上进、学业优秀的女生，内向、敏感而要强。记得高一的第一次考试，我是班级第九名。化学试卷发下来时，我发现少加了几分，老师给我改了过来。那个课间，分数有错的同学都围在讲台边等刘老师改成绩，我也拿了化学试卷怯怯地走过去。没想到，刘老师半低着头，眼睛越过镜框，从上方逼视了过来："这分数是老师给你改的吗？"我的脸立刻涨得通红，窘迫得一个字也说不出来。刘老师看着我手中的成绩单，说："改过来，也不过第六名，和第九名也没什么差别。"我忘记了自己当时的反应，也忘记了分数到底改了还是没改，却记住了我回到座位上时没有忍住的泪水，还有刘老师那怀疑、冷漠无情的目光。

这目光，扼杀了一个少女所有的自信和自尊。整个的高一，我更加内向，而且自卑，再也没有留下任何关于成绩和名次的记忆。我没有跟任何人提起，只是自此，再也不看那双眼睛。

到高二，我遇到了重新给我信心的陈老师。然而，刘老师的目光在我青春期

---

[1] 顾明远.教育大辞典(第6卷)[M].上海：上海教育出版社,1990:62.

所留下的惨痛记忆,却正如毕淑敏所写"烙红的伤痕,直到数十年后依然冒着焦糊的青烟"。

2007年的"十一",我回母校参加高中毕业二十周年的师生聚会。刘老师也来了,她已是白发苍苍,老态尽现。和当年的同学们谈起来,才知道,她伤害的学生何止是我一个人啊!我想,我们的名字和经历,在她,或许早就淡忘得不留痕迹了吧。

而今,我也成了一名教师,我时时告诫自己、要求自己:一定要做学生正面的"重要他人"。尤其是在我做了母亲之后,我更加小心地面对孩子纯净稚弱的心灵。因为,学生时代烙下的情感伤疤,是时间和岁月难以轻易抚平的。①

学生的"重要他人"具有一定的选择性,班主任并不必然是学生的"重要他人"。事实上,教师作为"受社会之托对学生进行社会化的专职教育工作者,作为一心要使自己的影响主导学生社会化发展的正式权威,很难在所有方面都成为学生的重要他人,甚至可能在任何方面都不可能成为学生的重要他人"②。在这种情况下,如果班主任要成为学生成长中正面的"重要他人",就必须全方位地提高自己的能力和水平,以高尚的人格濡染学生,以渊博的学识吸引学生,以出色的能力折服学生,以真挚的情感打动学生。

(二) 专业自觉是对班主任专业要求的正确把握

班主任的专业自觉要明确班主任应该是怎么样的,即班主任的专业要求。班主任在学生素质发展中具有十分重要的地位与作用。《意见》指出:"班主任工作是学校教育中极其重要的育人工作,既是一门科学、也是一门艺术。在普遍要求全体教师都要努力承担育人工作的情况下,班主任的责任更重,要求更高。"从专业的角度出发,专业由专业知识、专业技能和职业道德三个层面的内容构成,因此,班主任要增强专业发展意识,就应当正确把握专业要求,在专业知识、专业能力、职业道德等方面不断提升自我,超越自我。

---

① 改编自:石伶俐.重要他人[N].中国教师报,2008-06-25.
② 吴康宁.教育社会学[M].北京:人民教育出版社,1998:246-247.

1. 拓展专业知识

教师的专业知识包括学科性知识、教育性知识、实践性知识。除了作为一般科任教师所要具备的专业知识外，班主任还应具备其他条件。班主任的工作对象既是学生个体，又是班级集体。因此，班主任一方面要具有学生个体的教育知识，如教育学、心理学、德育学等相关知识；另一方面也要具有班级集体的教育知识，如班级管理学、班级社会学、班级文化学、集体行为学等相关知识。值得特别提出的是，现代社会知识极大丰富，互联网时代人们获得知识的渠道极其便捷，学生的知识结构不断更新，班主任要想与学生顺畅沟通，进而引领学生的发展，就要不断吸收现代科学文化知识，不断扩充自己的知识储备，保持与时俱进的学习状态。

2. 增强专业能力

知识是沉睡的能力，能力是激活的知识。知识只有转化为能力，才能发挥其潜在的作用。一个专业化的班主任，在掌握全面的专业知识的基础上，还要具备较强的专业能力，如了解和研究学生的能力、学生个别教育的能力、班集体组织与管理的能力、组织开展班队活动的能力、与学生家长和班级科任教师的沟通协调能力等。在"教师作为研究者"的语境下，班主任还应该成为一个研究者，一方面熟练利用相关教育理论开展班级管理、学生教育工作，把理论转化为实践；另一方面开展行动研究，梳理和反思班主任工作实践，总结和提炼班主任工作经验，形成自己关于班主任工作的认识与理解，锻造自己的班主任工作特色与风格。

3. 提升职业道德

每个职业都有自己特定的道德原则、道德标准、道德操守，班主任的职业道德要求更高。一方面，学校是道德的高地。教师承担着教书育人的职责，社会赋予教师社会道德楷模和道德榜样的角色期待。班主任与学生朝夕相处，主要承担着引领学生成长的职责，因此受到的道德期望要高于一般教师。另一方面，道德教育的特殊性也要求班主任有更高的道德水准。道德是一种实践哲学，道德教育需要"言传"，更需要"身教"，实践证明，道德示范比道德说教更有效。作为学生的主要道德教育者，班主任首先要成为一个道德示范者，不断提升自身的职业道德，在思想品德、学识才能、言语习惯、生活方式和举止风度等方面以身作则,做学生的表率,成为有理想信念、有道德情操、有扎实学识、有仁爱之心的"四有"好老师。

(三) 专业自觉是对班主任专业责任的主动担当

班主任的专业自觉还要明确班主任是干什么的,即班主任的专业责任。班主任是代表社会、学校和家庭对儿童施行教育管理的主任老师,这就决定了班主任角色的多面性和任务的多样性。《意见》指出:"中小学班主任与学生接触较多、沟通便利,影响深刻,肩负着育人的重要职责。"中小学生是不断走向成熟的个体,处于身心发展和学业提升的关键阶段,具有巨大的发展潜能和成长空间,需要学校教育予以开发和拓展,使其成为"更好的自己"。班主任作为学生成长的"重要他人",要关心全体学生的发展,关心学生的全面发展和终身发展,帮助他们顺利度过人生成长的关键期,进入人生发展的新阶段。

1. 关心学生的全面发展

马克思主义关于人的全面发展理论告诉我们,只有道德、知识、能力、身体、情感等要素实现了全面的发展,人才能成为一个完整而和谐的个体。相反,正如木桶理论所揭示的,人的某一种素质若是特别低下,就会成为制约人发展的"短板"。同样,学生要拥有幸福完满的人生,首先必须身心和谐、知情相融。作为学生的"人生导师",班主任要引领学生在学习知识的同时,也要在身体、精神、情感、意志等方面实现全面、健康、可持续的发展。[①] 因此,班主任不仅要关注学生的知识与能力,也要关心他们的情感、态度与价值观;不仅要关注学生的学习,也要关心他们的生活、健康、品德和习惯,做学生锤炼品格、学习知识、创新思维、奉献祖国的引路人。

2. 关心全体学生的发展

中小学处于基础教育阶段,顾名思义,基础教育就是为人的一生打基础的教育。因此,中小学班主任要关心全体学生的发展,而不是个别学生的发展。要确立"每个学生都重要"的教育理念,"全体学生"首先是一个集合概念,这意味着班

---

① 黄正平.保障班主任合法权益的重要制度——学习《中小学班主任工作规定》的体会[J].人民教育,2009(18).

主任要根据不同年龄、不同学段学生的发展特点和发展水平,确定班级的培养目标和发展要求,帮助班级全体学生在道德、情感、知识、能力、行为等方面实现基本发展,为学生的进一步发展打下坚实的基础。同时,"全体学生"是由一个个有血有肉的个体构成的,这就要求班主任在确保班级全体学生实现基本发展、达到教育目标的基础上,还要根据不同学生的身心发展特点因材施教,进行针对性、区别化的教育,努力实现学生的个性化发展和特长化发展,从而实现关注"每一个"学生的教育目标。

3. 关心学生的终身发展

人的发展是系统的,也是持续的,不能仅仅从一个个独立的"段落"来分别加以观照。因此,班主任要树立终身发展的理念,不仅要关注学生学科知识的吸收,更要关注学生学习能力的培养,让学生成为一个爱学习、会学习的终身学习者,以适应不断发展的社会需求;不仅要关注学生现实的发展,更要关注学生可能的发展,努力激发学生的成长潜能,最大限度地拓宽学生的发展空间,让学生的生命历程更加丰富多彩;不仅要关注学生当下的发展,还要关注学生未来的发展,精心打造学生在未来社会生活和竞争中立于不败之地的核心素养,即学生应具备的能够适应终身发展和社会发展需要的正确价值观、必备品格和关键能力。

总之,班主任作为全面关心学生成长的主任老师和人生导师,在责任担当上要高度自觉,教育学生学会知识技能,学会动手动脑,学会生存生活,学会做人做事,促进学生主动适应社会,走向美好未来。

二、增强专业自信:班主任专业发展的保证

目前,班主任队伍总体呈现出兢兢业业、奋发有为的良好发展态势,有力地推动了中小学生的健康成长。但与此同时,一些教师当班主任是出于评职称等目的,存在功利色彩和短期行为,对能否实现专业发展缺乏信心,在班级工作中不求有所作为,但愿平安无事。自信是做好工作的前提和基础,班主任的专业自觉离不开专业自信,否则就不能实现持续的专业发展。因此,在激发班主任专业自觉的基础上,需要班主任增强专业自信。专业自信是班主任对自身专业发展

的坚定信念,只有专业自信才能获得专业坚守的从容,鼓起奋发进取的勇气,焕发工作的生机与活力。专业自信是班主任专业发展的基本保证。

(一) 班主任专业自信的外在支持系统

班主任工作的开展和班主任的专业发展,都有外在支持系统,如政策支持、制度引领和专业培训等激励机制,以及理论研究和实践探索等,这些都有助于班主任增强专业自信,激发专业自觉,促进专业发展。

1. 制度自信

中华人民共和国成立后,我国就逐步建立并不断完善了班主任制度。尤其是改革开放以来,党和政府高度重视班主任工作,相继出台一系列文件,明确了班主任的职责与任务、待遇与权利、培养与培训以及聘任条件等。中共中央、国务院《关于进一步加强和改进未成年人思想道德建设的若干意见》指出:"要完善学校的班主任制度,高度重视班主任工作,选派思想素质好、业务水平高、奉献精神强的优秀教师担任班主任。"

2006年6月和2009年8月,教育部先后颁布了《关于进一步加强中小学班主任工作的意见》(以下简称《意见》)和《中小学班主任工作规定》(以下简称《规定》)。《意见》指出:"做班主任和授课一样都是中小学的主业,班主任队伍建设与任课教师队伍建设同等重要。"《规定》再次强调,"班主任是中小学的重要岗位,从事班主任工作是中小学教师的重要职责。教师担任班主任期间应将班主任工作作为主业",并且明确规定了班主任工作量的计算、班主任津贴的发放等,从而使班主任工作由"副业"变成"主业"。同时,《意见》还指出:"班主任岗位是具有较高素质和人格要求的重要专业性岗位,应由取得教师资格、思想道德素质好、业务水平高、身心健康、乐于奉献的教师担任。"因此,班主任不是谁都能当,也不是谁都能当好的,当班主任是有条件和选择的,从而使班主任工作由"职业"变成"专业"。[①]

2010年颁布的《国家中长期教育改革和发展规划纲要(2010—2020年)》也提出,要加强班主任队伍建设,发挥班主任作用,重视班主任培训。2018年,中共中央、国务院《关于全面深化新时代教师队伍建设改革的意见》指出:"完善教师

---

① 黄正平.我国班主任工作现状分析与对策建议[J].教育学术月刊,2010(3).

收入分配激励机制,有效体现教师工作量和工作绩效,绩效工资分配向班主任和特殊教育教师倾斜。"2020年,中共中央、国务院《深化新时代教育评价改革总体方案》指出:"完善中小学教师绩效考核办法,绩效工资分配向班主任倾斜,向教学一线和教育教学效果突出的教师倾斜。"

这一切都充分说明了党和政府对班主任工作的高度重视,并且在政策制度方面给予有力保障,这有利于调动班主任工作的主动性和积极性,并在工作中珍视专业地位,增强专业自信。

2. 理论自信

近年来,随着班主任理论和实践研究的不断加强,班主任研究领域不断推出新的著作,丰富了班主任的理论体系,提炼了班主任的实践成果。比较有代表性的有教育部师范教育司、基础教育司规划指导编写的"中小学班主任培训用书",教育部师范教育司、基础教育司规划指导编写的"中小学班主任案例式培训教程",南京师范大学出版社出版的"中小学班主任培训教材",江苏教育出版社出版的"班主任案头必备丛书",华东师范大学出版社出版的全国中小学班主任培训用书《今天,我们怎样做班主任》等。还有学者陈桂生著的《聚焦班主任——"班主任制"透视》、檀传宝等著的《教师德育专业化读本》、李伟胜著的《班级管理》等。此外,《班主任》《班主任之友》《中小学班主任》《江苏教育(班主任)》等专业杂志,以及《中国德育》《中国教师报》等很多报刊都开辟了有关班主任研究的栏目,为总结交流班主任工作经验、学习研讨班主任工作理论提供了资源和平台。

近年来,各地组织召开班主任工作学术研讨会,为班主任学习交流提供机会,为班主任专业化发展营造氛围。此外,各地还相继成立了班主任研究方面的学术组织或机构。北京、上海、河南、浙江、山东、江苏等地的省(市)教育学会成立了班主任专业委员会;成都市青羊区教育局还将班主任工作纳入到学科管理之中,教育局成立了专门的班主任学科研究室,负责全区班主任的系统培训和教研工作。[①] 这些举措有效促进了班主任研究工作的发展,对于增强班主任的专业自信起到了积极作用。

---

① 高林.为班主任专业化成长提速[N].中国教育报,2008-09-04.

3. 实践自信

作为一种专业性工作，班主任工作需要经过系统的培训才能胜任。目前，我国高校并没有设置专门的中小学班主任或相关的专业，只是设置了一些与班主任相关的课程，如教育学、儿童心理学、班队管理等。这一"先天"不足，使得班主任的在职培训显得极其重要。近年来，随着班主任专业化进程的推进，教育行政部门和学校对班主任培训日渐重视，特别是2006年教育部启动实施《全国中小学班主任培训计划》以来，班主任专业培训更是快速发展。从形式上看，有远程培训、集中培训、校本培训等；从层次上看，有新班主任上岗培训、骨干班主任提高培训、优秀班主任专业培训等；从内容上看，有理论研讨、实践指导、经验交流、跟岗学习等。这些培训提高了班主任的专业能力，激发了班主任的专业自觉，增强了班主任的专业自信。

近年来，一些地方和学校建立了优秀班主任（名班主任、班主任带头人）工作室。工作室制度具有其不可替代的优势：示范引领与自主研修相结合，既有利于发挥优秀主任的示范作用，又有利于工作室成员自觉反思、自主实践；集中学习与分散研究相结合，既集聚了团队的力量，分享了集体的成果，又保证了研究的自主性、实践性和日常性。一些地方如北京、上海、广东等地还组织开展了班主任职业技能大赛。自2012年起，长三角地区（上海、江苏、浙江、安徽四省市）教育行政部门每年举办中小学班主任基本功大赛。2021年起，教育部基础教育司组织开展全国中小学班主任基本功展示交流活动。组织开展班主任基本功比赛和展示交流活动，有利于班主任队伍建设，使优秀班主任得以脱颖而出，有利于班主任工作实践经验的交流与提升。

目前，我国还没有统一的班主任专业技术等级制度，这在一定程度上制约了班主任的专业成长和发展，也不利于对班主任进行评价和管理。为了弥补这一不足，一些地方和学校尝试实行班主任全员职级制和"首席班主任"等管理制度。班主任职级制即在在职设置上，分为见习班主任、初级班主任、中级班主任、高级班主任和特级班主任五个层次，与教师职称并列，同等对待。江苏省南京市建邺区教育局建立"星级班主任"评选机制，"星级班主任"认定对象为全区所有中小学在职班主任，一学年评选一次，级别从一星到五星。随着星级的晋升，认定的要求不断提高，包括任职年限、班集体建设、心理健康教育资格、德育科研、指导青年教师等方面的内容。首席班主任制[①]则既是一种专业荣誉,也意味着相应的专业责任——要承担榜样示范、专业引领、教师培训和德育科研等职能。

在长期的教育实践中,各地涌现出许多优秀班主任,也形成了各具风格和特色的班级管理经验。例如,魏书生老师民主与科学的管理思想,代表作《班主任工作漫谈》;李镇西老师的"爱心"教育思想,代表作《爱心与教育》;万玮老师智慧管理班级的经验,代表作《班主任兵法》等。这些优秀班主任的班级管理经验值得我们学习借鉴。

总之,从班主任工作的外部环境来看,党和国家及各地教育行政部门和学校对班主任的关心重视,人们在班主任工作领域的理论研究和实践探索,以及许多优秀班主任的典型经验,为增强班主任专业自信、促进班主任专业发展提供了有力保障。

(二) 班主任专业自信的内生动力系统

增强班主任的专业自信既要有外在支持系统,更要有内生动力系统。2022年4月25日,习近平总书记在中国人民大学考察时要求"广大教师要严爱相济、润己泽人,以人格魅力呵护学生心灵,以学术造诣开启学生智慧,把自己的温暖和情感倾注到每一个学生身上,让每一个学生都健康成长,让每一个孩子都有人生出彩的机会。老师应该有言为士则、行为世范的自觉,不断提高自身道德修养,以模范行为影响和带动学生,做学生为学、为事、为人的大先生,成为被社会尊重的楷模,成为世人效法的榜样"。增强班主任专业自信的内生动力系统,做学生为学、为事、为人的大先生,就是要以社会主义核心价值观为思想引领,以立德树人为根本任务,以理想信念为重要支撑。

1. 以社会主义核心价值观为思想引领

当前,随着社会转型的不断深入,社会价值呈现出纷繁复杂的局面。多元价值观的碰撞、交流、互融在一定意义上有利于价值澄清,但也在一定程度上造成了价值混乱与价值迷失,迫切需要主流价值观的引领,在多元中立主导,在多样中谋共识,在多变中定方向。

培育和践行社会主义核心价值观,是推进中国特色社会主义伟大事业、实现

---

① 苏婷.评选首席班主任推进"有效德育"[N].中国教育报,2007-02-16.

中华民族伟大复兴中国梦的战略任务。党的十八大提出,倡导富强、民主、文明、和谐,倡导自由、平等、公正、法治,倡导爱国、敬业、诚信、友善,积极培育和践行社会主义核心价值观。这与中国特色社会主义发展要求相契合,与中华优秀传统文化和人类文明优秀成果相承接,是我们党凝聚全党全社会价值共识做出的重要论断。富强、民主、文明、和谐是国家层面的价值目标,自由、平等、公正、法治是社会层面的价值取向,爱国、敬业、诚信、友善是公民个人层面的价值准则,这24字是社会主义核心价值观的基本内容,为培育和践行社会主义核心价值观提供了基本遵循。

党的十九大报告指出:"社会主义核心价值观是当代中国精神的集中体现,凝结着全体人民共同的价值追求。要以培养担当民族复兴大任的时代新人为着眼点,强化教育引导、实践养成、制度保障,发挥社会主义核心价值观对国民教育、精神文明创建、精神文化产品创作生产传播的引领作用,把社会主义核心价值观融入社会发展各方面,转化为人们的情感认同和行为习惯。"

党的二十大报告指出:"社会主义核心价值观是凝聚人心、汇聚民力的强大力量。弘扬以伟大建党精神为源头的中国共产党人精神谱系,用好红色资源,深入开展社会主义核心价值观宣传教育,深化爱国主义、集体主义、社会主义教育,着力培养担当民族复兴大任的时代新人。"

把社会主义核心价值观融入国民教育全过程,需要教师的文化自觉与教育引导。在班主任工作中,以社会主义核心价值观为思想引领,是新时代班主任"为党育人、为国育才"的应尽责任。班主任以社会主义核心价值观为指导,就能够丰富自己的精神、培养自己的道德、塑造自己的信仰、净化自己的灵魂、提升自己的素质,从而增强专业发展的自觉与自信。

2. 以立德树人为根本任务

党的二十大报告指出:"教育是国之大计、党之大计。培养什么人、怎样培养人、为谁培养人是教育的根本问题。育人的根本在于立德。全面贯彻党的教育方针,落实立德树人根本任务,培养德智体美劳全面发展的社会主义建设者和接班人。""立德树人"作为教育的根本任务,是对现代教育理念的深化,也是对教育发展提出的新要求。因此,班主任必须以立德树人为根本任务和重要使命。

师德是教师职业的灵魂。教书是教师职业的主要表征,育人是教师职业的根本目的之所在。作为班主任,教书不仅是谋生的重要手段,更是实现人生价值的主要载体。教书育人是相互联系、不可分割的整体,教书是育人的载体,是前提和基础;育人是教书的灵魂,是指导思想。二者统一于教师的教育实践过程和学生的全面发展过程之中。知识要靠知识来传授,人格需要人格来熏陶,道德要由道德来养成。为人必须立德,这是人之为人的根本。班主任的师德尤为重要,这是由班主任是班级工作的组织者、班集体建设的指导者、中小学生健康成长的引领者这个特殊的社会角色所决定的。当前,班主任队伍的整体道德素养是比较高的,但不可否认,一些有悖于教师职业道德的现象也说明班主任队伍的整体素质离党和人民的期望和重托还有一定的距离,还有很大的提升空间。立德既是班主任自身完善的客观需要,更是增强专业自信的必然要求。

在"认知认同认真"上强师德[①]

近日,江苏省出台了《关于全面深化新时代教师队伍建设改革的实施意见》,将师德师风建设作为新时代教师队伍建设改革的首要目标。

师德师风建设是一项系统工程,在教育主体上,要聚焦职前培养与职后培训相结合这一维度。有好的教师,才有好的教育。同样,有优质的师范生源才能培养出优秀的教师。加强师范生师德养成教育,既要提高师范生生源质量,又要提高师范生培养质量。师范院校要将教师职业道德教育列为教师职前培养的重要内容,作为师范专业学生的必修课程。

要加强在职教师的师德修养。把师德作为评价教师的第一标准,实行师德失范,一票否决。要把加强师德师风建设作为提升教师素质的关键所在,把师德作为教师培训的首要内容,引导广大教师结合教书育人实践,增强行动自觉,时刻自重、自省、自警、自励,做以德立身、以德立学、以德施教、以德育德的楷模。在实施路径上,要聚焦外在他律与内在自律相结合这一维度。既要建立和完善师德师风建设的长效机制,形成外部约束力,又要启发教师内在自觉,激发内生

---

① 黄正平.在"认知认同认真"上强师德[N].新华日报,2019-02-26.

驱动力，加强自我师德修养。马克思指出："道德的基础是人类精神的自律。"自律是他律的升华。习近平总书记指出："师德是深厚的知识修养和文化品位的体现。师德需要教育培养，更需要老师自我修养。"因此，我们在强化"他律"的同时，要强调"自律"，倡导广大教师自觉践行师德规范，并内化为自觉行为。

师德是教师在社会的要求和影响下，通过学习、体验、修养和实践等方式，认同、内化或创设的在教育工作中处理各种关系的道德准则和行为规范。师德是由认知、情感、行为构成的综合体，因此，师德师风建设要遵循师德形成的特点和规律，抓住"认知、认同、认真"三个基本环节。一是要在"认知"上下功夫，主要解决思想认识问题。要明确师德师风建设的重要意义、主要内容和具体要求，增强自觉性，避免盲目性。二是要在"认同"上下功夫，主要解决情感体验问题。认同是人们意义与经验的来源，是社会成员实现从思想到行为转变的关键因素。要把师德的内容和要求内化为信念，成为教师的一种精神追求和内在需求。三是要在"认真"上下功夫，主要解决知行统一问题。要在认知认同基础上身体力行，在心灵上对师德规范要求具有敬畏之心，态度认真。师德师风建设既要加强学习、提高认识，在理论上深入思考和研究，但更为重要的是强化实践，马克思说："社会生活在本质上是实践的。"因此，要把师德的理论转化为认识、把认识转化为智慧、把智慧转化为能力，把能力转化为实践，认真践行师德规范，做到内化于心、外化于行、固化于性，推进新时代师德师风建设呈现新气象，迈上新台阶。

3. 以理想信念为重要支撑

党的二十大报告提出，要"推动理想信念教育常态化制度化，持续抓好党史、新中国史、改革开放史、社会主义发展史宣传教育，引导人民知史爱党、知史爱国，不断坚定中国特色社会主义共同理想"。

理想信念是人们超越现实生活、追求理想生活的深层需要的理性表达，是人们对某种生活理想及其观念的高度确信和自觉认同，是世界观、人生观、价值观在人生奋斗目标与社会发展愿景上的集中体现。在当代中国，理想信念有其特殊含义，指的是对马克思主义的信仰，对中国特色社会主义共同理想与共产主义远大理想的信念，对中国共产党领导的信任，对改革开放和社会主义现代化建设事业的信心。理想和信念是相互联系、相互依存的。信念的形成是基于对理想的选择,而理想的实现需要信念的力量。理想主要回答主体向往和追求完美标准的问题,信念不仅要以完美标准作为认识的前提,而且伴有深刻而持久的情感体验,并使人表现出顽强的意志力。因此,理想是构筑信念的基石,信念是理想得以实现的保证;理想指引奋斗方向,信念决定事业成败。

习近平总书记指出:"老师肩负着培养下一代的重要责任。正确的理想信念是教书育人、播种未来的指路明灯。不能想象一个没有正确理想信念的人能够成为好老师。"教育是基于理想信念的事业,是一种基于理想信念的文化活动。正确的理想信念在班主任工作中会通过其教育态度和教育行为表现出来。班主任具有什么样的理想信念,决定了他会怎样对待职业、对待学生、对待教育教学和对待自身专业发展。新时代的班主任要以坚定正确的理想信念引领专业活动,指导班级管理、开展班级工作。班主任的理想信念是一种强大的精神力量。如果一个班主任具有了正确的理想信念,他就会自觉以立德树人为教育的根本任务,用自己的行动倡导社会主义核心价值观,用自己的学识、阅历、经验点燃学生对真、善、美的向往,使社会主义核心价值观润物细无声地浸润学生们的心田并转化为日常行为,增强学生的价值判断能力、价值选择能力、价值塑造能力,引领学生健康成长。因此,理想信念是班主任做好工作的精神力量。

理想信念是客观存在的,但它是潜在的;理想信念是极其宝贵的,但它不是与生俱有的。理想信念是建立在认知和情感基础上的一种思想意识,是在实践基础上逐步形成的,需要遵循理想信念形成的特点和规律,坚持在认知基础上的情感认同,在体验基础上的实践转化,从而内化于心、外化于行。

坚定正确的理想信念在班主任专业成长中起着十分关键的作用。班主任理想信念的形成要以理论为基础,情意为动力,践行为目标,要在认知认同认真上下功夫,坚持知情意行相统一。因此,要把树立正确的理想信念、把教育信念作为增强班主任专业自信的"硬核"来建设,并使之成为班主任个体专业化的奋斗目标和精神追求。用理想之光照亮奋斗之路,用信念之力开创美好未来。

德国的鲁多夫·洛克尔说:"你只管往前走!永远不要胆怯,因为你在路上会碰到的敌人里面,最坏的就是'灰心'。信心是行为的父亲。你只要相信你的目标,就可以说你已经走了一半的路程了……不要去管那些会惊吓你的影子!

在水的彼岸就是那蓝色的国土。你的星星正在无穷中发射光芒！"①自信不是自大和自负，而是对自己力量的认知和运用。班主任的专业自信是建立在制度自信、理论自信和实践自信基础之上的，有其外在支持系统，同时，也要求班主任以社会主义核心价值观为思想引领，以立德树人为根本使命，以理想信念为重要支撑，激发专业热情，增强专业责任，提升专业境界。

三、实现专业自强：班主任专业发展的关键

班主任不是人人可为、人人能为的工作，而是需要专业知识、专业技能和专业道德支撑的专业性岗位。班主任的专业性表现为他们有着强烈的专业自觉和专业自信，并在此基础上不断探索，努力进取，达到专业自强的最终目标。实现专业自强，是班主任专业发展的关键所在。

(一) 实现专业自强的决定因素

专业自强是班主任结合自己的实际，依靠自己的力量，不断丰富自己的专业内涵，增强专业影响力，提高专业化水平。班主任的专业自觉、专业自信，最终是为实现专业自强服务的。实现专业自强是由班主任工作的性质和现状所决定的。

1. 专业自强是由班主任工作的性质决定的

正是由于学校教育在人的成长发展中具有重要作用，台湾地区著名作家张晓风在一篇文章中写道："学校啊，当我把我的孩子交给你，你保证给他怎样的教育？今天清晨，我交给你一个欢欣诚实又颖悟的小男孩，多年以后，你将还我一个怎样的青年？"我们并不完全赞成张晓风把孩子成长的责任和希望全部交给学校，但不得不承认学校在孩子成长过程中所起的核心作用。而在学生的成长发展过程中，班主任是"重要他人"，起着至关重要的作用。也正是基于这样的认识，中国人民大学附属中学刘彭芝校长指出："从我在学校经历的无数或开心或痛心的案例中，我深感学生遇到一个好班主任是一生的幸运，一个好班主任能够

---

① 马嵩山.理想论:中外名人名篇荟萃[M].上海：上海人民出版社，1987:336.

创造育人的奇迹,而一个差班主任则可能制造毁人的悲剧,因为他们面对的是生命,是幼小的却承载着未来的生命！在我心目中,班主任实在是一个让人心怀敬畏的岗位,容不得贪图私利,容不得粗率苟且,容不得急功近利。"[①]

在班级授课制背景之下,学生在校的大部分时间都在班级中度过,班级不仅是儿童文化学习的组织,而且还是他们日常生活的空间、社会交往的场所、个性发展的园地,对于儿童的成长具有举足轻重的作用。班主任是成人世界派往儿童世界的"全权大使",是班集体的组织者、指导者,承担着促进班级全体学生健康成长的重要任务,担负着比普通教师更大的责任。因此,班主任必须吸收先进的专业理念,修炼高尚的专业道德,学习现代的专业知识,锻造全面的专业技能,努力实现专业自强,切实履行引领、促进学生健康成长的职责。

2. 专业自强是由班主任工作的现状决定的

长期以来,受班主任工作"人人可为、人人能为"思想的影响,无论是师范教育者还是学校管理者,对班主任的培养、选拔、培训、使用、管理都不够重视。在师范教育阶段,还没有设立班主任或相关的专业,与班主任工作相关的课程也不够系统,导致班主任的培养存在先天不足。在学校中,考虑到管理的方便,有的学校管理者往往在班级主要学科的任课教师中指定班主任,班主任的选拔比较随意。由于班主任工作与学科教学存在着巨大的差异,一个优秀的学科教师未必是一个优秀的班主任,再加上缺乏系统的培训和科学的管理,导致班主任队伍整体素质不高。一些班主任遇到棘手的问题时往往不能有效解决,不能按教育规律办事,班主任工作存在着诸多问题,甚至存在"反教育"的现象,不仅给班主任的专业信誉蒙上了阴影,而且对学生的身心发展造成了伤害。总而言之,班主任队伍的现状离专业化水平还有一定的距离,亟须广大班主任提升自己的整体素质,增强自己的工作能力,努力实现专业自强,树立专业信誉。

习近平总书记指出:"世界上没有两片完全相同的树叶,老师面对的是一个个性格爱好、脾气秉性、兴趣特长、家庭情况、学习状况不一的学生,必须精心加以引导和培育,不能因为有的学生不讨自己喜欢、不对自己胃口就冷淡、排斥,更

---

① 刘彭芝教育思想研究课题组.刘彭芝教育思想与实践[M].北京:中国人民大学出版社,2010:21.

不能把学生分为三六九等。"由于班主任面临的教育对象千差万别,教育情境千姿百态,教育内容千变万化,班主任必须根据具体的教育对象、教育情境和教育内容因人、因地、因时而异,创造出适宜的教育方法。班主任在教育中没有现成的模式可以套用,没有一成不变的方法可以照搬,每一位班主任都需要运用自己的聪明才智去工作。从这个意义上可以说,在本质上,班主任的专业发展是一种自我发展、自我提升。因此,班主任应该根据自我、班级、学生的特点,从工作实际出发,脚踏实地地提升班主任工作的素养、能力,持之以恒地寻求班主任工作的思路、方法,求真务实地提炼班主任工作的经验、思想,努力增强自己的实践智慧,形成工作风格,真正实现具有自我特色的专业自强。

(二) 实现专业自强的基本路径

实现专业自强,班主任就应当在专业知识、专业能力、专业道德等方面不断提升自我,超越自我。根据教师专业发展的三种取向理论(理智取向、反思取向、生态取向),班主任要加强理论学习,注重实践反思,开展教育科研,倡导团队协作。这是班主任实现专业自强的基本路径。

1. 自强之本:加强理论学习

教师专业发展的理智取向认为,知识基础对于教学专业是非常重要的,教师专业发展的重点是知识获得和行为变化。教师的知识获得本身不是目的,它是指向自我行为变化的;同时,教师的行为变化不是凭空实现的,而是需要扎实的知识积累作为基础。当今社会是一个学习化的社会,任何人要想跟上时代发展步伐,就得不断学习。正如有的老师所说,"一个教师在教育这条路上究竟能走多远,很大程度上取决于他对读书的态度"。因此,班主任专业自强最重要的是要加强理论学习,在理性认识中丰富自我。根据教师专业发展的理智取向,加强理论学习是班主任提高专业素养、实现专业自强之本。

长期以来,班主任研究缺乏本体性理论和系统性建构,研究不够全面、深入,也没有形成体系。在本体性理论缺乏的情况下,班主任只能凭经验开展工作,工作的科学性、有效性难以得到保证。近年来,随着国家对班主任工作的重视,班主任研究取得了快速发展,初步形成了班主任工作理论体系,甚至有学者提出了建立"班主任学"的构想。丰富的班主任工作研究成果为班主任实现专业自强提供了理论保障,班主任应该积极主动地学习班主任工作理论,了解班主任工作的内涵、意义、原则、内容与方法等,以确保自己的工作在正确的轨道上运行。

班主任面对的是复杂的人,班主任工作是一项综合性很强的工作,除了学习班主任工作理论之外,还应该广泛地学习相关的理论,如马克思列宁主义、毛泽东思想、邓小平理论、"三个代表"重要思想、科学发展观和习近平新时代中国特色社会主义思想等政治理论,如学习教育学、心理学、管理学、社会学等哲学社会科学知识,以及《教育法》《教师法》《义务教育法》《未成年人保护法》等教育法律法规。总之,一切与学生成长相关的理论及相关法律,班主任都应有所了解,有所涉猎。

在理论学习中,班主任要做到学思结合、学研结合、学用结合,在用理论解释、指导自己实践的同时,也要注重整理、总结自己的工作成果和实践经验,使之条理化、科学化,并努力提炼出具有一定普遍意义的原创性理论。

2. 自强之源:注重实践反思

实践反思就是教师对自己的教学实践进行反思,从而获得个人的成长。教师专业发展的实践反思取向认为,教师对于影响其专业活动的知识、理解或信念,不是通过培训或从专家那里获得,而主要是依赖于教师个人或合作的探究和发现,并在此基础上提出专业发展的设想,发现其中的意义,以促成反思性实践。

实践反思是班主任专业自强之源。班主任是一种实践性很强的工作,无论是班级的组建、管理,还是学生的教育、引导,都需要班主任投入大量的时间和精力,都需要班主任付出实实在在的劳动。一方面,只有系统而全面的教育实践活动,才能建设一个团结上进的班集体,才能换来学生德智体美劳等方面的全面发展;另一方面,踏踏实实的教育实践也能让班主任不断得到锻炼,持续获得成长,从而收获专业自信,实现专业自强。在这个意义上,"为了实践、关于实践、在实践中"构成了班主任专业自强的一条主线。[①]

当然,实践不等于埋头苦干,班主任还需要经常对自己的实践进行"瞻前顾后"的反思。反思是指行为主体立足于自我以外批判地考察自己行为及其情景的能力。如前所述,班主任工作的实践性很强,因此,班主任的反思主要不是

---

① 黄正平.论班主任的自主发展[J].中国德育,2007(9).

理论反思,而是实践反思。根据美国教育家布鲁巴赫等人的观点,反思性实践可分为三类:一是对实践反思,二是实践中反思,三是为实践反思。首先,班主任要学会对实践反思,以班主任工作理论为依据,对自己的工作实践进行回顾、检视,发现其中的问题,总结经验与教训。其次,班主任要学会在实践中反思,在教育实践的过程中不断观察、评估自己的行为,以随时矫正行为的偏差。最后,班主任还要学会为实践反思,对教育行动的目标、程序、方法、路径等进行反复思考、反复论证,"三思而后行",力求行动的科学性、规范化。

反思最好的方式之一就是教育写作,因为写作能使人静下心来,化模糊为清晰,化零碎为完整,化散乱为明了。苏霍姆林斯基曾说过:"随笔教给我们思考,教给我们创造。"叶澜教授也指出:"一个教师写一辈子教案不可能成为名师,如果一个教师写三年教学反思就有可能成为名师。"

3. 自强之路:开展教育科研

教育科研能成就班主任专业化发展[①],是班主任专业自强之路。著名科学家、原上海大学校长钱伟长说过:你不上课,就不是老师;你不搞科研,就不是好老师。教学没有科研做底蕴,就是一种没有观点的教育,没有灵魂的教育。"行动研究"运动的积极倡导者、著名课程论专家斯腾豪斯提出著名的"教师作为研究者"命题,对于班主任专业发展也具有积极的启示意义。

班主任的工作对象是成长中的青少年,他们身心发展速度较快,心理和情绪波动较大,呈现出复杂多变的发展状态,很难用一成不变的方法来教育和管理。同时,由于家庭背景、社会经历、个性品质等差异,每一个学生都具有自己的成长发展特点,需要根据每个人的具体情况来因材施教。这些都决定了班主任不能墨守成规、因循守旧,而必须成为一个与时俱进的研究者,研究新形势下班集体建设的问题与策略,研究新时代青少年群体身心变化和成长的规律,研究时代变迁、社会转型对青少年发展的影响,研究每一个学生的成长特点、成长意愿和成长路径……总之,与青少年成长相关的一切问题班主任都要进行研究,只有这样,才能保证班主任工作的科学性、针对性和有效性,才能真正促进青少年的健康成长。

---

① 邓蕙,燕峰.教育科研成就班主任专业化发展[J].天津教育,2011(2).

中小学班主任的教育科研主要不是理论研究,而是行动研究。行动研究是一种融教育理论与教育实践为一体的研究,它以解决教育中的实际问题为导向,着眼于改善教育过程的质量。在日常工作中,班主任应坚持"问题即课题,教育即研究,成果即成长"的理念,把了解学生与研究学生结合起来,把日常工作与行动研究结合起来,把班主任工作计划当作课题方案来拟,把班主任教育活动当作课题实验研究来做,把班级工作总结当作科研论文、实验报告来写,真正做到"工作研究化、研究工作化、工作学习一体化",在工作中提高研究的能力,在研究中提高工作的能力。

根据教师专业发展的社会生态取向,班主任教育科研要积极开展校本研究,倡导团队协作。生态发展取向关注教师专业发展所赖以存在的环境。社会生态取向认为,教师专业发展不全然是依靠自己孤立地形成与改进其教学的策略与风格,而是更大程度上依赖于"教学文化"或"教师文化"。正是这些因素,为教师的工作提供了意义、支持和身份认同,因此,促进教师专业发展最理想的方式应当是一种合作的发展方式,要构建一种合作的教师文化。《礼记·学记》指出:"独学而无友,则孤陋而寡闻。"在班主任教育科研中,学校要创造良好的研究条件,组建多元的研究团队,提供多样的合作平台,让班主任在团队中通力合作、共同研究,以提高研究的效率,总结梳理研究的成果。例如,组建课题研究团队,组织班主任共同申报并实施德育与班主任工作课题研究;组建项目研究团队,组织班主任开展项目攻关,研究解决班主任工作中的热点、难点问题;建设学术交流平台,定期举办论坛、沙龙等研讨交流活动,共享研究成果,凝聚研究共识;打造网络交流载体,如班主任工作博客、微博、QQ群、微信群等,利用强大的现代网络技术,构建便捷的交流渠道,帮助班主任进行多向、即时的研究互动。

专业自强就其本质而言,就是班主任的成长发展。加强理论学习,注重实践反思,开展教育科研,倡导团队协作是班主任专业自强的基本路径,体现了班主任专业发展的三种取向。这三种取向是相互联系、相辅相成的。班主任在不同的成长发展阶段具有不同的任务和需求,面临不同的发展问题,需要解决不同的制约性因素。一般来说,在班主任专业发展的初级阶段,理智取向的发展较为适合;在班主任专业发展的高级阶段,实践反思取向和社会生态取向的发展模式更为贴切。实际上,这三种取向分别从不同的侧面反映了班主任专业发展的内在要求,对班主任专业发展都有促进作用,只是强调的重点有所不同。所以,在班主任专业发展取向的问题上,我们没有必要刻意遵从某种取向或去贬低某种取向,而是要倡导选择适合自己、能够真正促进班主任专业发展的取向。

四、班主任专业化:一个辩证的发展过程

2006年,教育部《关于进一步加强中小学班主任工作的意见》中指出:"班主任岗位是具有较高素质和人格要求的重要专业性岗位,应由取得教师资格、思想道德素质好、业务水平高、身心健康、乐于奉献的教师担任。"班主任专业化就是以教师专业化为基础,以专业的观念和要求对班主任进行选拔、培养、培训、管理和使用的过程。班主任专业化的"化"作名词是指班主任专业发展达到一定的目标、标准;"化"作动词则表明班主任专业化是一个发展的过程。专业化目标的实现是不容易的,其追求目标的过程是艰难的。[1] 因此,班主任专业化是一个辩证的发展过程,是一个持续的努力过程。在哲学视域中,"过程"标志着世界或事物在时间和空间上的无限展开。过程不仅表现为一定事物的存在状态,而且还意味着事物的发展。班主任专业化的实现,也需要一定的过程,这一发展过程应当实现"五个统一",即班主任专业化是学科专业与教育专业的统一、群体专业化与个体专业发展的统一、制度保障与自主发展的统一、职前培养与职后培训的统一、学习研究与实践反思的统一。

(一) 学科专业与教育专业

专业是职业分化和发展的结果,是指需要专门知识和技能的职业。专业化是指一个职业经过一段时间后不断成熟,逐渐获得鲜明的专业标准,并获得相应的专业地位的过程。处理好学科专业与教育专业的关系,是实现班主任专业化的必然要求。

班主任专业化是一种特殊类型的教师专业化。班主任专业化包括学科专业

---

[1] 班华.享受和班主任朋友共同成长的快乐:班华班主任原理文集[M].南京:南京师范大学出版社,2014:294.

和教育专业两个方面。班主任的"学科专业"是指班集体建设、班会的组织、团队活动的指导、与学生谈话的艺术等。它们构成班主任学科知识的体系,是奠定班主任专业化的基础。班主任的"教育专业"是指教育学、心理学以及与学生精神成长相关的知识,包括关心、理解、尊重、信任等。对于专业化来说,班主任的"学科专业"是重要的,没有班集体建设的本事,不是一个合格的班主任。但最重要的是班主任的"教育专业",是在"学科专业"基础上对学生的精神关怀,促进学生的精神成长。具备这样的素质与能力,才是一个专业化的班主任。[①]

班主任工作是以完整的人为工作对象的,因此,班主任就应当具有促进每一个学生全面发展的知识储备和相应的教育技能,班主任的知识、能力和素质应当向现代社会领域全方位开掘。班主任工作不仅需要先进教育理念的引领和班主任人格力量的支撑,而且需要班主任的教育智慧和专业技能。学生要成为合格人才,班集体要由"松散群体"朝着"成熟班集体"发展,班主任必须处理好班主任"教育主体"与学生"学习主体"的关系,"刚性管理"与"柔性管理"的关系,"物化环境"与"心理环境"的关系,只有这样,学生的思想品德和班集体发展水平才能得到迅速提升。可见,班主任职业所依据的专业知识和专业技能具有双重的学科基础,班主任专业化是学科专业化和教育专业化的统一。

(二) 群体专业化与个体专业发展

班主任的群体专业化与个体专业发展是班主任专业化的两个维度,二者紧密联系,相互作用,缺一不可。

从实践主体来看,班主任专业化包括个体和群体两个层面。从职业群体角度看,班主任专业化是班主任群体在职业层面上逐渐达到专业标准的过程。从班主任个体角度看,班主任专业化也被称作"班主任专业发展"。班主任专业发展是指班主任的专业道德、专业知识、专业技能不断更新、演进和丰富的过程。班主任个体的专业发展离不开班主任群体的支撑,而班主任群体的专业化也需要建立在每个个体专业发展的基础之上。没有个体的专业发展,就不可能实现

---

① 任国平.让班主任成为学生精神成长的关怀者——"全国中小学班主任工作创新论坛"综述[J].人民教育,2007(11).

群体的专业化。个体专业发展是一个职业上升为专业的必要条件，也是一个专业性的职业保持、巩固其专业性地位的必然要求。可见，班主任个体的专业发展与班主任群体的专业化是相辅相成的，个体专业发展是群体专业化的基础，群体专业化是个体专业发展的体现。

因此，在班主任专业化的问题上，我们既要反对忽视个体专业发展、忽视班主任个体主体意向和价值的笼统的、缺乏个体化的"集体主义"的培养和发展模式，因为班主任专业成长和发展有其独特的途径和策略，除了学习和实践一般途径外，还受到班主任个人的性格特征、专业基础、学习方式、个人喜好、社交背景、生活经历等多种因素的影响而存在差异。要改变"集体受训"培养模式中忽略班主任个体专业成长与发展的实际诉求和主体价值的状况。同时，我们也要反对班主任实际成长过程中班主任各自为伍、个人孤立的、忽视群体专业化的"个人主义"的专业发展方式。因为从教育活动以及班主任职业的社会属性来看，班主任个体不可避免地具有群体属性，班主任是无法独立于他人或文化情境的。班主任有必要通过与学校的班主任群体成员的沟通、互动与合作，从而厘清和构建自己的教育看法与教育观念，同时在他人的协助下，促进自己的专业成长，在班主任个体和群体之间构建起相得益彰、相互促进的合理的关系。

不可否认的是，班主任专业化不论从职业群体层面还是从个体发展层面，都不是一个轻而易举的过程，而是一个长期的、充满着困难和艰辛的过程，同时也是一个持续不断的过程。实现班主任个体专业发展，必须深化专业认知，增强专业技能，提升专业道德。

专业化的班主任需要有清醒的专业自觉，不能仅凭经验工作。由于班主任专业角色的丰富性，需要对学生进行道德、心理、科技、环保、艺术等多方面的教育，就要有广博的科学文化知识。丰富而深刻的专业认知可以改变班主任的教育理念，优化班主任的工作行为，促进班主任的专业发展。

任何一种职业都要求从业者具有相应的职业道德，但对班主任来说，职业道德更有其特殊意义。这是由班主任专业劳动的特殊性决定的。从班主任的劳动内容说，班主任的专业劳动主要是引导、帮助、促进学生德行成长和发展，或者说班主任的专业劳动主要是对学生的道德教育。班主任的职业道德是道德教育的资源，是直接参与教育过程的因素。班主任的教育劳动，既是道德教育的过程，也是班主任做人的过程，是班主任展现自己道德人格的过程。班主任自身的道德作为道德教育的内容和手段参与到教育劳动中，教育的内容和手段与班主任的道德是融为一体的。

从本质上说，班主任专业化是班主任个体专业不断发展的历程，是班主任不断接受新知识、增长专业技能的过程。班主任要成为一个成熟的专业人员，需要通过不断的学习与探究来拓展其专业内涵，提高专业水平，从而达到专业成熟的境界。

（三）制度保障与自主发展

班主任专业化既需要外部制度的强化和保障，更需要主体自身的内化和要求，可以说，班主任专业化的实现是制度保障与自主发展的完美统一。

制度保障是班主任专业发展的前提和基础。班主任专业化不仅是一种观念，更是一种制度。制度建设带有根本性、长期性和稳定性。我们应该通过建立健全班主任的职责制度、培训制度、资格制度、职级制度和薪酬制度等，为班主任的专业发展提供切实有效的保障。

班主任职责制度的建立有助于班主任明确自己的职业定位，形成清晰的专业角色意识。这是班主任专业化的前提和基础。在国家规定的班主任职责制度之外，各级教育行政部门和各级各类学校也可以根据本地、本校的实际情况，细化班主任职责，形成完善的职责配套制度。完善班主任培训制度，就要建立班主任专业化培训课程体系，依据班主任的职责要求，根据时代发展的需要和学生发展的特点建立系统性、科学性的培训课程体系。班主任培训课程体系要注重成人培训的特点，以实践性、体验性培训为主，渗透理论性培训内容。职业资格证书制度是国家对各行各业从业人员规定的职业准入制度。推动建立班主任资格认证制度，既能体现国家对专门从事班级管理工作的班主任的基本要求，又是对班主任工作专业性的认可，是对教师具有承担班主任工作能力的认定。班主任职级制度主要是根据班主任的学历、年龄、任职年限、所管班集体状态考核结果、班主任和班级在各级评比中所获的荣誉和奖励、班主任的学识和科研水平等情况进行评定。班主任的职级与教师的职称同等对待，不同职级的班主任享有不同的报酬。建立合理的薪酬制度是班主任不断追求专业发展与职业自我实现的一种激励制度，体现着国家和学校对班主任工作及其专业性的重视和尊重程度，体现着一个追求专业发展的班主任的主体价值和人格尊严。

自主发展是班主任专业发展的根本和核心。班主任专业化既需要外部强化，更需要主体内化，它是制度保障与自主发展的统一。辩证唯物主义告诉我们，人的发展有内因与外因之分，内因是发展的根据，外因是发展的条件。同理，在班主任专业发展中，自主发展是根本，这是来自班主任自身本能的内驱力。班主任只有自己努力提高专业知识、专业技能和专业道德水平，从经验型班主任向研究型班主任发展，使自己的专业成熟程度不断提高，真正成为训练有素、不可替代的角色，才能使班主任工作成为令人尊敬和羡慕的职业。

班主任专业化不是一蹴而就的，而是一个不断发展、持续提高的终身发展过程，这要求班主任必须具有强大而恒久的内在发展动力。在快速发展的现代社会，班主任的劳动对象是在不断发展变化的，班主任只有不断调整和改进自己的工作理念、工作思路和工作技巧，才能适应社会、教育和学生的发展要求。对于班主任的专业发展来说，定期的专业培训是必要的，但这只能解决一些共性问题，而难以面向个性各异的班主任个体，难以深入到具体的班主任工作实践。因此，班主任专业自觉、专业自信和专业自强非常重要。一方面，它们能够帮助班主任把所拥有的原理性知识、陈述性知识转化为实践性知识、程序性知识，实现理论在实践平台上的"软着陆"，优化班主任工作实践；另一方面，它们又能够把班主任的缄默知识和个性体验提炼、升华，纳入到班主任的理念体系和素质结构之中，促进班主任的思想更新和能力提升。

(四) 职前培养与职后培训

班主任专业化的实现离不开职前的培养，更离不开职后的培训，从一定意义上讲，是职前培养和职后培训一体化的过程。

班主任专业化的实现离不开职前培养。班主任专业化的职前培养主要是通过学历教育完成的。班主任的专业成长，自师范教育阶段即已开始，这个阶段具有明显的教师专业的定向性质，对班主任的专业成长具有重要意义。师范教育理应为班主任专业发展夯实基础。在专业理想方面，每一个师范生都要有当班主任的心理准备，有深入了解学生的心理倾向，有愿意成为一个优秀班主任的专业向往；在专业情操方面，有对班主任功能和作用的初步认识而产生的光荣感与自豪感，有对班主任职业道德和工作条例的基本认同而产生的责任感和义务感；在专业性向方面，有成功从事班主任工作所应具备的个性倾向。师范生除了具备作为教师都应具备的专业知识外，还要有更深入的儿童生理学与心理学知识、组织与管理知识、沟通与交流的知识、班级建设与管理知识。要掌握了解和研究学生的基本方法，与学生沟通和交流的基本技巧，形成操行评定、正确评价学生的基本技能，具备组织班级活动的初步能力，等等。

班主任专业化的实现更离不开职后培训。职后培训是班主任专业发展的重要路径。班主任的教育信念、价值取向、知识结构、职业兴趣、监控能力、教育行为、教育效能等诸多因素综合起来，才能有利于形成和构建班主任专业化的特征体系，而这一切的大量工作还在于班主任的在职培训。要建立班主任专业化培训的课程体系，培训课程可分为必修模块和选修模块两大类，具体内容包括：班集体组建与管理、班级活动课程开发、班级管理心理学、家校协作方法与策略、班干部的培养、教室环境建设等。每一门培训课程都分为理论部分和实践部分，培训模式可分为：专家报告、案例教学、现场诊断、示范模仿、互动研修、自主探究、参与分享、课题研究、参观考察、跟踪指导，等等。2006年9月，教育部首次启动实施针对全国中小学几百万班主任教师的培训计划，要求从2006年12月起，凡担任中小学班主任的教师，在上岗前或上岗后半年时间均要接受不少于30学时的专题培训。[①] 这是提升班主任专业素养，促进班主任专业发展的有力举措。

2020年教育部颁布了《中小学教师培训课程指导标准（班级管理）》（以下简称《指导标准》），将班级管理分为五大方面，即班集体建设、班级活动组织、学生发展指导、综合素质评价、沟通与合作；并提出了分层培训的理念，指出："培训设计者应以班主任专业必发展阶段为基础，以能力诊断为依据，根据班主任的不同发展需求，递进式设计中小学班主任培训内容和培训方式。强化培训内容的针对性和系统性，强调基于能力诊断，对班主任的班级管理核心能力划分层次、设计培训课程，促进班主任专业化发展。"

---

① 黄正平.班主任专业化：应然取向和现实诉求——解读教育部《关于进一步加强和改进中小学班主任工作的意见》[J].人民教育，2006(19).

《指导标准》对培训课程的要求是:"针对班主任不同层次的能力水平进行设置,内设若干研修主题,着眼于帮助班主任加深对班级管理工作的理解,反思自身经验,提升能力水平,解决实际问题。课程内容注重理论与实践相结合,课程形式包括观点报告、专题研讨等,以满足不同班级管理能力发展水平班主任的培训需求,凸显课程的针对性和实效性。"

班主任培训是班主任专业化发展的重要保证。要让班主任在这个过程中感受到尊重,因尊重而享受专业的品位,因提高自我发展内在需求而感受到职业的幸福。

(五) 学习研究与实践反思

班主任专业化是一个动态的持续发展的过程,需要主体与客体的共同努力,理论与实践的紧密结合;需要建立班主任专业发展的外在支持系统,如职前培养、职后培训、制度保障等,但更为重要的是需要班主任在学习与研究中提高,在实践与反思中成长,从而形成班主任专业发展的内在动力机制。

1. 在学习与研究中提高

当今社会是一个学习化的社会,加强自身学习是班主任提高专业素养的重要途径。因为班级的建设与管理,学生的教育与培养是一门很深的学问,需要广博的知识、丰富的经验,需要教育才能和管理艺术。短绠难汲深井之水,浅水难负载重之舟。因此,班主任要加强学习,要做到学以立德,提高境界;学以增智,开阔眼界;学以致用,改造世界。班主任必须增强与时俱进的学习意识,做到工作学习化、学习工作化,坚持学中干、干中学,努力提升自己的学习能力,来跟上日新月异的新时代,适应千变万化的新情况,应对错综复杂的新局面。对于班主任而言,学习不仅仅是对外在变化的一种适应,更应成为内在生命的一种自觉。

班主任的教育科研能力对其专业发展至关重要。班主任要树立教育科研意识,彻底改变专家学者搞科研、班主任搞实践的传统观念。在实际工作中加强行动研究。行动研究可以将研究与实践效果有机结合起来,让班主任在班级管理过程中边学习边提高,真正使班级成为班主任专业发展的载体和摇篮。许多在一线工作的班主任在教育科研方面所取得的显著成绩就是最好的例证。

2. 在实践与反思中成长

实践是认识的基础,也是班主任专业发展的基础和必然之途。判断一个班主任是否具有专业水平,关键是看他是否能够把一个班级建成一个合格的班集体。也就是说,一个班主任是不是具备足够的专业水平,主要是考察他所带的班级通过建设是不是建成了一个合格的班集体。因为,班集体建设是班主任的重要实践,也是班主任专业发展的重要载体。

班主任专业发展还需要个体在反思中培养和提升。所谓反思,是指班主任在自己的教育实践过程中,批判地考察自己的行为,通过回顾、诊断、自我监控等方式,或给予肯定、支持与强化,或给予否定、思索与修正,从而不断提高其效能。[1] 波斯纳曾提出过一个教师成长的简要公式:经验＋反思＝成长,并指出,"没有反思的经验是狭隘的经验,至多只能形成肤浅的知识,如果教师仅仅满足于获得经验而不对经验进行深入的思考,那么他的发展将大受限制"。[2] 可见,反思对于班主任的专业成长和发展具有重要意义。在以应试教育为主导的教育模式下,学校教育一切向分数看齐,评价一个教师的专业水平往往以其所带班级的成绩为硬指标,而关于学生身心的和谐发展、班集体的建设这一方面往往被忽视,班主任工作的专业性得不到重视。如今,在班主任专业化的进程下,作为班主任个体,如何才能促进自身的专业成长呢? 反思是专业化的首要条件,是从自己已经具备的观念和行为走向想要达成的目标的必由之路,是对自身、外部世界的审视。学习和反思是一个并进的过程,只有在反思的过程中,班主任才能实现自身的专业成长。

首先,班主任需要反思班主任工作与一般科任教师的工作相比,专业性体现在哪里;其次,班主任还需要反思如何才能做好这些具体的工作,在这个阶段,班主任需要不断反思自己的工作目标与实际效果之间的差距并不断加以改良;最后,班主任还需要反思在专业化的理念转变为专业化的行为的过程中,班主任自身获得了怎样的提升。反思是一种时刻保持的状态,在这样的状态下,班主任自身才会得到专业成长和进步。

总之,班主任工作是一项专门的艺术,班主任要经过专门的培养以成为具有

---

[1] 齐学红,袁子意.新编班主任工作技能训练[M].上海:华东师范大学出版社,2007:191.
[2] 皮连生.学与教的心理学[M].上海:华东师范大学出版社,1997:20.

专业知识、专业技能、专业道德的专业工作者。班主任的专业化发展是一个目标,是一种追求,也是一项事业,既需要班主任在教育教学实践中去体会和感悟,又需要班主任个体的素质建构、内涵提升、自主发展和自我超越,更需要建立和健全相关的保障制度,促进班主任形成自己的专业角色意识,激发工作热情与责任感,并不断提高自己的专业化水平。

问题与思考

1. 班主任是一个重要的专业性岗位,在日常班级工作中如何才能体现专业性?

2. 班主任是学生的精神关怀者,在建班育人过程中班主任对学生的精神关怀体现在哪些方面?

3. 为什么班主任专业发展要激发专业自觉、增强专业自信、实现专业自强?

4. 如何理解班主任专业化是一个辩证的发展过程?

5. 有人说:"目前,当班主任难是一个不争的事实,不仅繁、难、累、苦,而且责任心强,要求高,而相应的班主任工作的报酬又少。在这种情况下,不少教师浮躁不安,有的教师认为倒不如省去这个钱,买个安闲,买个健康,哪点不好?再说,现在学校的安全责任很重,万一在自己手里的学生有什么闪失,赔礼道歉再加赔钱还不算,轻则记过处分,重则下岗。在这竞聘上岗的年月,谁不担心丢失饭碗?何苦要当班主任呢?"你如何看待这种观点?

拓展阅读

1. 李家成.论中国"班主任制"的意蕴[J].教育学术月刊,2016(11).

2. 张聪.新时代中小学班主任的职业幸福感[J].教育科学研究,2021(12).

3. 齐学红,黄玲.建构与重构:专业化视域下的班主任制度建设[J].教育科学研究,2019(12).

4. 陈萍,张斌.班主任核心素养的内涵分析与框架建构[J].中国教育学刊,2021(2).

5. 黄正平.班主任基本功展示交流:内容、理念与策略——以全国中小学班主任基本功展示交流活动为例[J].教育学术月刊,2022(6).

后 记

"中小学班主任培训教材"中的《小学班主任》第2版自2007年出版以来,受到广大小学班主任的肯定与好评,这是对我们的鼓励与鞭策。近年来,我国经济、政治、文化、社会和生态文明建设发生了深刻变化,中国特色社会主义进入新时代。

2022年10月召开的党的二十大是在进入全面建设社会主义现代化国家新征程、向第二个百年奋斗目标进军的关键时刻召开的一次十分重要的会议。党的二十大深刻阐述了开辟马克思主义中国化时代化新境界、中国式现代化的中国特色和本质要求等重大问题,对全面建设社会主义现代化国家、全面推进中华民族伟大复兴进行了战略谋划,对统筹推进"五位一体"总体布局、协调推进"四个全面"战略布局做出了全面部署。二十大报告指出:"教育是国之大计、党之大计。培养什么人、怎样培养人、为谁培养人是教育的根本问题。育人的根本在于立德。全面贯彻党的教育方针,落实立德树人根本任务,培养德智体美劳全面发展的社会主义建设者和接班人。"

2023年9月9日,习近平总书记在致全国优秀教师代表座谈会与会教师代表的贺信中,首次提出并深刻阐释了中国特有的教育家精神,即"心有大我、至诚报国的理想信念,言为士则、行为世范的道德情操,启智润心、因材施教的育人智慧,勤学笃行、求是创新的躬耕态度,乐教爱生、甘于奉献的仁爱之心,胸怀天下、以文化人的弘道追求"。从提出"四有"好老师,勉励广大教师当好"四个引路人",加强师德师风建设坚持"四个相统一",到提出教师要成为"大先生",再到强调展现中国特有的教育家精神,习近平总书记对教师队伍建设始终念兹在兹,关怀备至,为新时代推进教师队伍建设提供了根本遵循。为大力弘扬教育家精神,加强新时代高素质专业化教师队伍建设,进一步营造尊师重教良好氛围,2024年8月,《中共中央 国务院关于弘扬教育家精神加强新时代高素质专业化教师队伍建设的意见》发布,从加强教师队伍思想政治建设、涵养高尚师德师风、提升教师专业素养、加强教师权益保障、弘扬尊师重教社会风尚等方面提出了具体要求。

班主任是落实立德树人根本任务的重要力量,承担着"为党育人,为国育才"的职责使命,推进教育强国建设和教育高质量发展对班主任工作提出了新的要求。为了把党的二十大精神和习近平新时代中国特色社会主义思想融入到培训教材中,以教育家精神引领班主任队伍建设,我们组织力量对本书进行了及时修订。修订中我们坚持和贯彻以下四项原则。

一是体现时代性。修订过程中,我们以习近平新时代中国特色社会主义思想为指导,认真学习习近平总书记关于教育的重要论述,深刻领会"四有"好老师、"四个"引路人、"四个"相统一的丰富内涵,并融入到修订内容中,把社会主义核心价值观融入到班主任工作中,认真学习近年来党和国家印发的教育方面的有关文件,深刻领会精神实质,并渗透到各自修订的章节内容中;同时,我们关注教育部最新义务教育课程方案和课程标准的目标要求与价值取向,使新修订的培训教材体现时代性。

二是把握针对性。修订过程中,我们力求准确把握培训教材修订的定位,旨在提高在职小学班主任的专业知识、专业能力和专业道德,从而提升新时代小学班主任的核心素养。所用的案例贴近小学班主任工作的实际,使其更有指导性、更具针对性。

三是增强可读性。修订过程中,我们坚持理论与实践相结合,紧密联系基础教育实际和互联网时代的特点,充实和更新典型案例,创设教育情景,开展案例教学,给小学班主任以深刻的教育和有益的启示,使他们在潜移默化中提升理想信念、道德情操、师德修养。每章前用情景导入,使内容生动形象,使体例活泼新颖,增强可读性。

四是注重学理性。修订过程中,我们充分吸收近年来我国教育学、心理学以及德育与班主任工作研究的理论成果,努力揭示实践做法背后的理论依据,提升本书的学术性,为班主任工作实践提供理论指导。同时,也注意文本的规范性。

我们根据2020年教育部颁布的《中小学教师培训课程指导标准(班级管理)》等文件精神,紧扣班级管理的五大方面,即班集体建设、班级活动组织、学生发展指导、综合素质评价、沟通与合作,对第2版中的这五章框架、内容进行了完善;同时,从班主任工作实际出发,将第2版中正确认识小学生、小学班级文化建设、小学班主任工作艺术、小学班主任的自主发展这四章予以保留,进行完善;删除了原书中的绪论和小学班级管理部分。这样的安排体现了内容的完整性。班主任工作除了班级管理五个方面外,还有如何认识班主任工作的对象小学生,班主任自身如何专业发展,班级文化建设是班主任工作中的一项重要内容并越来越受到重视,以及班主任工作中要更加注意方法和艺术。这样的安排也体现了新时代班主任工作的特点和要求,在教育理念上,更加注重以生为本;在班级管理上,更加注重文化建设;在学生评价上,更加注重多元发展;在队伍建设上,更加注重核心素养。

调整后的全书共九章。以小学生起,以班级管理续,以班主任专业发展止,体现"以小学生为出发点""在班级管理中追求班主任自主发展"的逻辑线索。同时,努力体现基础性和创新性的统一、实用性和可读性的结合。

鉴于2007年以来,原作者的情况变化较大,经协商,在保留基本骨干的同时,我们吸收了近年来在江苏省及长三角地区班主任基本功比赛中涌现出来的优秀班主任参加修订工作,新老结合,传承创新。承担本书修订编写的作者有:第一章,潘健(南通师范高等专科学校);第二章,陈海宁(南京市江宁区实验小学);第三章,江伟明(南通市海门区教育体育局);第四章,聂黎萍(南京市北京东路小学);第五章,姚国艳(江苏省海安市实验小学);第六章,张琪(南京市江宁区月华路小学);第七章,舒畅(南京市力学小学);第八章,俞丽美(南通市海门区证大小学);第九章,黄正平(江苏第二师范学院)。全书由黄正平、潘健负责统稿。另外,我们整理了一些相关的文件资料放在了下方二维码中,供大家参考与学习。

在编写和修订过程中,我们参阅和引用了一些书报杂志中的资料与成果,得到了南京师范大学出版社的具体指导与帮助,谨在此一并表示衷心感谢。由于水平有限,时间仓促,不当之处在所难免,恳望广大读者和专家批评指正。

编　者

2024年8月